_____ 드림

한권으로 끝내는

부동산
분쟁해결

한권으로 끝내는

부동산
분쟁해결

초판 1쇄 발행 2015년 12월 3일
초판 2쇄 발행 2015년 12월 10일

지은이 황규현

발행인 장상진
발행처 경향미디어
등록번호 제313-2002-477호
등록일자 2002년 1월 31일

주소 서울시 영등포구 양평동 2가 37-1번지 동아프라임밸리 507-508호
전화 1644-5613 | **팩스** 02) 304-5613

ⓒ 황규현

ISBN 978-89-6518-157-6 03320

한권으로 끝내는

부동산
분쟁해결

황규현 **지음**

경향미디어

머리말

　지금까지 다양한 상담을 하면서 부동산 관련 안타까운 사례를 많이 지켜봤다. 그런데 부동산 상담 내용의 대부분은 복잡하고 어려운 법률 이론적인 것들이 아니었다. 매매 임대차 계약을 할 때 등기사항 증명서를 한 번 더 검토하거나 기본적인 상식만 제대로 알았다면 사전에 충분히 거래사고를 방지할 수 있는 것들이었다.

　재산은 불리는 것도 중요하지만 현재 재산을 지키는 것이 더욱더 중요하다. 재산 손실을 최대한 막기 위해서는 무엇보다 부동산에 관한 기본적인 법률 지식을 알고 있어야 한다. 그리고 실무에서 필요한 단편적인 지식은 인터넷에서 쉽게 정보를 얻을 수 있어서 조금만 노력을 하면 전문가의 도움 없이도 문제를 해결할 수 있기도 하지만 거래액이 클 때는 전문가에게 다시 한 번 확인할 필요도 있다.

　우리나라는 가계 자산에서 실물자산의 비중이 70%여서 보유 부동산이 전 재산인 사람도 많다. 부동산으로 큰 손해를 본 뒤에야 상담하러 오는 사람 중에는 계약서에서 특약 단서 조항 한 줄만 추가했더라면 안타까운 일을 피할 수 있는 경우도 있었고, 반대로 불리한 계약조항이 없었더라면 불의의 손해를 보지 않았을 사람도 있었다. 아무리 중개업자를 신뢰하더라도 계약의 책임은 본인에게 귀속되므로 계약 내용을 꼼꼼하게 살피는 습관이 필요하다.

일반적으로 계약을 체결할 때 큰돈이 오가고 여러 사람이 자기주장을 하다 보면 경황도 없고 판단이 흐려지기도 한다. 그러다 보면 중개업자가 시키는 대로 직인 날인 및 서명을 하게 되고, 시일이 지난 뒤 사고가 났을 때 비로소 "내가 왜 이런 내용에 동의했지?" 후회를 하게 된다. 또한 비록 사고는 나지 않았지만 계약한 후 시간이 한참 흘러 계약서 내용을 보면서 "이런 불리한 특약이 있었네?"라고 본인에게 불리한 조항을 발견하기도 한다. 이제 와서 상대편에게 "계약서를 다시 씁시다."라고 해봤자 들어줄 리도 없고 큰 사고가 나지 않기만을 기대해야 하는 처지가 될 수 있다.

요즘의 시장 흐름으로는 재산을 단기간은 물론 장기간에 걸치더라도 늘리기가 쉽지 않은데 불의의 사고로 소중한 재산을 잃게 된다면 회복하는 것은 너무나 어렵다. 지금보다 더 재산을 늘리기 위해서 가장 중요한 것은 현재의 재산을 지키는 것이다. 부동산을 매매하고 임대차하는 과정과 계약을 유지하는 과정에서 분쟁은 끊임없이 발생하곤 하는데, 그 분쟁이 일어나기 전에 효율적으로 방지하는 것이 재산을 지키는 첫 번째 요소이다.

얼마 전 한강대교에서 자살을 시도한 사람이 있었다. 그녀는 한 상가건물을 임차해서 시설비용으로 약 4억 원을 들여 영업하던 중 불법 건축물로 판명되어 명도를 당하게 되었고 전 임차인과 중개업자를 상대로 손해배상 소송을 했지만, 증거불충분으로 한 푼도 돌려받지 못하게 된 안타까운 사연 때문이었다. 이러한 사례를 접하면 부동산 컨설턴트로서 안타까울 따름이다. 계약을 체결할 때 전문가에게 중개 대상물의 확인만 요청했더라도 이러한 안타까운 사고는 발생하지 않았을 것이다.

이 책은 그동안의 경험을 바탕으로 일반인들이 가장 궁금해 하는 주제

별로 나누어 구성했다. 가장 상담이 많은 분야는 권리금, 계약 기간, 묵시적갱신, 집수리 비용, 원상회복 등이었는데 법조문과 내용, 실제 사례의 질문과 답변, 그와 관련된 판례로 구성하여 독자 여러분이 이해하기 쉽게 정리했다. 이 책이 부동산 분쟁의 모든 것을 해결하지는 못하지만, 일반적으로 가장 흔히 발생하는 부동산에 관한 분쟁은 담아 보려고 했다.

끝으로 출간에 도움을 준 출판사 관계자와 지인들께 진심으로 감사드리며, 항상 물심양면 도와주신 부모님께 감사드린다. 그리고 이 책을 쓰는 동안 많은 시간을 함께하지 못하고 특히 주말에도 얼굴 보기 힘들어 늘 미안한 아내 은화와 딸 서영이에게 지면을 빌려 사랑한다는 말을 전한다.

황규현

추천사

황규현공인중개사는 당연히 부동산거래의 중개에도 풍부한 경험이 있지만, 그에 그치지 않고 건설현장 소장, 서울시 주택 · 상가 임대차 상담, 시민단체 활동을 통해 다양한 경험을 쌓아 왔다.

이 책에는 필자의 이러한 다양한 경험이 잘 녹아 있다. 먼저 실용적이다. 책에서 다루고 있는 내용들도 모두 부동산 거래나 임대차 현장에서 실제로 발생하는 생생한 사안들을 중심으로 법률, 판례 등 법률 지식과 함께 실무적 경험을 통해 해결법과 예방법을 제시하고 있다.

부동산 매매나 주택 · 상가 임대차 거래에서 주의해야 할 점을 임대차계약서, 매각물건 명세서, 부동산거래 위임장 등 실제 거래에서 사용되는 문서를 보여주며 쉽게 설명하고 있다. 분쟁 해결에 관련된 판례를 소개할 때도 판례의 사실 관계를 도표로 그려 알기 쉽게 보여주고 있다. 책의 전개 방식에서도 부동산 거래나 임대차 분쟁으로 어려움을 겪고 있는 독자들을 생각한 세심한 배려가 엿보인다. 실제 자주 발생하는 사례에 대해 질의와 답변의 형식을 빌려 분쟁 해결 방식을 제시한다. 소송 외에도 민사조정, 공정거래위원회 등 행정기관에 호소하는 방법 등을 구체적으로 보여주고 있다. 부동산분쟁 관련 서적을 읽을 때마다 어려운 법률용어나 딱딱한 법률 문장에 질린 경험이 있는 독자들이 부동산 분쟁 해결 방법에 쉽게 접근하는 데 도움이 될 것이라 생각한다.

필자의 글에서 풍기는 이러한 친절함은 필자의 내면에 스며 있는 따뜻한 인간미가 발현된 모습이다. 황규현 대표는 시민단체 활동에도 적극적으로 참여해 왔다. 얼마 전에는 서민들의 주거안정과 내 집 마련에 사용되어야 할 공공택지를 LH공사가 대형 건설사에 매각하는 사업을 모니터링 하여 수천억 원의 개발이익이 대형 건설사에 돌아갈 수 있다는 사실을 분석해내기도 하였다. 건축학도로서의 전문성이 바탕이 되었겠지만, 한편으로 어려운 서민들을 도와야겠다는 사명감과 온정이 있었기에 가능한 작업이었을 것이다.

또한, 이 책을 통해서 그동안 서울시 주택 · 상가 상담 부서에서 수많은 상담과 분쟁조정을 통해 쌓아 온 분쟁 해결의 구체적 역량을 확인할 수 있다. '전입신고의 힘', 확정일자, 사업자등록 등이 가지는 법률적 효력과 관련하여 제기하고 있는 질의 사안들은 거의 빈 곳이 없을 정도이다. 권리금 분쟁에 대해서도 시설권리금, 영업권리금, 바닥권리금 등 성질별로 구체적으로 나누어 관련 사례를 소개하고 해결방안을 제시하고 있다. 필자가 접해 온 사안들을 결코 허투루 다루지 않고 치열하게 해결하고 정리해 왔으리라 짐작된다. 무엇보다도 필자의 열정을 느낄 수 있어서 반가웠다.

－참여연대 집행위원장 변호사 김남근

누군가에게는 당연한 것이 누군가에게는 절박한 현실의 문제일 때가 있다. 아마 그런 문제 중 가장 격차가 큰 문제가 주거 문제가 아닐까 한다. 주거 격차의 문제는 공공문제의 시작이자 끝이라고 해도 과언이 아니다. 서울시 임대차센터 상담원으로 활동하는 황규현 위원의 이번 책은 이런 현실의 문제를 송곳처럼 파고들고 있다. 현실의 이야기라 더 아프고 힘들었으며, 책임에서 자유로울 수 없는 서울시장으로서 마음이 무거웠다. 힘들고 어렵지만 나의 두 발은 현장에 있을 것이다. 이 책을 읽는 독자들과 함께 지혜를 모아 갔으면 한다.

"시민은 상상하고, 서울은 합니다."

– 서울특별시 시장 박원순

이 책은 한평생 부동산 분야에 종사한 저자의 경력과 현장에서의 생생한 경험을 바탕으로 탄생한 실패하지 않는 부동산 거래를 위한 필독서이다. 한번 읽고 잊어버리는 책이 아니라 가까이에 두고 필요할 때마다 다시 보는 부동산거래를 위한 반려자이다. 이 책의 진정한 가치는 관련 법률과 판례를 망라하면서도 가능하면 독자들이 쉽게 이해할 수 있도록 서술했다는 점이다.

– 건국대학교 부동산학과 교수 신종칠

부동산은 평생을 살면서 여러 문제와 부딪칠 수밖에 없다. 이 책은 부동산에 관하여 경험하게 될 각종 문제를 피부로 느낄 정도로 실감 나는 사례와 해설로 명쾌하게 설명한다. 특히 상가와 주택을 거래하거나 임대차할 때 꼭 읽어야 할 책이다.

– 샘코파트너스 사장 신장우

대한민국 사람들 중 집이 있는 절반이나 집이 없는 절반이나 주거·부동산 문제는 얼마나 중요한가? 특히 임차인과 임대인들에겐 주택임대차보호법, 상가임대차보호법은 '헌법'이나 다름없는 것이니 누구라도 이를 잘 알고 있어야 할 것이다. 이 책의 미덕과 장점이 바로 여기에 있다. 누구나 궁금해하고 알고 있어야 할 주거·부동산에 관한 법률을 자세히 소개하고 쉽게 이해하도록 구성되었다. 이 책을 통해 우리 삶과 떼려야 뗄 수 없는 부동산 관련 법과 친해질 수 있기를 기대한다. 특히, 상대적 약자인 주택과 상가의 세입자들이 관련 법률을 더욱더 잘 알아야 한다는 측면에서 전국의 세입자들에게 이 책을 '강추'한다. 또한 이 책이 세입자의 주거권, 임차 상인들의 영업권을 잘 지키는 데 도움이 되길 바란다.

– 토지주택 공공성 네트워크 사무국장 / 성공회대학교 외래교수 안진걸

재테크의 기본은 자산을 불리는 것이 아니라 자산을 지키는 것이다. 부동산에 관한 법을 몰라 피 같은 내 재산을 잃게 되는 일은 없어야 할 것이다. 계약서에 첨부되는 한 줄의 특약이 내 재산을 지켜 줄 때도 있다. 이 책의 내용만 잘 이해하면 재테크의 기본은 한 셈이다.

– ㈜국보디자인 대표이사 황창연

부동산 분쟁이 발생하여 상대방이 억지를 부리면 어떻게 처리해야 할지 답답하다. 이 책은 일상에서 흔히 일어나는 분쟁에 관한 내용을 잘 다루었고 그 해결책을 잘 제시하고 있다. 법 위에 군림하려는 상대방과 싸우려면 법을 잘 알아야 한다. 일상적인 부동산에 관한 분쟁은 이 책 한 권으로 해결될 것이다.

– 풍창건설㈜ 대표이사 홍상의

매매와 더불어 임대차는 일상생활에서 가장 빈번하게 발생하는 법률 관계이지만, 실무상 일반 거래 당사자들이 쉽게 이해하고 접할 수 있는 해설서가 부족한 실정이다. 이 책은 저자의 오랜 중개 실무와 임대차 상담위원 경험을 토대로 임대차와 관련된 분쟁을 아주 쉽고 체계적으로 엮어 나가고 있다. 임대차 법률 지식에 관한 갈증을 느끼고 있는 독자라면 일독하기를 추천한다

– 변호사 정태원

황규현 대표는 과거 건설 현장에서 현장 책임자로서 난해한 문제들을 순조롭게 해결하였고 지금은 부동산 전문가로서 일반인의 답답함을 해소하는 이 시대의 진정한 해결사다. 이 책은 부동산에 관한 내용 중 실생활에 직접 필요한 내용을 잘 담았다. 법조문과 판례만으로 이해하기 어려웠던 것들을 질문과 답으로 쉽게 풀었으며 부동산에 관심 있는 분들께 꼭 권하고 싶다.

– 디자인그룹 UDC건축사사무소 대표건축사 나권희

衣食住! 이 세 가지는 살면서 가장 중요한 것이다. 그중 주(住)에 해당하는 부동산에는 상당히 어려운 요소들이 내재되어 있어 분쟁도 많이 발생하고 있다. 집을 사고팔고, 세를 놓고 들어가고 하는 모든 상황에서 우리가 무심코 지나쳐 버리면 큰 손해와 위험이 있을 수 있기에 조금 더 편하고 쉽게 접근할 수 있는 안내서가 필요하다. 본 도서는 저자가 수년 간의 사업과 많은 상담 사례를 통해 일반인이 꼭 알아야 할 부동산의 위험과 해결 방안을 잘 정리한 책이다. 부동산에 관한 일이 생길 때마다 꺼내어 참고한다면 많은 도움이 될 것이다.

– 지지자산운용 투자운용 본부장 강 준

서울시 임대차 상담위원으로 활동하고 있는 황규현 위원이 실제 상담 사례를 바탕으로 주택, 상가, 임대, 임차, 매도, 매수 다양한 상황에서 발생할 수 있는 사고 사례와 이에 대한 해결 방법 그리고, 사전에 이러한 사고를 예방할 방법 등 부동산시장의 거래 관계에서 알토란 같은 정보들을 엮어 책으로 내었다.

부동산의 특성상 일단 분쟁이나 사고가 발생하면 사고 당사자에게는 돌이킬 수 없는 큰 충격이 될 수도 있다. 최소한 이 책 한 권은 미리 일독하거나 가까이 두고 자주 읽어 보는 것이 이를 예방하는 데 큰 도움이 될 것이다. 부동산 거래 관련 분쟁이나 사고로 실의에 빠진 사람들을 안타깝게 여긴 황 위원의 따뜻한 마음의 결과물이 바로 이 책이라고 생각된다.

－㈜엠게이츠 대표 장원석

차례

PART 1

물건 찾기부터
계약 성사까지

CHAPTER 1

해약금과 위약금

1 계약금

1. 계약금은 금전 및 기타 유가물

'계약금'이란 계약 체결 시에 그 계약에 부수하여 당사자의 일방이 상대방에게 교부하는 금전 기타 유가물을 말한다. 계약금을 지급하기로 하는 계약을 '계약금계약'이라고 한다.

계약은 당사자가 스스로 상대방을 선택해서 내용과 방식을 결정하고 계약 체결하는 계약자유의 원칙을 가지고 있다. 계약서를 작성하면서 10% 정도의 계약금을 그 자리에서 건네기도 하고 아니면 소액을 먼저 지급하고 며칠 후에 나머지 계약금을 송금하기도 한다. 때로는 계약을 체결하고 계약금과 중도금 없이 잔금으로만 계약하기도 하고 계약하는 즉시 일시금으로 매매대금을 지급하는 등 방법은 여러가지다.

계약이 성립하기 위해서는 당사자 사이에 의사의 합치가 있을 것이 요구되고 이러한 의사의 합치는 당해 계약의 내용을 이루는 모든 사항에 필요한 것은 아니지만 그 본질적 사항이나 중요 사항에 관해서는 구체적으로 의사의 합치가 있거나 적어도 구체적으로 특정할 수 있는 기준과 방법 등에 관한 합의는 있어야 한다. 한편, 매매 계약은 당사자 중 한쪽이 재산권을 상대방에게 이전할 것을 약정하고 상대방이 대금을 지급할 것을 약정하는 계약으로 매도인이 재산권을 이전하는 것과 매수인이 대가

22

로서 금원을 지급하는 것에 관하여 당사자 쌍방의 합의가 이루어짐으로써 성립하는 것이다.

당사자가 합의 후 계약서를 작성하고 인장을 날인하는 순간 일정한 권리를 취득하는 동시에 무거운 책임을 져야 하는 부분들이 생긴다. 만약 책임을 소홀히 하면 경제적으로 큰 피해를 볼 수도 있다. 일반적인 부동산 매매 계약서에는 부동문자(인쇄된 글자)로 새겨진 계약 조항들 외에도 필요한 경우 중요한 내용을 특약사항으로 명기한다. 그런데 일선의 공인중개사들과 계약 당사자들이 이해하지 못하거나 때로는 놓치는 것 중 하나가 위약금 조항이다. 해약금과 구분하여 그 내용을 확실히 해 둘 필요가 있다.

2. 계약금의 종류

(1) 증약금

증약금은 계약 체결의 증거로 주고받는 계약금이다. 계약 당사자가 계약금을 지급했다는 것은 계약 체결의 증거가 될 수 있으므로 모든 계약금은 최소한 증약금의 성질을 가진다.

(2) 위약금

당사자 일방이 계약을 위반하면 상대방에게 손해가 발생할 수 있는데 이처럼 계약 위반의 경우를 대비하여 교부하는 계약금이다.

(3) 해약금

계약해제권을 유보하는 계약금이다. 민법은 계약금을 해약금으로 추정한다.

2 해약금

1. 계약금은 해약금의 성질

해약금은 계약을 체결할 때에 당사자 일방이 상대방에게 지급하는 금전 기타의 유가물로서 당사자가 계약해제권을 유보하고 있음을 의미하는 계약금이다. 즉 매매나 임대차 등의 유상계약에서 계약금이 수수되는 경우 상대방이 이행할 때까지 매수인이나 임차인은 이를 포기하고 매도인이나 임대인은 그 배액을 상환하여 해약할 권리를 유보하는 의미의 계약금이다. 우리 민법에서 계약금은 원칙적으로 해약금의 성질을 갖는 것으로 규정하고 있다.

아파트매매계약서

본 아파트에 대하여 매도인과 매수인은 합의에 의하여 다음과 같이 매매계약을 체결한다.

1. 아파트의 표시

소 재 지	서울시 양천구 목동 934 목동금호1차아파트 101동 1804호			
토 지	지 목	대	면 적	21.53 ㎡
건 물	구 조	철근콘크리트	용 도	아파트	면 적	59.88 ㎡

2. 계약내용

제1조 위 아파트의 매매에 있어 매수인은 매매대금을 아래와 같이 지불하기로 한다.

매매대금	金 사억일천오백만≠ (₩415,000,000) 원정	
계 약 금	金 사천일백오십만≠ (₩41,500,000)	원정은 계약시에 지불하고,
중도금(1차)	金 이천만≠ (₩20,000,000)	원정은 2013년 10월 15일에 지불하며,
중도금(2차)	金 ≠	원정은 년 월 일에 지불하며,
잔 금	金 삼억오천삼백오십만≠ (₩353,500,000) 원정은 2013년 11월 15일에 지불하기로 함.	

제2조 매도인은 매수인으로부터 매매대금의 잔금을 수령함과 동시에 매수인에게 소유권 이전등기에 필요한 모든 서류를 교부하고 이전등기에 협력하며, 위 아파트의 인도는 2013년 11월 15일자로 한다.

제3조 매도인은 위 아파트에 설정된 저당권, 지상권, 전세권 등 소유권의 행사를 제한하는 권리 또는 조세공과금 등 모든 부담금 등을 잔금 수수일 까지 그 권리의 하자 및 부담을 제거하여 완전한 소유권을 매수인에게 이전한다. 다만, 승계하기로 합의하는 권리와 부담금 등은 그러하지 아니하다.

제4조 위 아파트에 관하여 발생한 수익과 제세공과금 등의 부담금은 위 아파트의 잔금일을 기준으로 하되 그 전일까지의 것은 매도인에게, 그 이후의 것은 매수인에게 각각 귀속한다. 다만, 지방세의 납부책임은 지방세법의 납세의무자로 귀속한다.

제5조 매수인이 매도인에게 중도금(중도금이 없을 때에는 잔금)을 지불하기 전까지 매도인은 계약금의 배액을 배상하고, 매수인은 계약금을 포기하고 이 계약을 해제할 수 있다.

제6조 매도인 또는 매수인이 본 계약상의 내용에 대하여 불이행이 있을 경우 그 상대방은 불이행을 한 자에 대하여 이행을 최고하고 계약을 해제할 수 있다. 그리고 불이행한 자에게 계약해제에 따른 손해배상을 청구할 수 있으며, 손해배상에 대하여 별도의 약정이 없는 한 계약금을 손해배상의 기준으로 본다.

제7조 중개업자는 계약 당사자간 계약불이행에 대해서는 일체 책임을 지지 않는다. 또한 중개수수료는 본 계약의 체결과 동시에 계약 당사자 쌍방이 각각 지불하며, 중개업자의 고의나 과실 없이 거래당사자 사정으로 본 계약이 해약되어도 중개수수료는 지급한다. 중개업자는 중개의뢰인에게 해당 대상물에 대한 중개대상물확인설명서를 공제증서 사본과 함께 첨부하여 교부한다.

매매 계약서의 해약금 조항

24

〔민법〕 제565조 「해약금」
① 매매의 당사자 일방이 계약 당시에 금전 기타 물건을 계약금, 보증금 등의 명목으로 상대방에게 교부한 때는 당사자 간에 다른 약정이 없는 한 당사자의 일방이 이행에 착수할 때까지 교부자는 이를 포기하고 수령자는 그 배액을 상환하여 매매계약을 해제할 수 있다.

2. 계약금의 일부만 지급받은 뒤 계약을 해제할 경우

부동산을 팔거나 임대할 때 계약금을 한꺼번에 지급하는 경우도 있지만 계약금의 일부만 지불하고 나머지는 기일을 정하여 송금하는 경우도 많다. 계약 체결 후 계약금의 일부만 지급 받고 난 뒤 사정이 생겨서 계약을 해제하고자 할 때, 흔히 일부 받은 금액에 대해서만 책임을 지면 되는 것으로 알고 있는 경우가 많다. 물론 계약 종류나 내용에 따라 다르지만 다음 판결은 계약서 체결 후 계약 당사자의 책임에 대해 시사하는 바가 크다.

| 관련 판례 |

계약금 전체를 해약금으로 한다.

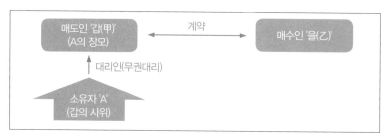

A는 아파트의 소유자이면서 러시아에 살고 있었고 그의 장모(한국 거주) 갑(甲)은 사위를 대리하여 그 아파트를 매수하고자 하는 을(乙)과 매매 계약을 체결했다. 을은 계약금 6,000만 원 중 300만 원을 지급하고 계약금의 나머지 5,700만 원은 다음 날 송금하기로 했다. 계약을 체결한 뒤 집에 돌아온 장모는 전화로 사위와 통화했는데 집주인인 사위 A는 팔지 않겠다고 했다. 그래서 갑은 매수인 을에게 계약을 해지한다고 통보를 했지만, 을은 이에 아랑곳하지 않고 다음 날 5,700만 원을 이체했다. 매매할 의사가 없는 대리인 장모 갑은 계약금을 법원에 공탁하였다.

이 계약 과정에서 장모 갑은 A의 대리인이라고 했지만, A의 위임장과 인감도장을 가지고 있지도 않았다. 또한 중개업자 병은 소유주 A의 의사를 확인해야 했지만, 러시아에 체류 중이고 잠잘 시간이라는 이유로 연락하기 곤란하다는 갑의 말에 A의 의사를 확인하지도 않은 채 A의 인장을 날인도 못 하고 매매 계약서를 작성했다.

• 이때 매매 계약을 해제하고자 하는 매도자 A와 갑의 책임 범위는 어디까지일까?

→ 결론은 매도자 A와 갑은 계약금 6,000만 원을 물어야 한다. 을로부터 받은 300만 원, 공탁된 5,700만 원과 추가로 6,000만 원을 배상해야 한다.

〔매매 계약서의 해약금 조항〕

제5조 매수인이 매도인에게 중도금(중도금이 없을 때는 잔금)을 지불하기 전까지 매도인은 계약금의 배액을 배상하고, 매수인은 계약금을 포기하고 이 계약을 해제할 수 있다.

시중에서 사용되는 부동산 계약서를 보면 "매도인은 계약금의 배액을 배상하고 매수인은 계약금을 포기하고 이 계약을 해제할 수 있다."는 조항이 있다. 다른 특약사항이 없다면 6,000만 원이 해약금이 된다. 즉 매도인은 계약을 해제하고자 한다면 계약금 6,000만 원의 배액인 1억 2,000만 원을 매수인 을에게 지급해야 한다.

• 위임장과 인장도 없는 대리인과의 계약을 중개하고 본인 의사도 확인하지 않은 중개업자의 책임은?
→매수자가 입은 손해를 배상할 책임이 있다.
부동산중개업자는 당해 중개 대상물의 권리 관계 등을 확인하여 중개의뢰인에게 설명할 의무가 있고, 한편 직접적인 위탁 관계가 없다고 하더라도 부동산중개업자의 개입을 신뢰하여 거래를 하기에 이른 거래 상대방에 대하여도 부동산중개업자는 신의성실의 원칙상 목적부동산의 하자, 권리자의 진위, 대리 관계의 적법성 등에 대하여 각별한 주의를 기울여야 할 업무상의 일반적인 주의의무가 있다.
중개업자는 거래 상대방인 매수자 을에 대하여 신의성실의 원칙상 장모 갑이 적법한 대리인인지 여부를 위임장, 인감증명서 등의 방법으로 조사·확인할 의무가 있는데 이를 게을리 한 과실이 있으므로 중개업자는 그로 인하여 매수자 을이 입은 손해를 배상할 책임이 있다.

–대법원 2008. 03. 13. 선고 2007다73611 판결 요약

계약을 체결한 효과는 계약의 종류, 내용에 따라 다르고 이 사례는 무

권대리인이 계약한 경우의 특정 사건에 관한 판결이므로 이를 모든 경우에 적용할 수는 없다. 단, 계약을 진행하고 나면 항상 그에 따른 책임도 따른다는 것을 명심해야 한다.

해약금과 위약금

Q 김 씨(64)는 2013년 3월 주 씨(73)가 내놓은 서울 서초동의 한 아파트를 11억 원에 매매 계약을 했다. 김 씨는 계약금 1억 1,000만 원 중 1,000만 원을 계약 당일에 주고, 나머지 계약금은 다음 날 주 씨의 은행 계좌로 입금하기로 했다. 다음 날 김 씨는 약속대로 주 씨의 계좌로 1억 원을 보내려고 했다. 그러나 주 씨의 계좌가 폐쇄됐다는 이유로 송금되지 않았다. 알고 보니 시세보다 낮게 계약했다고 생각한 주 씨가 계약을 파기하기 위해 일부러 계좌를 폐쇄했던 것이다.

두 사람이 서명한 계약서에는 잔금을 내기 전까지는 주 씨가 계약금의 2배를 배상하고 계약을 해지할 수 있다고 돼 있었다.

김 씨는 계약금을 마저 내기 위해 법원에 공탁하는 등 여러 방도를 알아봤지만, 소용이 없자 계약해지를 통보한 뒤 손해배상 소송을 냈다. 주 씨는 계약금 일부만 받은 상황이라 받은 돈의 2배만 배상하면 계약을 해지할 수 있다고 맞섰다. 주 씨는 받은 돈 1,000만 원의 2배인 2,000만 원만 내주면 계약을 해지할 수 있을까?

 아니다. 해약금의 기준은 일부 받은 돈이 아닌 계약금 전체이고, 통상적인 부동산 계약에 따라 계약금의 2배를 물어야 계약해지가 가능하다. 즉, 주 씨의 경우 전체 계약금의 2배인 2억 2,000만 원이 해약금이 되어 받은 돈 1,000만 원과 추가로 1억 1,000만 원을 지급해야 계약을 해지할 수 있다.

만약 실제로 받은 돈의 2배만 돌려주고 계약을 해지할 수 있다면 받은 돈이 소액일 때 사실상 계약을 자유로이 해지할 수 있게 돼 계약의 구속력이 약화되는 결과가 발생하여 부당하게 이용될 수 있다.

3. 해약의 시기

통상적으로 부동산 매매 계약을 체결하고 매수인이 매도인에게 계약금을 건넸을 때에 매도인은 계약금의 배액을 내놓고 매수인은 계약금을 포기하면 언제든지 계약을 해제할 수 있다고 여기고 있다. 하지만 언제든지 해제할 수 있는 것은 아니다.

민법 제565조는 "매매의 당사자 일방이 계약 당시에 계약금 등을 교부한 때는 당사자 간에 다른 약정이 없는 한 당사자 일방이 이행에 착수할 때까지 교부자는 이를 포기하고 수령자는 그 배액을 상환하여 매매 계약을 해제할 수 있다."고 하여 해제권 행사 시기를 '당사자 일방이 이행에 착수할 때까지'로 제한하고 있다. 여기서 당사자 일방이라는 것은 매매 쌍방 중 어느 일방을 지칭하는 것으로 계약의 일부 이행에 착수한 자는 비록 상대방이 이행에 착수하지 않았다 하더라도 해제권을 행사할 수 없다.

해제권 행사의 시기를 당사자의 일방이 이행에 착수할 때까지로 제한한 것은 당사자 일방이 이미 이행에 착수한 때는 당사자는 그에 필요한 비용을 지출하였고 계약이 이행될 것으로 기대하고 있는데, 만일 이러한 단계에서 계약이 해제된다면 예측하지 못한 손해를 입게 될 우려가 있으므로 이를 방지하고자 하는 데 있다. (대법원 2006. 2. 10. 선고 2004다1599 판결)

여기서 "당사자 일방이 이행에 착수하였다."는 것은 반드시 계약 내용에 들어맞는 이행의 제공에까지 이르러야 하는 것은 아니지만, 객관적으로 외부에서 인식할 수 있을 정도로 채무 이행행위의 일부를 행하거나 이행에 필요한 전제 행위를 행하는 것으로서 단순히 이행의 준비를 하는 것만으로는 부족하다.

내용	이행의 착수
중도금 및 잔금 중 일부를 적법하게 변제공탁한 경우 (대법원 1991. 10. 11. 선고 91다25369 판결)	○
중도금을 지불하려 하였으나 매도인이 거절한 경우 (대법원 1994. 5. 13. 선고 93다56954 판결)	○
계약금 및 중도금 지급을 위하여 어음을 교부한 경우 (대법원 2002. 11. 26. 선고 2002다46492 판결)	○
중도금 지급에 갈음하여 제삼자에 대한 채권을 양도한 경우 (대법원 2006. 11. 24. 선고 2005다39594 판결)	○
이행 착수 후 같은 내용으로 재계약을 체결 (대법원 1994. 11. 11. 선고 94다17659 판결)	○
해약금에 의한 해제의 의사표시 도달 전에 이행의 착수 (대법원 1992. 2. 11. 선고 91다22322 판결)	○
매매잔대금의 지급을 구하는 소송을 제기하는 것 (대법원 2008. 10. 23. 선고 2007다72274 판결)	×
이행기가 되기 전에 잔대금 수령을 최고한 행위 (대법원 1979. 11. 27. 선고 79다1663 판결)	×
토지거래허가구역 내에서 계약금만 주고받은 상태에서 토지거래허가를 받은 경우 (대법원 2009. 4. 23. 선고 2008다62427 판결)	×

이외에도 판례상 이행의 착수로 인정되는 사례로는 중도금 일부라도 지급한 경우(분양아파트 등의 중도금대출도 포함), 근저당채무 등 부동산상 채무를 인수한 경우, 중도금이나 잔금 마련을 위해 은행대출을 신청한 경우(기표가 되어 언제든지 출금할 수 있는 상태가 된 때), 잔금을 준비하고 이전등기 절차를 밟기 위해 등기소에 동행을 촉구한 경우, 잔금을 준비하고 가옥의 인도를 요구한 경우 등이 있는데, 이런 사실이 있으면 더 이상 계약금의 배액상환이나 포기로서 계약을 해제할 수 없게 된다.

| Q&A |

매수인이 중도금 수령을 거절하려고 할 때

Q A는 마포에서 아파트를 매매대금 4억 원에 매수하는 계약을 했다. 계약금 4,000만 원을 지급하고 중도금을 지급하려는데 매도인 B가 계약을 파기하고자 수령 거부를 하여 법원에 중도금을 공탁했다. 다음 날 매도인 B는 4,000만 원의 2배인 8,000만 원을 지급하면서 계약을 해제하고자 했다. 매도인은 계약금의 2배를 지급하면서 계약을 해제할 수 있을까?

 아니다. 매도인이 계약금의 배액을 상환하면서 계약을 해제할 수 있는 기간은 상대방이 중도금의 제공 등 이행행위의 착수가 있을 때까지로 한정된다.

따라서 이와 같이 매수인이 중도금을 지불하는 등으로 인해 이행행위의 착수가 이루어진 뒤에는 매도인은 계약금의 배액을 상환하는 민법 제565조의 해약금 해제를 할 수 없다.

3 위약금

위약금은 위약벌과 손해배상의 예정금으로 나뉜다. 계약금은 일반적으로 해약금으로 추정되므로 계약금을 위약금으로 하기 위해서는 당사자 간에 계약금을 위약금으로 하는 별도의 특약이 있어야 한다. 한편 위약금으로 인정되는 경우 당사자 사이의 특별한 약정이 없는 한 손해배상의 예정으로 추정된다.

일방 당사자가 이행을 지체하게 되면 상대방은 계약해지권으로 계약해제 통보하고 원상회복 의무 및 손해배상 청구를 할 수 있다. 위약금은 당사자 일방이 스스로 교부금을 포기하거나 또는 수령금을 배액 상환하면서 해약할 수 있는 해약금과는 근본적인 성질이 다르다.

1. 위약벌

위약금은 손해배상의 예정으로 추정되므로 이를 위약벌로 하기 위해서는 당사자 간에 특약이 있어야 하며 위약금이 위약벌로 인정되는 경우에 채무불이행에 의한 손해배상은 위약금과 관계없이 별도로 청구할 수 있다. 그리고 위약벌의 경우는 별도의 규정이 없으므로 그 금액이 과다하더라도 법원이 이를 감액할 수는 없다.

2. 손해배상의 예정금

위약금은 일반적으로 손해배상액의 예정으로 추정하며 위약금이 손해배상의 예정으로 인정되는 경우는 채무불이행에 의한 손해배상은 청구할 수 없는 것이 원칙이다. 그리고 손해배상의 예정액이 부당하게 과다한 경우 법원은 적당히 감액할 수 있다.

그런데 여기서 손해배상은 별도의 약정이 없으면 실제 손해에 관해서만 청구할 수 있는데 손해를 입증하는 것은 쉬운 일이 아니다. 또 입증하더라도 금액이 소액인 경우가 대부분이며 계약금에 못 미치는 경우가 많다. 그래서 위약을 방지하여 계약을 실행시키고 또 위약이 발생한 경우 간편한 배상처리 절차를 위해 위약금 조항을 두기도 한다.

| Q&A |

중도금 지급기한이 지났을 때 1

Q 위약금에 관한 특약이 없을 때 : 매도인 갑과 매수인 을은 상가의 매매 계약을 체결했다. 매매금액 3억 원, 계약금 3,000만 원, 중도금 1억 원, 잔금은 1억 7,000만 원으로 했다. 매수인 을은 계약 당시에 계약금만 지급하고 중도금은 지급하기로 한 약속 날짜를 넘겨서 차일피일 미루고 있었다. 이때 매도인 갑은 10일 내로 중도금을 내지 않으면 계약을 해제하고 계약금을 몰수하겠다고 을에게 내용증명을 보냈다. 계약서에 위약금에 관한 특약조항이 별도로 없었지만, 여기서 매도인 갑은 계약금 3,000만 원을 강제로 몰수하고 계약을 해제할 수 있을까?

 함부로 계약금을 몰수할 수는 없다. 민법 제565조 제1항에 따라 계약금을 해약금으로 본다. 즉, 위에서 계약 후 중도금을 지급하는 등의 이행에 착수하기 전이라면 을은 계약금을 포기하고 갑은 계약금의 배액을 상환함으로써 계약을 해제할 수는 있고, 계약이 이행에 착수하고 난 뒤라면 계약을 포기하고 싶어도 계약 당사자는 임의로 계약을 포기할 수 없고 상대방과 손해배상 등에 합의가 이루어져야 한다.

이 계약서에 "매도인 또는 매수인이 본 계약상의 내용에 대하여 불이행이 있을 경우 그 상대방은 불이행을 한 자에 대하여 이행을 최고하고 계약을 해제할 수 있다. 그리고 불이행을 한 자에게 계약해제에 따른 손해배상을 청구할 수 있으며, 손해배상에 대하여 별도의 약정이 없는 한 계약금을 손해배상의 기준으로 본다."는 취지의 위약금 특약조항이 있어야만 계약금 3,000만 원을 몰수할 수 있다. 만약 위약금의 특약이 없다면 원칙적으로 계약금은 돌려주어야 한다. 민법의 규정에 따라 계약이 해제되면 계약은 소급하여 무효가 되어 계약 당사자는 계약이 체결되기 이전 상태로 원상 복귀시킬 의무를 갖는다. 따라서 매도인은 매수인으로부터 받은 계약금을 돌려줘야 할 의무가 있다. 갑은 을에게 실제 발생한 손해액만 청구할 수 있다. 여기서 실제 발생한 손해액을 입증하는 것은 매우 어려운 일일 것이다. 따라서 위약금의 특약조항이 없을 때, 매수인이 계약을 이행하지 못할 귀책사유가 발생한다 해도 매수인으로서는 먼저 계약을 해제하지 않고 매도인이 해제 통지를 할 때까지 최대한 버틴다면 계약금을 반환받을 수도 있다. 반면 매도인은 확실하게 계약을 해제한 상태가 아니므로 다른 곳에 매도하기가 어려운 문제가 있다. 그래서 매도인이 이런 경우를 당하지 않으려면 계약 시에 부동문자로 새겨진 해약금 규정 이외에 "계약금은 위약벌로서 매수인이 채무를 불이행한 경우는 매도인에게 귀속한다."는 내용의 위약금 규정을 둘 필요가 있다.

| 관련 판례 |

매매대금 반환

유상계약을 체결함에 있어서 계약금이 수수된 경우 계약금은 해약금의 성질을 가지고 있어서, 이를 위약금으로 하기로 하는 특약이 없는 이상 계약이 당사자 일방의 귀책사유로 인하여 해제되었다 하더라도 상대방은 계약불이행으로 입은 실제 손해만을 배상받을 수 있을 뿐 계약금이 위약금으로서 상대방에게 당연히 귀속되는 것은 아니다.

－대법원 1996. 06. 14. 선고 95다54693 판결 요약

| Q&A |

중도금 지급기한이 지났을 때 2

Q 위약금에 관한 특약이 없을 때 : 중도금, 잔금 지급기한이 지났는데 매수인이 대금을 지급하지 않으면, 매도인은 해제 통지를 하고 일정 기간이 지나면 계약금을 몰수하고 계약을 해제할 수 있을까?

 아니다. 부동산을 매매할 때 매수인이 중도금이나 잔금을 제때 내지 못했다면, 매도인으로서는 채무불이행을 이유로 계약을 해제한다는 내용의 통지를 하면 바로 계약이 해제되는 것으로 생각하기 쉽다. 그래서 계약금은 위약금으로 매도인에게 귀속시키고, 제삼자에게 다시 처분하는 경우가 많다. 그러나 계약해제는 그렇게 단순하지가 않다는 것에 유의해야 한다. 부동산 매매 계약은 계약의 각 당사자가 서로 대가적 의미를 가지는 채무를 부담하는 쌍무계약이다.
매도인이 중도금이나 잔금기한이 지나 해제 통지를 한 것만으로 해제된

것으로 믿었다고 하더라도, 매수인이 중도금이나 잔금을 공탁하거나 임의로 매도인 계좌로 송금한 뒤 소유권 이전등기 청구소송을 제기하면 매수인이 승소한다는 사실에 유의해야 하며, "잔금기한이 지나면 자동해제, 자동무효가 된다."는 약정을 했더라도 마찬가지다.

결국, 매도인이 확실하게 계약을 해제하려면 계약해제 통지를 할 때, 반드시 매도용 인감증명서 등 이전서류를 떼어놓거나 사본을 통지서에 첨부하여 보내고, 다시 한 번 상당한 기간(보통 1주일 전후)을 정해 이행을 최고해야만 된다는 것에 유의해야 한다.

| 관련 판례 |

쌍무계약인 부동산 매매 계약에 있어서 특별한 사정이 없는 한 매수인의 잔대금지급의무와 매도인의 소유권이전등기 서류 교부의무는 동시이행 관계에 있다 할 것이고, 이러한 경우 매도인이 매수인에게 지체책임을 지위 매매 계약을 해제하려면 매수인이 이행기일에 잔대금을 지급하지 아니한 사실만으로는 부족하고 매도인이 소유권이전등기 신청에 필요한 일체의 서류를 수리할 수 있을 정도로 준비하여 그 뜻을 상대방에게 통지하여 수령을 최고(일정한 행위를 하도록 상대방에게 요구 또는 독촉하는 의사의 통지)함으로써 이를 제공해야 하는 것이 원칙이다. 또 상당한 기간을 정하여 상대방의 잔대금채무이행을 최고한 후 매수인이 이에 응하지 아니한 사실이 있어야 하며 매도인이 제공해야 할 소유권이전등기 신청에 필요한 일체의 서류라 함은 '등기권리증, 위임장 및 부동산매도용 인감증명서 등 등기신청 행위에 필요한 모든 구비서류'를 말한다.

—대법원 1992. 11. 10. 선고 92다36373 판결 요약

위약금 특약은 있지만 약관일 때

Q 임대주택사업자 A는 B를 포함한 다수의 임차인과 임대차 계약을 체결했다. 임대주택사업자 A는 일정한 형식으로 미리 계약서를 만들어서 임차인의 인적사항과 해당 건물의 호수만 각각 표기하도록 하고 내용 중에는 "계약금을 위약금으로 한다."는 위약금 조항도 넣었다. 임대차 계약을 체결한 B는 계약금을 지급한 후 경제적 사정이 어려워 중도금, 잔금을 지급하지 못하였고, 결국 B의 귀책사유로 인하여 계약은 해제되었다. B는 임대주택사업자 A에게 계약금을 돌려달라고 요구했지만, A는 10％의 계약금은 위약금이라는 조항에 따라 돌려줄 수 없다고 했다. B는 계약금을 돌려받을 수 있을까?

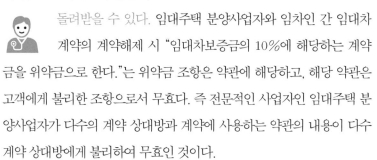 돌려받을 수 있다. 임대주택 분양사업자와 임차인 간 임대차 계약의 계약해제 시 "임대차보증금의 10％에 해당하는 계약금을 위약금으로 한다."는 위약금 조항은 약관에 해당하고, 해당 약관은 고객에게 불리한 조항으로서 무효다. 즉 전문적인 사업자인 임대주택 분양사업자가 다수의 계약 상대방과 계약에 사용하는 약관의 내용이 다수 계약 상대방에게 불리하여 무효인 것이다.

만약 임대인이 전문적인 사업자가 아닌 일반인이고 위약금 조항의 내용이 약관이 아니었다면 그 내용은 유효하여 B가 계약금을 돌려받지 못할 수도 있다. 임대인과 임차인 간 임대차 계약은 당사자의 자유의사에 따라 계약의 내용을 결정할 수 있고, 통상의 계약금인 임대차 보증금의 10％를 위약금으로 상호 합의하는 것은 공정한 법률행위다.

임차인에게 불리한 약관의 위약금특약은 무효

이 사건 임대차 계약서는 피고가 다수의 임차인과 임대차 계약을 체결하기 위하여 미리 마련해 둔 계약서인 점, 이 사건 임대차 계약서는 임차인, 동, 호수, 면적 등에 관한 항목을 제외하고는 일정한 내용과 형식을 미리 갖추어 부동문자로 활자화되어 있는 점을 인정할 수 있는 바, 이 인정 사실에 의하면 이 사건 특약은 약관에 해당한다. 임대차 계약에서의 임대보증금은 매매 계약에서의 매매대금과 달리 임대차 기간이 종료된 후 임대인이 임차인에게 그대로 반환해 주어야 할 성질의 것이다. 피고는 임대차 계약이 해제되더라도 새로운 임차인과 임대차 계약을 체결할 수 있어 손해가 그리 큰 것으로 보이지 않는 바, 이 사건 특약은 고객에게 부당하게 불리한 조항이자, 고객에게 과중한 손해배상 의무를 부담시키는 약관조항이라고 판단되므로 무효이다.

－서울중앙지방법원 2011. 6. 17. 선고 2011가합882 판결 요약

| 관련법 |

(약관의 규제에 관한 법률)
제2조 「정의」
"약관"이란 그 명칭이나 형태 또는 범위에 상관없이 계약의 한 쪽 당사자가 여러 명의 상대방과 계약을 체결하기 위하여 일정한 형식으로 미리 마련한 계약의 내용을 말한다.

(약관의 규제에 관한 법률)
제6조 「일반원칙」
① 신의성실의 원칙을 위반하여 공정성을 잃은 약관 조항은 무효이다.
② 약관의 내용 중 다음 각 호의 어느 하나에 해당하는 내용을 정하고 있는 조항은 공정성을 잃은 것으로 추정된다.
1. 고객에게 부당하게 불리한 조항
2. 고객이 계약의 거래형태 등 관련된 모든 사정에 비추어 예상하기 어려운 조항

4 감액이 가능한 위약금과 감액할 수 없는 위약벌

부동산을 거래할 때 "계약금은 위약금으로 하며 만일 매도인이 위약 시에는 계약금의 배액을 상환하고 매수인이 위약 시에는 계약금을 포기하며 반환 청구할 수 없다."는 위약금 특약이 약정되어 있는 경우 매수인이 잔금지급기일을 지키지 못했다면 누가 계약을 해제하든 계약금은 매도인에게 위약금으로 귀속되는 것이 원칙이다.

민법 제398조 제4항에서와 같이 위약금의 약정은 손해배상액의 예정으로 추정되어, 매수인이 위약했다면 매도인은 손해의 발생 및 손해액을 입증할 필요도 없이 위약금을 자신에게 귀속시킬 수 있다. 이때 손해배상의 예정이란 '채무불이행 시 채무자가 지급하여야 할 손해배상액을 당사자 사이의 계약으로 미리 정해 두는 것'인데, 유의할 점은 이 손해배상액의 예정이 부당히 과다한 경우 법원은 적당히 감액할 수 있다는 것이다.

| 관련법 |

〔민법〕 제398조 「배상액의 예정」
① 당사자는 채무불이행에 관한 손해배상액을 예정할 수 있다.
② 손해배상의 예정액이 부당히 과다한 경우는 법원은 적당히 감액할 수 있다.
③ 손해배상액의 예정은 이행의 청구나 계약의 해제에 영향을 미치지 아니한다.
④ 위약금의 약정은 손해배상액의 예정으로 추정한다.

여기서 '손해배상의 예정액이 부당히 과다한 경우'란 채권자와 채무자의 각 지위, 계약의 목적 및 내용, 손해배상액을 예정한 동기, 채무액에 대한 예정액의 비율, 예상 손해액의 크기, 그 당시의 거래 관행 등 모든 사정을 참작하여 일반 사회 관념에 비추어 그 예정액의 지급이 경제적 약자의 지위에 있는 채무자에게 부당한 압박을 가하여 공정성을 잃는 결과를 초래한다고 인정되는 경우를 뜻하는 것으로 보아야 한다.

판례가 인정한 감액 사례는 대부분 계약 당사자 간 경제적 강자와 약자의 관계에 있는 거래에 있어서 위약금으로 매매대금의 10%가 넘는 계약금을 약정했을 때 10%가 넘는 금액에 대해서 감액한 경우다. 그러나 매매대금의 10%로 정한 것을 10% 이하로 감액한 사례도 있어 구체적인 사정에 따라 달리 보아야 한다. 그리고 약관의 규제에 관한 법률상으로도 매매대금의 20%가 넘는 위약금 조항은 무효로 보는 경향이다.

한편, 채무자로 하여금 채무를 이행하도록 심리적으로 압박을 가하기 위해, 채무를 이행하지 않을 때 채무자가 부담할 법적 불이익을 미리 정하여 두는 것으로 위약벌이 있다. 이 위약벌은 손해를 담보하기 위한 위약금과는 달리 채무의 이행을 확보하기 위하여 정해지는 것으로서 손해배상의 예정과는 내용이 다르므로, 손해배상의 예정에 관한 민법 제398조 제2항을 유추 적용하여 금액을 감액할 수 없는 점이 위약금과 다르다. 다만 위약벌이 과도하게 무거울 때는 일부 또는 전부가 공서양속에 반하여 무효가 될 수는 있다.

위약벌의 약정이 과도한지 여부를 판단할 때는 위약벌 조항을 강요할 우월한 지위에 있었는지, 위약벌 조항이 일방에만 적용되는지 아니면 쌍방에게 적용되는지, 위약벌 액수와 총계약 금액의 비교 등이 기준이 될 수 있다.

따라서 계약해제를 어렵게 하려는 당사자로서는 계약서상 위약금을 다액으로 약정하더라도 손해배상의 예정으로서 감액될 수 있으므로, 감액이 어려운 위약벌이라는 것을 명시할 필요가 있다.

거래체결과 동시에 거래당사자 쌍방에게 교부한다.

특약사항
1. 기본 및 현시설물상태에서 임대하며, 기타사항은 주택임대차보호법, 민법, 부동산매매관례에 따른다.
2. 개업공인중개사에게 공시 및 미공시 권리관계에 대한 확인, 설명을 듣고 목적물(시설물 내외부 등) 답사하여 현황을 인지하고 매수인은 계약하며, 기타 권리 및 건물의 구조, 기능 등 하자 없음을 매도인은 확약함.
3. 국민은행 채권최고액 일억일백칠십오만원이 설정된바 잔금시 은행에서 상자 입회하여 대출금을 상환하고 근저당권을 말소한다.
4. 계약금중 일부인 오백만원정은 6월1일 송금했고, 나머지 삼천오백만원정은 2015년6월2일 송금했슴.
(국민은행   -01-384015)
5. 대항력과 우선변제권 확보차원에서 주택을 인도받은 임차인은 9월9일까지 주민등록(전입신고)과 계약서상 확정일자를 받기로 한다.
6. 계약금은 위약벌의 성격으로 지불하며 임대인이 위약 시는 계약금의 배액을 배상하며, 임차인이 위약 시는 계약금을 포기하기로 하며 반환 청구 할 수 없다.
7. 잔금일자까지 각종공과금은 (잔금일 가준으로) 매도자 정산한다.
8. 잔금일자는 쌍방합의하에 선일자로 조정가능하며 합의불가시에는 계약대로 한다.

본 계약에 대하여 임대인과 임차인은 이의 없음을 확인하고 각자 서명 또는 날인 후 임대인, 임차인, 개업공인중개사가 각 1통씩 보관한다.
2015년 6월 5일

계약서의 위약금 조항

5 가계약의 해약금

가계약을 해약하면 가계약금을 돌려받을 수 있을까?

가계약의 효력은 결국 당사자의 계약구속에 대한 의사 해석의 문제이다. 가계약금을 본인이나 대리권을 부여한 중개업자 등이 수령했다면 일반적으로 계약의 효력을 인정해야 한다. 왜냐하면, 민법상 계약은 낙성계약이 원칙이어서 반드시 계약서를 작성해야 하는 것이 아니라 구두 합의만으로도 성립하는데 가계약금의 수수로 계약 성립의 의사 합치가 있다고 봐야 하기 때문이다. 다만 가계약은 본계약에 대한 '예약'의 형식이 될 것이다. 따라서 상대방이 본계약 체결을 거부하면 본계약 체결을 청구하거나 일방적 의사표시로 본계약을 성립시킬 수 있다.

중개업자가 무리하게 계약을 성사시키기 위해 매도인을 위하여 가계약금을 수수하는 사례도 종종 있는데, 이런 경우 무권대리 행위로 본인인 매도인에게 효력이 없는 경우가 있다는 것에 주의해야 한다.

가계약금은 민법 제565조에 의해 해약금으로 추정되어 당사자 일방이 이행에 착수할 때까지 교부자는 그 배액을 상환하고, 수령자는 이를 포기하여 계약을 해제할 수 있다고 보아야 한다. 다만 당사자 간 특약으로 본계약 체결을 조건으로 하거나 본계약 체결 전 일방이 임의로 파기할 권리를 유보한 때는 본계약이 체결되지 않거나 일방이 파기하면 무효가 될 수 있다. 또한, 가계약 시 본계약의 중요 내용(목적물, 대금 등)에 대해 정한 바가 없고, 가계약금이 일반적인 계약금(매매대금의 10% 정도)에 비해서 미미한 금액에 불과하다면 단순한 보관금에 그쳐 가계약 자체가 효력이 없을 수도 있다.

| Q&A |

가계약금의 반환

Q A는 토요일에 상가를 구하러 다니던 중 좋은 위치에 시세보다 저렴한 상가를 발견했다. 보증금 2,000만 원에 월세 50만 원으로 다음 주부터는 인수인계가 가능했다. 본계약은 주말이 지나고 월요일에 하기로 하고 가계약금 50만 원을 지급하고 영수증도 받았다. 그런데 주말 사이에 마음이 바뀐 A는 해약을 하고 싶어져 집주인에게 가계약금을 돌려달라고 했다. A는 가계약금을 돌려받을 수 있을까?

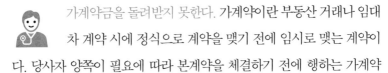
가계약금을 돌려받지 못한다. 가계약이란 부동산 거래나 임대차 계약 시에 정식으로 계약을 맺기 전에 임시로 맺는 계약이다. 당사자 양쪽이 필요에 따라 본계약을 체결하기 전에 행하는 가계약은 법적 성질이 확연히 다른 두 가지로 해석할 수 있다. 본계약 주요 급부의 중요 부분이 확정되어 있지 않은 경우는 준비 단계의 계약으로 볼 수 있고, 주요 급부의 중요 부분이 확정되어 있는 경우는 조건부 계약으로 볼 수 있다.

가계약 단계에서 모든 계약 내용의 합의까지는 없더라도 본계약의 주된 내용인 매매목적물과 매매대금 등 매매 계약의 중요 요소들에 관한 협의가 이루어져 있는 경우라면 그 가계약은 양쪽 당사자를 구속하는 조건부 계약이 된다. 또한, 장래에 특정 가능한 기준, 방법 등에 관한 합의만으로도 가능하다. 즉 매매 계약이 성립된 것이다.

이 사례에서 임차목적물과 보증금, 월세 등이 정해졌고 다음 주부터는 상가가 명도되어 임차인이 인수할 수 있는 조건의 중요 부분에 대한 합의가 있었다고 본다. 그래서 이 가계약은 조건부 계약으로서 매매 계약이 성립되고, 계약을 해약하기 위해서는 가계약금 50만 원을 포기해야 한다.

| 관련 판례 |

가계약의 매매계약 성립

부동산 매매에 관한 가계약서 작성 당시 매매목적물과 매매대금 등이 특정되고 중도금 지급방법에 관한 합의가 있었다면 그 가계약서에 잔금 지급 시기가 기재되지 않았고 후에 정식계약서가 작성되지 않았다 하더라도 매매 계약은 성립하였다.

-대법원 2006. 11. 24. 선고 2005다39594 판결 요약

계약이 성립하기 위하여는 당사자 사이에 의사의 합치가 있을 것이 요구되고 이러한 의사의 합치는 당해 계약의 내용을 이루는 모든 사항에 관하여 있어야 하는 것은 아니나 그 본질적 사항이나 중요 사항에 관하여는 구체적으로 의사의 합치가 있거나 적어도 장래 구체적으로 특정할 수 있는 기준과 방법 등에 관한 합의는 있어야 한다.

—대법원 2001. 3. 23. 선고 2000다51650 판결 요약

매매는 당사자 일방이 재산권을 상대방에게 이전할 것을 약정하고 상대방이 대금을 지급할 것을 약정함으로써 효력이 발생하는 것이므로 매매 계약은 매도인이 재산권을 이전하는 것과 매수인이 대가로서 대금을 지급하는 것에 관하여 쌍방 당사자의 합의가 이루어짐으로써 성립하는 것이며, 그 경우 매매목적물과 대금은 반드시 계약 체결 당시에 구체적으로 특정할 필요는 없고 이를 사후에라도 구체적으로 특정할 수 있는 방법과 기준이 정하여져 있으면 족하다.

—대법원 1993. 6. 8. 선고 92다49447 판결 요약

실거래에 있어서는 정식의 계약 체결에 이르기 전에 당사자들의 다양한 이해관계를 반영한 합의들이 흔히 '가계약'으로 이루어지는 경우가 많다. 그러나 가계약의 내용은 구속력의 정도나 규정하는 내용에 있어 매우 다양한 모습을 나타내고 있어 법적 성질과 효과를 파악하기가 쉽지 않지만, 우선적으로 고려되어야 할 것은 의사표시의 해석을 통하여 나타나는 당사자들의 의사라 할 것인데, 당사자들이 장차 계속되는 교섭의

기초로서 작성한 것이고 장래의 교섭에 의하여 수정될 것이 예정되어 있다면 법적 구속력을 인정하기 힘들 것이지만, 주된 급부에 관하여 대략의 합의가 성립하여 있는 경우라면 그 부수적인 내용이 상세하게 확정되어 있지 않더라도 이 합의에 관하여는 독자적인 구속력 및 책임의 근거로서 인정해야 할 경우가 많이 있다. 따라서 가계약은 본계약 주요 급부의 중요 부분이 확정되어 있는 경우는 예약 또는 조건부 계약으로 볼 수 있고 그것이 확정되어 있지 않는 경우는 준비 단계의 계약으로 볼 것이다. 가계약의 구속력으로서 본계약 체결의무를 인정하여 그 이행이익의 배상을 구하기 위해서는 가계약에서 본계약 주된 급부의 중요 부분에 대해 합의가 이루어져 당사자가 임의로 본계약 체결을 파기할 수 없는 상태에 있어야 한다.

－부산지법 2007.7.26. 선고 2003가합10578 판결, 확정 요약

CHAPTER 2

전입신고의 힘

1 전입신고는 대항력을 갖는다

1. 대항력 : 임대차 계약+주택의 인도+임차인의 주민등록

주택의 임차인이 주택을 인도받고 주민등록을 마쳤을 때에 다음 날(익일) 오전 0시부터 제삼자에 대하여 생기는 대항력은 채권에 불과한 임대차가 설정된 주택이 제삼자에게 양도된 경우에 그 임대차가 소멸하지 않고 제삼자에게 여전히 대항할 수 있는 효력이다. 주택임대차보호법(이하 '주임법')이 임차인을 보호하기 위한 가장 중요한 제도가 대항력과 우선변제권의 인정에 관한 것이고, 주택임대차보호법에 관한 최대의 쟁점이 대항력에 관한 것이다. 주택임대차보호법의 대항력에 관한 법리는 상가건물 임대차보호법에 그대로 적용된다.

2. 임대차 계약

유효한 임대차 계약이 있어야 한다. 즉 소유권자인 임대인과 직접 임대차 계약을 하거나 주택의 소유자는 아니지만, 주택에 관하여 적법하게 임대차 계약을 체결할 수 있는 권한을 가진 명의신탁자 등과 임대차 계약이 체결되면 주임법이 적용된다. 또한, 임대차 계약 당사자가 기존 채권을 임대차보증금으로 전환하여 임대차 계약을 해도 임차인은 주임법 제3조 제1항의 소정의 대항력을 가진다.

하지만 채권자가 주택의 소유자인 채무자와 임대차 계약을 체결하고 전입신고를 마친 다음 그곳에 거주하였다고 하더라도 실제 임대차 계약의 주된 목적이 주택을 사용·수익하려는 것이 아니고, 실제적으로는 소액임차인으로 보호받아 채권을 우선 회수하려는 것에 주된 목적이 있었던 경우는 주임법상의 대항력을 갖지 못한다.

| Q&A |

임차인으로서 점유

Q 매도인 갑은 살고 있던 아파트를 5억 원에 을에게 팔기로 했다. 계약금 5,000만 원과 중도금 2억 원을 받았고 잔금은 아직 받지 못하고 있었다. 그러던 중 매수인 을이 소유권을 먼저 이전해 달라고 갑에게 간곡히 요청하였다. 소유권 이전 후 은행으로부터 대출해서 나머지 잔금 2억 5,000만 원을 지급한다는 것이다. 마지못해 갑은 소유권을 이전해 주었으나 을은 은행에서 대출한 후 1억 5,000만 원을 지급하고 1억 원은 지급하지 않았다. 그래서 갑은 받지 못한 잔금 1억 원을 임대차보증금으로 하기로 하고 계속 거주하였다. 이제 집주인이 된 을과 임대차 계약서도 작성하고 확정일자도 받았다.

그 뒤 을이 은행 대출금을 제대로 갚지 않았고 그 은행은 경매를 신청하게 되었다. 여기서 말소기준권리는 은행의 근저당권 설정일이 되고, 갑의 확정일자는 말소기준권리보다 늦지만, 전입이 말소기준권리보다 빠르고 점유 조건을 갖추고 있으므로 경매의 낙찰자(매수인)에게 대항력이 있으므로 보증금 1억 원은 보호될 것으로 생각했다.

현재의 임차인 갑은 대항력을 확보하고 1억 원을 보호 받을 수 있을
까?

– 경과

• 2010년 1월 1일 '갑' 소유권 이전 및 갑의 전입신고

• 2013년 6월 1일 매도인 '갑'과 매수인 '을'의 매매 계약 및 계약금
  5,000만 원 지급

• 2013년 8월 1일 중도금 2억 원 지급

• 2014년 1월 1일 '을' 소유권 이전 및 은행에 근저당권 설정
  (잔금 2억 5,000만 원 중 1억 5,000만 원 지급)

• 2014년 2월 1일 '갑'과 '을'의 보증금 1억 원의 임대차 계약, 확정일자

• 2014년 4월 1일 경매신청

 대항력이 없다. 주택임차권의 대항력 요건인 주민등록이란 단
순히 형식적 주민등록뿐만 아니라, 주택을 인도한 후 그 점유
가 임차권을 매개로 한 점유여야 한다. 그러나 갑은 2014년 1월 1일 소유
권이전등기가 이루어진 이후에야 비로소 임차권을 근거로 한 점유라고
인정받을 수 있고, 그 전에는 갑의 소유권에 기한 점유이다. 그러므로 갑
의 주민등록 대항력의 발생 시기는 소유권이전등기가 이루어진 다음 날
인 1월 2일 또는 임대차 계약 체결 다음 날로 봐야 한다.

| 관련 판례 |

명의신탁자와의 임대차계약 등

주택임대차보호법이 적용되는 임대차로서 반드시 임차인과 주택의 소

유자인 임대인 사이에 임대차 계약이 체결된 경우에 한정된다고 할 수는 없고, 나아가 주택의 소유자는 아니지만 주택에 관하여 적법하게 임대차 계약을 체결할 수 있는 권한(적법한 임대권한)을 가진 임대인과 사이에 임대차 계약이 체결된 경우도 포함되므로, 임대차 계약상의 임대인이 주택의 소유자가 아니라고 하더라도 주택의 명의신탁자로서 사실상 이를 제삼자에게 임대할 권한을 가지는 이상, 임차인은 등기부상 주택의 소유자인 명의수탁자에 대한 관계에서도 적법한 임대차임을 주장할 수 있다고 할 것이고, 그리하여 임차인이 주택의 인도와 주민등록을 마쳤다면 임차인은 주택임대차보호법 제3조 제1항 소정의 대항력을 취득하였다고 할 것이다.

─대법원 1995. 10. 12. 선고 95다22283 판결 요약

가. 주택임대차로서의 우선변제권을 취득한 것처럼 외관을 만들었을 뿐 실제 주택을 주거용으로 사용·수익할 목적을 갖지 아니한 계약에는 주택임대차보호법이 정하고 있는 우선변제권을 부여할 수 없다.

나. 주택과 그 대지에 관한 자기의 공유지분을 다른 공유자에게 명의신탁한 공동소유자로서 주택의 일부분을 사용·수익해 오던 자가 그 주택 등이 경매되는 경우 자기의 지분을 제삼자에게 대항할 수 없게 되는 것에 대비하여 다른 공유자와 사이에 임대차 계약서를 작성하고 확정일자를 받아두었을 뿐인 경우는 주택임대차보호법이 정하고 있는 우선변제권이 인정되지 않는다.

─대법원 2003. 7. 22. 선고 2003다21445 판결 요약

3. 주택의 인도

'주택의 인도'란 임대차의 목적물인 주택에 대한 점유(사실상의 지배)가 사회통념 또는 거래관념상 임차인에게 이전하는 것을 말한다. 판례는 임차인이 간접점유를 하는 경우도 주택의 인도를 긍정하여 대항력 취득을 인정하고 있다.

| 관련 판례 |

등기부상 소유자의 대항력이 없다

가. 주택임대차보호법 제3조 제1항에서 주택의 인도와 더불어 대항력의 요건으로 규정하고 있는 주민등록은 거래의 안전을 위하여 임차권의 존재를 제삼자가 명백히 인식할 수 있게 하는 공시방법으로 마련된 것으로서, 주민등록이 어떤 임대차를 공시하는 효력이 있는가의 여부는 그 주민등록으로 제삼자가 임차권의 존재를 인식할 수 있는가에 따라 결정된다고 할 것이므로, 주민등록이 대항력의 요건을 충족시킬 수 있는 공시방법이 되려면 단순히 형식적으로 주민등록이 되어 있다는 것만으로는 부족하고, 주민등록에 의하여 표상되는 점유관계가 임차권을 매개로 하는 점유임을 제삼자가 인식할 수 있는 정도는 되어야 한다.

나. 갑이 1988년 8월 30일 당해 주택에 관하여 자기 명의로 소유권이전등기를 경료하고 같은 해 10월 1일 주민등록 전입신고까지 마친 후 이곳에 거주하다가 1993년 10월 23일 그 주택을 을에게 매도하는 동시에 그로부터 이를 다시 임차하되 매매잔금 지급기일인 1993년 12월 23일부터는 주택의 거주관계를 바꾸어 갑이 임차인의 자격으로 이에 거주하기

로 약정하고 계속 거주해 왔으나, 이 매매에 따른 을 명의의 소유권이전 등기는 1994년 3월 9일에야 비로소 경료된 경우, 제삼자로서는 그 주택 에 관하여 갑으로부터 을 앞으로 소유권이전등기가 경료되기 전에는 갑 의 주민등록이 소유권이 아닌 임차권을 매개로 하는 점유라는 것을 인식 하기 어려웠다 할 것이므로, 갑의 주민등록은 그 주택에 관하여 을 명의 의 소유권이전등기가 경료된 1994년 3월 9일 이전에는 주택임대차의 대 항력 인정의 요건이 되는 적법한 공시방법으로서 효력이 없고, 이후에야 비로소 갑과 을 사이의 임대차를 공시하는 유효한 공시방법이 된다고 본 사례다.

-대법원 1999. 4. 23. 선고 98다32939 판결 요약

4. 임차인의 주민등록

(1) 주민등록의 의의

주택임대차보호법 제3조 제1항에서 주택의 인도와 더불어 대항력의 요건으로 규정하고 있는 주민등록은 거래의 안전을 위하여 임차권의 존 재를 제삼자가 명백히 인식할 수 있게 하는 공시방법으로 마련된 것이다. 주민등록이 어떤 임대차를 공시하는 효력이 있는지의 여부는 일반 사회 통념상 그 주민등록으로 당해 임대차건물에 임차인이 주소 또는 거소를 가진 자로 등록되어 있다고 인식할 수 있는지의 여부에 의하여 판단되어 야 한다. 주민등록이 대항력의 요건을 충족시키는 공시방법이 되려면 단 순히 형식적으로 주민등록이 되어 있다는 것만으로는 부족하고 주민등 록에 의하여 표상되는 점유관계가 임차권을 매개로 하는 점유임을 제삼

자가 인식할 수 있는 정도는 돼야 한다. 또한 주택의 인도와 주민등록이라는 임대차의 공시방법은 어디까지나 등기라는 원칙적인 공시방법에 갈음하여 마련된 것이고, 제삼자는 주택의 표시에 관한 사항과 주택에 관한 권리관계에 관한 사항을 통상 등기부에 의존하여 파악하고 있으므로, 임대차 공시방법으로서 주민등록이 유효한 공시방법이 되기 위해서는 원칙적으로 주민등록이 등기부상의 주택의 현황과 일치해야 한다.

(2) 가족의 주민등록

국민의 주거생활 안정을 보장함을 목적으로 하는 입법 취지나 주택의 인도와 주민등록이라는 공시방법을 요건으로 대항력을 부여하고 있는 취지에 비추어 볼 때, 주민등록이라는 대항요건은 임차인 본인의 것뿐 아니라 배우자나 가족의 것도 포함된다.

| Q&A 1 |

계약자 이외 가족의 주민등록

Q 주택의 임대차 계약 기간이 만료된 C는 아직 전세보증금을 받지 못해 나오지 못하고 있다. 새로 이사 갈 주택으로 주민등록을 이전해야 하는 C는 지금 사는 집에서 퇴거하면 대항력을 잃을지도 모른다고 생각했다. 주위에서는 임대차 계약 명의자인 C가 주민등록을 옮기더라도 가족의 주민등록이 남아 있고 그 가족이 거주하고 있다면 보증금이 보호된다고 한다. C는 본인의 주민등록을 옮겨도 될까?

보증금은 보호된다. 주민등록은 원칙적으로 본인의 주민등록이어야 하지만 배우자나 자녀의 주민등록도 포함된다. 주택에 거주하고 있으면서 부득이한 사정으로 임차인이 전출을 해야 한다면 가족의 주민등록을 남겨둔 채 본인만 퇴거한다면 대항력을 잃지 않는다.

또한, 가족이 먼저 전입신고를 하고 임차인 본인은 추후에 주민등록이 합류한 경우도 가족이 전입신고한 날로 소급하여 대항력이 발생한다.

| 관련 판례 |

가. 주택임대차보호법 제3조 제1항에서 규정하고 있는 주민등록이라는 대항요건은 임차인 본인뿐만 아니라 그 배우자나 자녀 등 가족의 주민등록을 포함한다.

나. 주택 임차인이 가족과 함께 주택에 대한 점유를 계속하고 있으면서 가족의 주민등록을 그대로 둔 채 임차인만 주민등록을 일시 다른 곳으로 옮긴 경우라면, 전체적으로나 종국적으로 주민등록의 이탈이라고 볼 수 없는 만큼 임대차의 제삼자에 대한 대항력을 상실하지 않는다.

－대법원 1996. 1. 26. 선고 95다30338 판결 요약

국민의 주거생활의 안정을 보장함을 목적하고 있는 주택임대차보호법의 입법 취지나 주택의 인도와 주민등록이라는 공시방법을 요건으로 하여 대항력을 부여하고 있는 동법 제3조 제1항의 취지에 비추어 볼 때, 주민등록이라는 대항요건은 임차인 본인뿐 아니라 그 배우자 주민등록을 포함한다.

－대법원 1987. 10. 26. 선고 87다카14 판결 요약

점유보조자의 주민등록

Q 대학에 입학하여 부산에서 서울로 온 임 씨는 학교 근처 원룸에서
전세로 살고 있다. 계약서는 어머니 이름으로 계약하고 실거주자
인 임 씨 본인이 전입신고를 하였다. 이때 주택임대차보호법의 보호를
받을 수 있을까?

 주택임대차보호법의 보호를 받을 수 있다. 실제 살고 있는 직
접점유자 임 씨가 주민등록을 하면 계약자인 임차인이 주민등
록을 하지 않아도 그 임차인의 임대차가 제삼자에 대하여 대항력을 취득
한다. 즉 점유보조자를 통한 점유도 적법하게 대항력을 취득하는 것이다.

| 관련 판례 |

임차인의 점유보조자의 주민등록에 대하여도 대항력이 발생한다는 점
(대법원 1964. 6. 24. 선고 94다3155 판결 참조) 등에 비추어 보면 법률상 배우
자뿐 아니라 임차인과 공동생활을 하는 사실혼 배우자도 임차인의 점유
보조자로서 그 주민등록이 주택임대차보호법상 대항력의 발생 및 존속
요건이 된다.

—전주지방법원 2007. 8. 17. 선고 2007가단1120 판결 요약

주택임대차보호법 제3조 제1항 소정의 대항력은 임차인이 당해 주택
에 거주하면서 이를 직접 점유하는 경우뿐 아니라 타인의 점유를 매개로
하여 이를 간접점유하는 경우도 인정될 수 있을 것이나, 그 경우 당해 주

택에 실제로 거주하지 않는 간접점유자인 임차인은 주민등록의 대상이 되는 '당해 주택에 주소 또는 거소를 가진 자'(주민등록법 제6조 제1항)가 아니어서 그 자의 주민등록은 주민등록법 소정의 적법한 주민등록이라고 할 수 없고, 따라서 간접점유자에 불과한 임차인 자신의 주민등록으로는 대항력의 요건을 적법하게 갖추었다고 할 수 없으며, 임차인과의 점유매개관계에 기하여 당해 주택에 실제로 거주하는 직접점유자가 자신의 주민등록을 마친 경우에 한하여 비로소 그 임차인의 임대차가 제삼자에 대하여 적법하게 대항력을 취득할 수 있다.

-대법원 2001. 01. 19. 선고 2000다55645 판결 요약

| 관련법 |

[민법] 제194조 「간접점유」
지상권, 전세권, 질권, 사용대차, 임대차, 임치 기타의 관계로 타인으로 하여금 물건을 점유하게 한 자는 간접으로 점유권이 있다.

[민법] 제195조 「점유보조자」
가사상, 영업상 기타 유사한 관계에 의하여 타인의 지시를 받아 물건에 사실상의 지배를 하는 때는 그 타인만을 점유자로 한다.

(3) 간접점유자의 주민등록

법 소정의 대항력을 갖춘 주택임차인이 임대인의 동의를 얻어 적법하게 임차권을 양도하거나 전대한 경우에, 양수인이나 전차인이 임차인의 주민등록 퇴거일로부터 주민등록법상의 전입신고 기간 내에 전입신고를 마치고 주택을 인도받아 점유를 계속하고 있다면, 비록 임차권의 양도나 전대에 의하여 임차권의 공시방법인 점유와 주민등록이 변경되었다 하

더라도 원래의 임차인이 갖는 임차권의 대항력은 소멸되지 않고 동일성을 유지한 채로 존속한다.

임차권 양도

Q 중견 회사를 경영하고 있는 C는 대항력을 갖추고 보증금 3억 원에 전세를 살고 있다. C는 선순위 임차인이고 후순위의 은행 대출금 2억 원이 있다. C는 개인적인 사정으로 전세계약자를 아내 명의로 바꾸고자 하는데 만약 그렇게 되면 대항력을 잃게 되지 않을까 걱정이 되는데 어떻게 해야 할까?

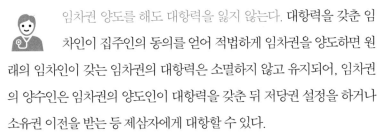 임차권 양도를 해도 대항력을 잃지 않는다. 대항력을 갖춘 임차인이 집주인의 동의를 얻어 적법하게 임차권을 양도하면 원래의 임차인이 갖는 임차권의 대항력은 소멸하지 않고 유지되어, 임차권의 양수인은 임차권의 양도인이 대항력을 갖춘 뒤 저당권 설정을 하거나 소유권 이전을 받는 등 제삼자에게 대항할 수 있다.

| 관련 판례 |

임차권 양도의 대항력

가. 주택임대차보호법 제3조 제1항에 의한 대항력을 갖춘 주택임차인이 임대인의 동의를 얻어 적법하게 임차권을 양도하거나 전대한 경우에 있어서 양수인이나 전차인이 임차인의 주민등록퇴거일로부터 주민등록법상의 전입신고기간 내에 전입신고를 마치고 주택을 인도받아 점유를

계속하고 있다면 비록 이 임차권의 양도나 전대에 의하여 임차권의 공시 방법인 점유와 주민등록이 변경되었다 하더라도 원래의 임차인이 갖는 임차권의 대항력은 소멸되지 않고 동일성을 유지한 채로 존속한다고 보아야 한다.

나. 주택의 임차인이 제삼자에게 전대한 이후에도 그의 임차권의 대항력이 소멸되지 않고 그대로 존속하고 있다면 임차인은 그 임차권의 대항력을 취득한 후에 경료된 근저당의 실행으로 소유권을 취득하게 된 자에 대하여 임대보증금 반환청구권에 기한 동시이행 항변권을 행사하여 반환을 받을 때까지는 주택을 적법하게 점유할 권리를 갖게 되는 것이고 따라서 그로부터 이 주택을 전차한 제삼자 또한 그의 동시이행 항변권을 원용하여 임차인이 보증금의 반환을 받을 때까지 주택을 적법하게 점유, 사용할 권리를 갖는다.

-대법원 1988. 4. 25. 선고 87다카2509 판결 요약

주택임차인이 임차주택을 직접 점유하여 거주하지 않고 간접 점유하여 자신의 주민등록을 이전하지 않은 경우라 하더라도, 임대인의 승낙을 받아 임차주택을 전대하고 전차인이 주택을 인도받아 자신의 주민등록을 마친 때는 그때로부터 임차인은 제삼자에 대하여 대항력을 취득한다.

-대법원 1995. 6. 5. 자 94마2134 결정 요약

한편, 임차인이 임대인으로부터 별도의 승낙을 얻지 않고 제삼자에게 임차물을 사용·수익하도록 한 경우도 임차인의 행위가 임대인에 대한

배신적 행위라고 할 수 없는 특별한 사정이 인정되는 경우와 같이 전대차가 임대인에 대하여도 주장할 수 있는 적법 유효한 것이라고 평가되는 경우에 임차인의 대항력은 유지된다.

－대법원 2007. 11. 29. 선고 2005다 64255 판결 요약

(4) 공동주택과 단독주택의 주민등록

일가구용 단독주택은 물론 다가구용 단독주택의 경우도 건축물관리대장 내지 등기부상의 지번과 주민등록상의 지번이 일치하지 않는 경우는 특별한 사정이 없는 한 대항력을 취득할 수 없다.

다가구용 단독주택의 경우 「건축법」이나 「주택건설촉진법」상 이를 공동주택으로 볼 근거가 없어 단독주택으로 보는 이상 임차인이 건물의 일부나 전부를 임차하고, 전입신고를 하는 경우 지번만 기재하는 것으로 충분하고, 나아가 건물 거주자의 편의상 구분을 지어 놓은 호수까지 기재할 의무가 없다. 임차인이 실제로 건물의 어느 부분을 임차하여 거주하고 있는지 여부의 조사는 단독주택의 경우와 마찬가지로 건물에 담보권 등을 설정하려는 이해관계인의 책임 하에 이루어져야 할 것이므로, 임차인이 전입신고로 지번을 정확히 기재하여 전입신고를 한 이상, 일반 사회통념상 그 주민등록으로 임차인이 주소 또는 거소를 가진 자로 등록되어 있는지를 인식할 수 있어 임대차의 공시방법으로 유효하다.

하지만 공동주택에 대한 주민등록의 경우, 지번만 표시하고 동·호수를 누락하거나 주민등록상 동·호수와 다르게 기재되어 있는 경우는 그 주민등록은 공시방법으로서 유효한 것이라고 할 수 없다. 원칙적으로

공동주택인 임차주택에 대한 주민등록이 대항력을 취득하기 위해서는 동·호수를 반드시 기재하여야 할 뿐만 아니라, 등기부등본상의 내용과 정확하게 일치할 것이 요구된다.

한편, 연립주택의 경우 반지하는 공부상 지하 1층이지만 일반적으로 101호 등으로 표기하고, 1층을 201호 등으로 표기하는 경우가 종종 있다. 하지만 필히 해당 호수를 공부(건축물 대장)와 일치하도록 주민등록 신고를 해야 한다.

| 관련 판례 |

공동주택에서 공부와 주민등록의 불일치

신축중인 연립주택 중 1층 소재 주택의 임차인이 주민등록 이전시 잘못된 현관문의 표시대로 '1층201호'라고 전입신고를 마쳤는데 준공 후 그 주택이 공부상 '1층101호'로 등재된 경우, 주택임대차보호법상의 대항력이 없다.

-대법원 1995. 8. 11. 선고 95다177 판결 요약

임차인들이 다세대주택의 동·호수 표시 없이 부지 중 일부 지번으로만 주민등록을 한 경우, 그 주민등록으로써 일반의 사회통념상 그 임차인들이 그 다세대주택의 특정 동·호수에 주소를 가진 것으로 제삼자가 인식할 수는 없는 것이므로 임차인들은 주택에 관한 임대차의 유효한 공시방법을 갖추었다고 볼 수 없다.

-대법원 1996. 2. 23. 선고 95다48421 판결 요약

등기부상 동·호수의 표시인 '다동 103호'와 불일치한 '라동 103호'로 된 주민등록은 그로써 당해 임대차건물에 임차인들이 주소 또는 거소를 가진 자로 등록되어 있는지를 인식할 수 있다고 보이지 않는다고 하여 이 주민등록이 임대차의 공시방법으로서 유효하다고 할 수 없다.

—대법원 1999. 4. 13. 선고 99다4207 판결 요약

임차인이 전입신고를 올바르게(즉 임차건물 소재지 지번으로) 하였다면 이로써 그 임대차의 대항력이 생기는 것이므로 설사 담당공무원의 착오로 주민등록표상에 신거주지 지번이 다소 틀리게(안양동 545의5가 안양동 545의2로) 기재되었다 하여 그 대항력에 소장을 끼칠 수는 없다.

—대법원 1991. 8. 13. 선고 91다18118 판결 요약

판례의 취지를 종합하면 일가구용 단독주택의 경우는 물론, 다가구용 단독주택의 전부나 일부를 임차하고 전입신고를 하는 경우도 지번만 기재하는 것으로 충분하고, 나아가 이 건물 거주자의 편의상 구분하여 놓은 호수까지 기재할 의무나 필요는 없으며, 건축물관리대장이나 등기부상 지번과 주민등록상 지번이 일치하면 유효한 주민등록으로 볼 수 있는 한편, 그것이 조금이라도 일치하지 않는 경우는 유효한 주민등록을 마쳤다고 볼 수 없다는 것으로 요약할 수 있다. 물론 임차인이 유효하게 주민등록 전입신고를 한 후 사후적으로 임차주택의 지번이 등록전환이나 분필과 합필 등으로 인하여 변경된 경우는 이미 발생한 대항력에 지장이 없다. 그리고 공동주택의 전입신고를 하는 경우는 건축물관리대장이나

등기부상 지번과 주민등록상 지번이 일치함은 물론이고 동·호수도 공부와 틀림없이 주민등록을 기재해야 대항력을 취득할 수 있다.

| Q&A |

전입신고를 하지 않았을 때

Q 올해 군에 입대할 계획인 대학생 유 씨는 원룸을 보증금 60만 원, 월세 20만 원으로 1년 계약을 했다. 그리고 집주인과는 입영통지가 나오면 계약을 해지하는 것으로 협의를 했다. 얼마 지나지 않아 군에 가야 하기 때문에 전입신고는 하지 않았다. 그러던 중 집이 팔렸는데 새 집주인은 월세를 30만 원으로 인상하거나 못 올리면 나가라고 통보를 해 왔다. 임차인 유 씨는 새 집주인의 요구에 응해야 할까?

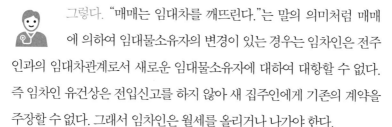

그렇다. "매매는 임대차를 깨뜨린다."는 말의 의미처럼 매매에 의하여 임대물소유자의 변경이 있는 경우는 임차인은 전주인과의 임대차관계로서 새로운 임대물소유자에 대하여 대항할 수 없다. 즉 임차인 유건상은 전입신고를 하지 않아 새 집주인에게 기존의 계약을 주장할 수 없다. 그래서 임차인은 월세를 올리거나 나가야 한다.

임차인이라는 경제적 약자를 보호하기 위하여 「주택임대차보호법」이 있다. 민법에서의 임대차 계약은 전주인과 세입자 간에만 효력이 있고 새 집주인과는 효력이 없다.

하지만 임차인이 전입신고를 통해서 새 집주인에게도 전주인과의 임대차 계약을 주장할 수 있도록 「주택임대차보호법」으로 보호하고 있다. 그리고 임차인이 전입신고를 했다면 주임법의 보호를 받아서 2년 동안 살 수도 있고 계약 기간인 1년으로 주장할 수도 있다.

| 관련법 |

[주택임대차보호법] 제3조 「대항력 등」
① 임대차는 그 등기가 없는 경우도 임차인이 주택의 인도와 주민등록을 마쳤을
때는 그 익일로부터 제삼자에 대하여 효력이 생긴다. 이 경우 전입신고를 한 때에
주민등록이 된 것으로 본다.
② 임차주택의 양수인(기타 임대할 권리를 승계한 자를 포함한다)은 임대인의 지위
를 승계한 것으로 본다.

[주택임대차보호법] 제4조 「임대차 기간 등」
① 기간을 정하지 아니하거나 2년 미만으로 정한 임대차는 그 기간을 2년으로 본
다. 다만, 임차인은 2년 미만으로 정한 기간이 유효함을 주장할 수 있다.

5. 보증금의 보호

(1) 경매의 보증금 보호

임차인 정 씨(매각물건 명세서 A)가 살고 있던 집이 어느 날 법원으로부터
압류되었다. 하지만 그는 별로 개의치 않았다. 소멸기준권리(최선순위 근저
당권 : 2010년 05월 31일)보다 먼저 전입신고(2008년 10월 22일)를 하고 주택을
인도받았기 때문이다. 대항력 있는 선순위 임차인으로서 '점유＋전입'의
조건을 갖추었기 때문이다.

최선순위 근저당권 등(소멸기준권리)보다 먼저 주택을 인도받고 전입하
면서 확정일자를 받지 않았더라도 경매의 매수인으로부터 임대 기간이
종료된 후 보증금을 돌려받을 수 있다.

반면 같은 건물에 사는 임차인 최 씨(매각물건 명세서 B)는 어느 날 법원
으로부터 살고 있던 집이 압류되자 가슴이 철렁 내려앉았다. 전입신고를

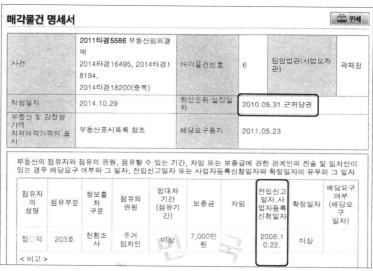

매각물건 명세서 🖨 인쇄

사건	2011타경5586 부동산임의경매 2014타경16495, 2014타경18194, 2014타경18200(중복)	매각물건번호	6	담임법관(사법보좌관)	곽재창
작성일자	2014.10.29	최선순위 설정일자	2010.05.31.근저당권		
부동산 및 감정평가액 최저매각가격의 표시	부동산표시목록 참조	배당요구종기	2011.05.23		

부동산의 점유자와 점유의 권원, 점유할 수 있는 기간, 차임 또는 보증금에 관한 관계인의 진술 및 임차인이 있는 경우 배당요구 여부와 그 일자, 전입신고일자 또는 사업자등록신청일자와 확정일자의 유무와 그 일자

점유자의 성명	점유부분	정보출처 구분	점유의 권원	임대차기간(점유기간)	보증금	차임	전입신고일자.사업자등록신청일자	확정일자	배당요구 여부(배당요구일자)
정○덕	203호	현황조사	주거 임차인	미상	7,000만원		2008.10.22.	미상	

< 비고 >

매각물건 명세서 A

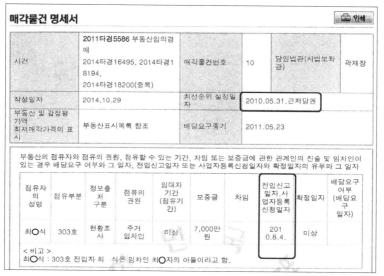

매각물건 명세서 🖨 인쇄

사건	2011타경5586 부동산임의경매 2014타경16495, 2014타경18194, 2014타경18200(중복)	매각물건번호	10	담임법관(사법보좌관)	곽재창
작성일자	2014.10.29	최선순위 설정일자	2010.05.31.근저당권		
부동산 및 감정평가액 최저매각가격의 표시	부동산표시목록 참조	배당요구종기	2011.05.23		

부동산의 점유자와 점유의 권원, 점유할 수 있는 기간, 차임 또는 보증금에 관한 관계인의 진술 및 임차인이 있는 경우 배당요구 여부와 그 일자, 전입신고일자 또는 사업자등록신청일자와 확정일자의 유무와 그 일자

점유자의 성명	점유부분	정보출처 구분	점유의 권원	임대차기간(점유기간)	보증금	차임	전입신고일자.사업자등록신청일자	확정일자	배당요구 여부(배당요구일자)
최○식	303호	현황조사	주거 임차인	미상	7,000만원		2010.8.4.	미상	

< 비고 >
최○식 : 303호 전입자 최 식은 임차인 최○자의 아들이라고 함.

매각물건 명세서 B

하기 전에 선순위 근저당권이 있었기 때문이다.

임차인이 주택의 인도와 주민등록을 마친 때는 제삼자에 대하여 효력이 생긴다. 하지만 지금과 같이 경매로 인한 매수인에게는 대항하지 못한다. 선순위 저당권이 있을 때는 인도와 전입신고 외에 확정일자를 받아서 권리의 순서대로 배당을 받을 수 있지만 선순위의 채권금액이 낙찰금액보다 많을 때는 보증금을 회수하지 못한다.

이 경매(매각물건번호 6)는 앞에 나왔던 경매(매각물건번호 4)와 같은 사건으로서 매각물건번호가 다른 공동담보다. 만약 경매가 아닌 매매 등에 의해서 임대인이 변경된 경우라면 새로운 매수인에게 대항력이 있어서 계약 만료기간까지 거주하고 보증금을 받으면 되지만 이 건과 같이 경매에 의해서라면 소멸기준권리 이하의 '전입＋점유'에 의한 대항력은 없다.

(2) 분양 계약해제 후의 보증금 보호

아파트를 분양받은 사람이 분양자(건설사)로부터 열쇠를 교부받아 임차인을 입주시키고 임차인이 주택임대차보호법상 대항력을 갖춘 뒤, 분양받은 사람이 분양 계약상 요구되는 의무를 다하지 못하여 분양 계약이 해제되어 분양받은 사람이 주택의 소유권을 취득하지 못한 경우에, 임차인은 아파트의 소유자인 분양자(건설사)에 대하여 임차권으로 대항할 수 있다. 즉 임차인이 수분양자에게 보증금을 지급하고 수분양자는 소유권을 취득하지 못한 상태에서, 임차인은 임대차 기간이 만료될 때까지 거주할 수 있으며, 임대차 기간이 만료된 후에는 분양자(건설사)에게 보증금을 받은 후 주택을 명도하면 된다.

원심이 확정한 사실관계와 기록에 의하면, 소외 1은 2004. 2. 18. 소외 2로부터 원고가 분양한 이 사건 아파트의 수분양자 지위를 양수하고 같은 날 피고에게 이 사건 아파트를 임대한 사실, 소외 1은 소외 2로부터 이 사건 아파트의 수분양자 지위를 양수함에 있어서 당초의 수분양자인 소외 3이 중도금을 납부하기 위하여 원고의 연대보증하에 원고가 지정하는 은행으로부터 받은 대출금채무를 함께 인수하였다.

이 사건 분양계약상 중도금 지급을 위한 대출을 받은 수분양자가 분양받은 아파트에 입주하기 위해서는 그 대출금을 상환하거나 분양받은 아파트를 담보로 하는 담보대출로의 전환을 위한 제반 서류 및 비용을 대출은행 등에 제출 또는 완납해야만 하는 사실, 소외 1은 대출금채무를 상환하거나 이를 담보대출로 전환하지도 않았지만 2004. 2. 26. 아파트의 관리사무실로부터 정상적으로 열쇠를 교부받아 피고를 아파트에 입주시켰고, 같은 날 피고는 주민등록 전입신고를 마친 사실, 그 뒤 원고는 소외 1이 대출금채무를 상환하지 아니하여 은행으로부터 그 상환을 요구받자 연체이자를 대위변제하고 이 사건 분양계약상의 특약에 따라 분양계약을 해제한 사실을 알 수 있다.

사정이 그와 같다면 소외 1이 이 사건 분양계약상 아파트에 입주하기 위하여 요구되는 의무를 다하지 못하였다고 하더라도 위와 같이 정상적으로 열쇠를 교부받아 피고를 이 사건 아파트에 입주시킨 이상 이 사건 분양계약의 이행으로 이 사건 아파트를 인도받았다고 봄이 상당하고, 이러한 지위에 있는 소외 1로부터 이 사건 아파트를 임차하여 주택임대차보호법상의 대항요건을 갖춘 피고로서는 앞서 본 법리에 따라 이 사건 분양계약의 해제에도 불구하고 자신의 임차권을 원고에게 대항할 수 있다고 볼 것이다. 원심이, 피고가 소외 1로부터 이 사건 아파트를 임차할 당시 소외 1이 이 사건 아파트에 관한 분양계약상의 대금지급의무를 모두 이행하여 원고로부터 이 사건 아파트에 관한 소유권이전등기만 넘겨받으면 되는 상태였으므로 소외 1에게 이 사건 아파트를 임대할 적법한 권한이 있다고 판단한 것은 민법 제587조에 비추어 볼 때 적절하다고 할 수는 없으나, 소외 1에게 적법한 임대권한이 있다고 보아 피고가 그 임차권을 원고에게 대항할 수 있다고 판단하여 원고의 이 사건 청구를 기각한 결론에 있어서는 정당하다.

-대법원 2008. 4. 10. 선고 2007다38908, 38915 판결 요약

2 최우선변제권

1. 소액보증금의 우선변제권

보증금이 소액인 임차인의 보호를 위하여 소액임차인이 확정일자를 갖추었는지 여부와 관계없이 그 임대차가 성립하기 전에 설정된 담보물권 등 선순위권리자보다 임차인의 보증금 중 일정액에 대하여 최선순위의 우선변제권를 인정한다. 즉 대출이 있는 상태에서 확정일자를 안 받았어도 주택을 인도받고 전입신고를 하게 되면 일정기준 이하의 소액 보증금은 보호를 받는 것이다. 주택임대차보호법의 입법 목적은 주거용 건물

에 관하여 민법에 대한특례를 규정함으로써 국민의 주거생활 안정을 보장하려는 것이다. 주택임대차보호법 제8조 제1항에서 임차인이 보증금 중 일정액을 다른 담보물권자보다 우선하여 변제받을 수 있도록 한 것은, 소액임차인의 경우 임차보증금이 비록 소액이라고 하더라도 그에게는 큰 재산이므로 적어도 소액임차인의 경우는 다른 담보권자의 지위를 해하게 되더라도 보증금의 회수를 보장하는 것이 타당하다는 사회보장적 고려에서 나온 것으로서 민법의 일반규정에 대한 예외규정이다.

임차인의 보증금 중 일정액이 주택가액의 1/2을 초과하는 경우는 주택가액의 1/2에 해당하는 금액에 한하여 우선변제권이 있다. 즉 최우선변제를 받아야 할 금액이 경매낙찰가보다 1/2을 초과한다면 경매낙찰가의 1/2까지만 최우선변제 된다는 것이다. 예를 들면, 최우선변제 받아야 할 보증금이 3,000만 원이고 경매낙찰가가 5,000만 원이면 5,000만 원의 1/2인 2,500만 원만 최우선변제 되는 것이다.

임차인이 최우선변제 받기 위해서는 주택에 대한 경매신청의 등기 전에 제3조 1항의 대항요건(인도+전입)을 갖추어야 한다. 이러한 대항요건은 배당 시까지 계속 구비하고 있어야 한다.

〈최우선변제 대상 보증금액 및 최우선변제 금액의 범위(2015년 1월 기준)〉

선순위 담보물권설정일	지역	보증금 규모	최우선변제 (보호대상금액)
2000. 0. 01 ~ 2010. 7. 25.	서울특별시, 인천광역시를 포함한 수도권 중 과밀억제권역	6,000만 원 이하	2,000만 원 이하
	광역시(군지역과 인천 제외)	5,000만 원 이하	1,700만 원 이하
	기타지역	4,000만 원 이하	1,400만 원 이하
2010. 7. 26 ~ 2013. 12. 31	서울특별시	7,500만 원 이하	2,500만 원까지
	과밀억제권역 (인천시의 군지역 제외)	6,500만 원 이하	2,200만 원까지
	광역시(인천 제외) 및 안산시, 용인시, 김포시, 광주시	5,500만 원 이하	1,900만 원까지
	그 밖의 지역	4,000만 원 이하	1,400만 원까지
2014. 1. 1. ~ 현재까지	서울특별시	9,500만 원 이하	3,200만 원까지
	수도권정비계획법에 따른 과밀억제권역	8,000만 원 이하	2,700만 원까지
	광역시 및 안산시, 용인시, 김포시, 광주시	6,000만 원 이하	2,000만 원까지
	그 밖의 지역	4,500만 원 이하	1,500만 원까지

| Q&A |

최우선변제 금액의 범위

Q 임차인 한 씨는 흑석동에서 원룸 한 칸을 전세 3,000만 원에 얻었다. 기존 대출금이 3,000만 원 정도 있었지만 원룸의 시세가 8,000만 원 정도여서 괜찮다고 생각했다. 그런데 얼마 지나지 않아 살고 있던 원룸이 경매에 넘어갔고 5,800만 원에 낙찰됐다. 임차인 임 씨는 보증금 3,000만 원을 회수할 수 있을까?

– 경과

1. 2013년 2월 1일 : A 은행 3,000만 원 대출 및 근저당권 설정

2. 2014년 2월 1일 : 임차인 임 씨 3,000만 원 전세계약 및 전입신고

3. 2014년 6월 1일 : 경매 개시 결정

→ 경매 진행 및 5,800만 원에 낙찰

 2,800만 원을 회수할 수 있다.

– 배당 금액(집행비용 등은 제외)

1. 임차인 임 씨 : 2,500만 원 (최우선변제)

2. A은행 : 3,000만 원

3. 임차인 임 씨 : 300만 원

여기에서 주의할 점은 최우선변제금액을 산정할 때 선순위의 근저당권의 설정일을 기준으로 한다는 것이다. 왜냐하면 A은행은 집주인에게 대출해 줄 때 당시 기준에 의하여 누군가가 최우선변제의 권리를 행사할 것을 예상하면서 대출해 주기 때문이다. 즉 A은행은 2013년 2월 1일에 당시의 최우선변제금액인 2,500만 원이 A은행의 근저당권보다 우선적인 권리가 될 것을 예상하면서 대출해 준다.

| 관련법 |

〔주택임대차보호법〕 제8조 『보증금 중 일정액의 보호』
① 임차인은 보증금 중 일정액을 다른 담보물권자보다 우선하여 변제받을 권리가 있다. 이 경우 임차인은 주택에 대한 경매신청의 등기 전에 제3조 제1항의 요건을 갖추어야 한다.
③ 다만, 보증금 중 일정액의 범위와 기준은 주택가액(대지의 가액을 포함한다)의 2분의 1을 넘지 못한다.

임차인 임 씨는 2014년 2월 1일 계약 당시에 9,500만 원 이하의 보증금은 3,200만 원까지 최우선변제 될 것으로 생각하였다. 그러나 A은행의 대출이 2013년 2월이므로 최우선변제금 2,500만 원을 먼저 받고 A은행의 3,000만 원 배당금 수령 후 잔여 금액인 300만 원을 배당받음으로써 합계 2,800만 원을 배당받아 200만 원을 손해 보았다.

2. 최우선변제권 적용 제외

(1) 소액임차권설정행위와 사해행위

2014년 7월 인천에서 지체장애인 2급 손 씨가 자신이 전세로 살던 인천 시내 한 아파트 14층 엘리베이터 앞에서 몸에 인화물질을 뿌리고 분신해 그 자리에서 숨졌다. 손 씨는 근저당이 설정돼 압류된 105㎡(32평) 아파트에 2013년 4월 2,500만 원의 전세금을 주고 입주했다. 하지만 이 아파트는 2014년 3월 경매에서 낙찰됐고, 손 씨의 전세보증금 2,500만 원은 가압류에 걸렸다. 손 씨는 2,200만 원까지는 최우선변제권을 적용받을 것으로 생각했으나 여의치 않았다.

주택임대차보호법상 소액임차인은 원칙적으로 최우선변제권에 의해 보호받지만, 예외적으로 이미 다액의 근저당이 설정되고 경매가 예견되는 상황에서 시세보다 저렴한 보증금으로 체결한 임대차 계약은 채권자에 대한 사해행위에 해당돼 취소될 수 있고, 이 같은 경우 임대차 계약 자체가 무효로 돼 보증금에 대한 최우선변제가 되지 않을 수도 있다.

최우선변제 금액

Q 〔서울중앙지방법원 2014타경4539 인용〕
갑은 2003년 아파트를 매수한 후 아래와 같이 중소기업은행과 현대저축은행으로부터 대출한 후 각각 6억 6,000만 원과 1억 2,000만 원의 근저당을 설정했다. 그 뒤 2013년 을이 방 1칸에 대해 보증금 2,000만 원 임대차 계약을 했다. 시세가 6억 원 쯤이며 근저당 설정은 그 이상인 7억 8,000만 원까지 설정되어 있는데도 보증금 2,000만 원에 방 1칸을 임차했다. 그리고 이듬해인 2014년 경매가 진행되었는데 을은 경매기입등기 전에 전입신고 등을 해서 절차상으로는 하자가 없다.

이때 현재의 임차인 을은 2,000만 원을 최우선변제권으로 보호받을 수 있을까?

– 경과

1. 2003년 12월 16일 '갑' 소유권 이전
2. 2009년 01월 21일 중소기업은행 6억 6,000만 원 근저당권 설정
3. 2012년 08월 09일 현대저축은행 1억 2,000만 원 근저당권 설정
4. 2013년 09월 24일 '을' 방 1칸에 대해 2,000만 원 임대차 계약
5. 2014년 02월 13일 중소기업은행 임의경매 신청

 최우선변제권으로 보호 받을 수 없다. 임차인 을이 임대차 계약을 체결하기 전에 설정된 선순위의 근저당권 금액이 다액이고, 시세보다 저렴한 보증금으로 체결한 임대차 계약은 채권자에 대해 사해행위에 해당돼 임대차 계약이 취소될 수 있다.

주택임대차보호법 제8조의 소액보증금 최우선변제권은 임차목적 주
택에 대하여 저당권에 의하여 담보된 채권, 조세 등에 우선하여 변제받
을 수 있는 일종의 법정담보물권을 부여한 것이므로, 채무자가 채무초과
상태에서 채무자 소유의 유일한 주택에 대하여 법조 소정의 임차권을 설
정해 준 행위는 채무초과 상태에서의 담보제공 행위로서 채무자의 총재
산의 감소를 초래하는 행위가 되는 것이고, 따라서 그 임차권설정 행위
는 사해행위 취소의 대상이 된다.

–대법원 2005. 05. 13. 선고 2003다50771 판결 요약

(2) 채권회수 목적과 소액임차인

임대차 계약을 체결하고 전입신고를 마친 다음 그곳에 거주하였다고
하더라도 실제 임대차 계약의 주된 목적이 주택을 사용 · 수익하려는 것
이 아니고, 실제적으로는 소액임차인으로 보호받아 선순위 담보권에 우
선하여 채권을 회수하려는 것에 주된 목적이 있었다고 하면 그 임차인을
주택임대차보호법상 소액임차인으로 보호할 수 없다.

| 관련 판례 |

주택임대차보호법의 입법 목적은 주거용건물에 관하여 민법에 대한
특례를 규정함으로써 국민의 주거생활의 안정을 보장하려는 것이고(제
1조), 주택임대차보호법 제8조 제1항에서 임차인이 보증금 중 일정액을
다른 담보물권자보다 우선하여 변제받을 수 있도록 한 것은, 소액임차인

의 경우 그 임차보증금이 비록 소액이라고 하더라도 그에게는 큰 재산이므로 적어도 소액임차인의 경우는 다른 담보권자의 지위를 해하게 되더라도 그 보증금의 회수를 보장하는 것이 타당하다는 사회보장적 고려에서 나온 것으로서 민법의 일반규정에 대한 예외규정인 바, 그러한 입법목적과 제도의 취지 등을 고려할 때, 채권자가 채무자 소유의 주택에 관하여 채무자와 임대차 계약을 체결하고 전입신고를 마친 다음 그곳에 거주하였다고 하더라도 실제 임대차 계약의 주된 목적이 주택을 사용·수익하려는 것에 있는 것이 아니고, 실제적으로는 소액임차인으로 보호받아 선순위 담보권자에 우선하여 채권을 회수하려는 것에 주된 목적이 있었던 경우는 그러한 임차인을 주택임대차보호법상 소액임차인으로 보호할 수 없다.

-대법원 2005. 5. 8. 선고 2001다14733 판결 요약

CHAPTER 3

사업자등록의 힘

1 상가건물 환산보증금 일정 금액 이하

1. 일정 금액 이하는 임대차보호법 적용

상가 임대차 계약에는 전세, 월세, 깔세 등의 유형이 있다. 임대의 유형과 관계없이 환산보증금〔보증금＋월세×100〕이 대통령령으로 정하는 보증금액(서울의 경우 4억 원) 이하면 상가건물 임대차보호법의 적용을 받고, 환산보증금이 대통령령으로 정하는 보증금액을 초과하면 대항력, 임차인의 계약갱신요구권, 권리금 회수기회 보호 등에서만 상임법이 적용된다. 상가건물 임대차보호법은 경제적 약자인 상가 임차인들을 보호하기 위하여 상가건물 임대차에 관하여 민법에 대한 특칙으로서 제정되었으며 상임법상의 규정들은 편면적 강행 규정이어서 이 법의 규정에 위반된 약정으로서 임차인에게 불리한 약정은 효력이 없다.

2. 요건

(1) 사업자등록

상가건물, 즉 사업자등록의 대상이 되는 건물의 임대차(목적물의 주된 부분을 영업용으로 사용하는 경우 포함) 중 대통령령으로 정하는 보증금액을 초과하지 않는 임대차에 대하여 적용하며, 상가건물이란 부가가치세법 제5조, 소득세법 제168조 또는 법인세법 제111조의 규정에 의한 사업자등록의 대상이 되는 건물을 말한다.

사업자등록이란 과세 업무를 효율적으로 처리하고 납세의무자의 동태를 정확히 파악하기 위하여 납세의무자의 사업에 관한 일련의 사항을 사업장 관할 세무서 사업자등록부에 등재하는 것을 말하며, 상가건물 임대차보호법에서 사업자등록의 의미는 거래의 안전을 위하여 임차권의 존재를 제삼자가 명백히 인식할 수 있게 하는 공시방법으로 마련된 것이다. 따라서 사업자등록이 어떤 임대차를 공시하는 효력이 있는지 여부는 일반 사회 통념상 그 사업자등록으로 당해 임대차건물에 사업장을 임차한 사업자가 존재한다고 인식할 수 있는지 여부에 따라 판단해야 한다.

그리고 법은 '사업자등록을 신청한 때'에 그 다음 날부터 대항력을 가진다고 규정하고 있는 바, 만약 사업자가 사업자등록에 필요한 요건을 갖추어 적법하게 신청했지만 관할 세무서장이 이를 수리하지 않은 경우도 최초 신청 시에 사업자등록 신청이 있었던 것으로 본다.

한편, 상가건물 일부분을 임차한 경우 그 사업자등록이 제삼자에 대한 관계에서 유효한 임대차의 공시방법이 되기 위해서는 특별한 사정이 없으면 사업자등록 신청 시 그 임차 부분을 표시한 도면을 첨부해야 한다. 다만, 상가건물 일부분을 임차한 사업자가 사업자등록 시 임차 부분을 표시한 도면을 첨부하지는 않았지만, 예컨대 상가건물의 특정 층 전부 또는 명확하게 구분된 특정 호실 전부를 임차한 뒤 이를 제삼자가 명백히 인식할 수 있을 정도로 사업자등록 사항에 표시한 경우, 또는 그 현황이나 위치, 용도 등의 기재로 말미암아 도면이 첨부된 경우에 준할 정도로 임차 부분이 명백히 구분됨으로써 당해 사업자의 임차 부분이 어디

인지를 객관적으로 명백히 인식할 수 있을 정도로 표시한 경우와 같이 일반 사회 통념상 그 사업자등록이 도면 없이도 제삼자가 해당 임차인이 임차한 부분을 구분하여 인식할 수 있을 정도로 특정되어 있다고 볼 수 있는 경우는 그 사업자등록을 제삼자에 대한 관계에서 유효한 임대차의 공시방법으로 볼 수 있다.

(2) 상가건물의 인도

임차인이 임대인으로부터 상가건물의 점유를 이전받는 것을 말한다. 주임법상 주택의 인도와 같이 현실인도는 물론, 간이인도, 점유개정에 의한 인도, 목적물반환청구권에 의한 인도 등도 포함된다.

〈상가건물 임대차보호법의 적용대상 보증금액 [보증금+월세×100]〉

구분	보증금액(2014년 1월 1일부터)
서울특별시	4억 원 이하
수도권정비계획법에 따른 과밀억제권역	3억 원 이하
광역시(인천 제외) 및 안산, 용인, 김포, 광주시 등	2억 4,000만 원 이하
그 밖의 지역	1억 8,000만 원 이하

| Q&A |

최소 1년 보장

Q 속옷 판매업자 이경근은 마포역 1층 상가를 1개월만 임대하기로 하고 월세 100만 원을 선납하였다. 1개월이 지나고 임차인과 임대인은 임대차 기간을 3개월 연장하기로 하였다. 보증금 300만 원에 월세

100만 원으로 3개월만 계약하고 임차인은 사업자등록도 하였다. 3개월이 지나자 집주인 아들이 김밥집을 운영한다면서 가게를 비우라고 했다. 하지만 임차인은 계속 영업하기를 원한다. 임차인은 가게를 비워 줘야 할까?

 비워 주지 않아도 된다. 사업자등록을 한 임차인 이경근은 가게를 군이 비워 주지 않아도 된다. 상가건물의 임대차 기간을 1년 미만으로 정한 임대차는 기간을 1년으로 보기 때문이다. 또 임차인 이경근은 3개월이 만료되고 장사가 그다지 안 될 때는 3개월로 계약을 종료할 수도 있다. 그러나 만약 임차인이 사업자등록이라는 대항요건을 갖추지 않았다면 상임법의 보호를 받지 못해 가게를 비워 줘야 한다.

특약사항으로 "3개월 계약 시에 계약기간 만료 후 명도한다." 또는 "장기 임차인이 나오면 즉시 명도한다." 등이 있어도 상임법의 규정에 위반된 약정으로서 임차인에게 불리한 것은 효력이 없으므로 무효가 된다.

| 관련법 |

〔상가건물 임대차보호법〕 제9조 「임대차 기간 등」
① 기간을 정하지 아니하거나 기간을 1년 미만으로 정한 임대차는 그 기간을 1년으로 본다. 다만, 임차인은 1년 미만으로 정한 기간이 유효함을 주장할 수 있다.

〔상가건물 임대차보호법〕 제15조 「강행규정」
이 법의 규정에 위반된 약정으로서 임차인에게 불리한 것은 효력이 없다.

〔상가건물 임대차보호법〕 제16조 「일시사용을 위한 임대차」
이 법은 일시사용을 위한 임대차임이 명백한 경우는 적용하지 아니한다.

집주인 입장에서는 법16조의 일시사용을 위한 임대차라고 하여 가게를 비우라고 할 수도 있다. 하지만 이 사례의 경우 단기로 계약을 해서 속옷을 파는 것이지 일시사용을 위한 임대차는 아니라고 봐야 한다. 속옷을 파는 기간이 3개월 후에 상황에 따라 연장될 수 있다고 보는 것이 타당하다. '일시사용을 위한 임대차'란 임차물의 종류, 임차의 목적 등 여러 가지 기준을 종합적으로 판단하는 것이지 단순히 단기계약이 일시사용을 위한 임대차는 아니다.

일반적으로 단기로 계약하는 임차인은 법의 보호를 받지 못하고 나가야 하는 것으로 잘못 이해하고 있는 경우가 많으나 사업자등록과 환산보증금 한도 등의 대항요건을 갖추면 보호받을 수 있다. 위와 같은 상황에서 판례와 학설로 볼 때 집주인의 요구는 인정받기 어렵다.

(3) 제소전화해

반면 임대인은 짧은 기간이라도 상가를 임대하지 못하면 손해가 이만저만이 아닌데 어떤 방법을 강구하고 싶다. 단기임대차 계약이라도 법16조의 일시사용을 위한 임대차는 적용하기가 어렵다. 임대인은 짧은 기간 동안 임대하고 확실히 명도를 받으려면 제소전화해 조서를 작성하는 것 외는 뚜렷한 방법이 없는 것이 사실이다.

'제소전화해'란 임대차 계약 체결 시 임대인과 임차인이 앞으로 발생할 법적 분쟁과 명도 문제 등을 사전에 '제소전화해'라는 제목으로 작성하여 법관 앞에서 사전에 합의하는 것을 말한다. 즉 제소전화해는 양쪽 당사자가 향후 발생할 수 있는 법적 분쟁을 사전에 법원에 신청하여 화해를 성립시키는 것을 말하며 확정판결과 동일한 효력을 가진다. 반면 제소전화해를 하지 않아서 소송하게 되면 기간도 6개월 정도 걸리게 되고 소송을 하더라도 이길 수 있을지 장담할 수 없다.

예를 들어, 임대차 기간 만료로 인한 계약해지 시 향후 시설비나 인테리어 비용 문제로 인하여 명도가 지연되는 경우에 임대인이 임차인을 명도하기 위해서는 건물명도소송을 하여 승소된 판결문으로 강제집행을 하여야 한다. 이러한 경우를 사전에 방비하기 위하여 임대인이 임대차 계약 시 제소전화해를 임차인과 작성하여 판사 앞에서 화해하는 경우가 많다.

제소전화해 조서가 성립된 후 임차인이 명도를 거부하면 명도소송을 제기할 필요 없이 그 화해 조서를 집행권원으로 법원의 힘을 빌려 강제집행을 할 수 있다. 그래서 명도를 정해진 날짜에 쉽게 하고자 하거나 권리금에 대한 분쟁의 소지가 있을 때는 제소전화해 조서를 작성한다.

제소전화해 신청

신 청 인 : 최 진 호
　　　　서울시 마포구 공덕동 000-00번지
피신청인 : 이 경 근
　　　　서울시 마포구 아현동 000-00 ○○아파트 101동 101호

점포 등 명도 청구의 화해

신 청 취 지

신청인과 피신청인은 다음 화해조항 기재 취지의 제소전화해를 신청합니다.

신 청 원 인

1. 피신청인은 2014. 1. 1. 신청인 소유 서울시 마포구 공덕동 000-00번지 위 지상건물 1층 건평 30m²를 임대하여 사용하기로 하고, 임대보증금 300만 원에 임대차 기간은 3개월로 2014. 1. 1.부터 2014. 3. 31.까지로 하여 월 임대료는 매월 말일에 금 100만 원을 지급하기로 하여 임대차 계약을 체결하였습니다.

2. 이러한 위 계약에 관한 후에 후일의 분쟁을 방지하기 위하여 당사자 쌍방간에 아래와 같은 화해가 성립되어 이 건 청구에 이른 것입니다.

화 해 조 항

1. 피신청인은 신청인에게 별지목록 기재 부동산의 1층 전부 30m²를 임대계약 만료일인 2014. 3. 31.에 원상복구하여 명도한다.

2. 피신청인은 신청인에게 2014. 1. 1.부터 2014. 3. 31.까지 월 임대료로 매월 금 100만 원을 매월 말일에 지급한다.

3. 피신청인은 임차권 및 임대차보증금을 타인에 양도, 전대, 담보할 수 없으며, 월 임대료를 2회 이상 연체할 경우 위 제1항 기재 점포를 즉시 명도한다.

4. 피신청인이 임차한 사무실에 대한 권리금, 유익비 등은 일절 인정하지 않는다.

5. 임대기간 종료 후 명도지연으로 인한 강제집행비용 등은 피신청인의 부담으로 한다.

6. 화해비용은 각자의 부담으로 한다.

첨부서류

1. 부동산 등기부등본　　　　1통
1. 부동산 임대차 계약서 사본　　1통

2014. 1. 1.
신청인 최 진 호 (인)

서울서부지방법원 귀중

제소전화해 신청서(점포 등 명도청구의 화해)

⑷ 5년 보장

보증금 없이 6개월치 또는 1년치 월세를 선급으로 한꺼번에 임대인에게 지급하고 임차하는 경우(보증금 없는 깔세)도 있다. 이때도 반드시 사업자등록을 해야 한다. 만약 사업자등록이 없다면 임대인이 바뀔 경우 임차인은 새 임대인에게 대항력을 주장하지 못하고 새 집주인이 명도를 요구하면 나가야 한다. 사업자등록을 했다면 당연히 새 집주인에게 당당히 전 임대인과 했던 계약을 주장하여 계약 만료일까지 사용·수익하면 된다.

| Q&A 1 |

임차인의 5년 계약 보장

Q 속옷 가게 임차인 이경근은 마포 상가를 보증금 300만 원에 월차임 100만 원으로 최초의 1개월과 추가의 3개월을 합하여 4개월을 임차하였다. 그 뒤 임차인은 상임법 제9조를 주장하여 8개월을 더 임차할 것을 요구하였고 임대인은 다투기 싫어서 임대차 기간을 최초의 입주를 기준으로 1년이 되는 11월 31일을 만료로 하기로 했다. 그리고 임대인은 1년이 되는 2014년 11월 31일에 상가를 비울 것을 요구했다. 그런데 이번에는 임차인이 상임법 제10조를 근거로 4년을 추가로 임대차 계약을 요구한다. 임차인은 4년을 더 임차할 수 있을까?

 그렇다. 임차인의 계약갱신요구권은 최초의 임대차 기간을 포함하여 5년간 행사할 수 있으므로 4년을 추가하여 계약할 수 있다. 그리고 보증금 300만 원에 월세 100만 원이면 환산보증금이 1억 3,000만 원[300만 원＋100만 원×100]으로서 서울 지역의 환산보증금액 4억 원 이하이므로 임대인은 5년 동안 1년마다 100분의 9의 금액을 초과하지 않는 범위에서 보증금과 차임에 대한 증액을 협의할 수 있다.

| 관련법 |

〔상가건물 임대차보호법〕제10조 『계약갱신 요구 등』
① 임대인은 임차인이 임대차 기간이 만료되기 6개월 전부터 1개월 전까지 사이에 계약갱신을 요구할 경우 정당한 사유 없이 거절하지 못한다.
② 임차인의 계약갱신요구권은 최초의 임대차 기간을 포함한 전체 임대차 기간이 5년을 초과하지 아니하는 범위에서만 행사할 수 있다.
③ 갱신되는 임대차는 전 임대차와 동일한 조건으로 다시 계약된 것으로 본다. 다만, 차임과 보증금은 제11조에 따른 범위에서 증감할 수 있다.

〔상가건물 임대차보호법〕제11조 『차임 등의 증감청구권』
① 차임 또는 보증금이 임차건물에 관한 조세, 공과금, 그 밖의 부담의 증감이나 경제 사정의 변동으로 인하여 상당하지 아니하게 된 경우는 당사자는 장래의 차임 또는 보증금에 대하여 증감을 청구할 수 있다. 그러나 증액의 경우는 대통령령으로 정하는 기준에 따른 비율을 초과하지 못한다.

〔시행령〕제4조 『차임 등 증액청구의 기준』
법 제11조 제1항의 규정에 의한 차임 또는 보증금의 증액청구는 청구 당시의 차임 또는 보증금의 100분의 9의 금액을 초과하지 못한다.

| Q&A 2 |

토지의 임대

Q 고물장수 A는 B의 토지를 임대하여 영업했다. 보증금 3,000만 원, 월차임 100만 원, 임대차 기간 2년으로 계약을 하고 사업자등록도 하였다. 임대차 기간이 1년이 지날 무렵 토지주 B는 C에게 토지를 매도하였고, C는 임차인 A에게 토지를 명도해 달라고 요구를 했다. 사업자등

록을 하는 등 대항력을 갖춘 것으로 보인 임차인 A는 신규 토지주 C에게 대항력을 주장하여 임대차 기간까지 영업을 할 수 있을까?

 할 수 없다. 상가건물 임대차보호법은 사업자등록의 대상이 되는 건물의 임대차에 대하여 적용한다. 이 사항은 토지임대차로서 상가건물 임대차보호법이 적용되지 않고 민법이 적용되므로 임차인 B가 사업자등록을 했어도 새로운 소유권자에겐 대항력을 주장할 수 없다. 다만 전 소유자에게 손해배상 등을 청구할 수 있을 뿐이다.

(5) 5년 보장이 안되는 경우

임대인은 임차인이 임대차 기간 만료 전 6월부터 1월까지 사이에 행하는 계약갱신 요구에 대하여 다음과 같은 사유가 없는 한 정당한 사유 없이 이를 거절하지 못한다.

〈임대인의 계약갱신 거절 사유〉

① 임차인이 3기의 차임액에 해당하는 금액에 이르도록 차임을 연체한 사실이 있는 경우

② 임차인이 거짓이나 그 밖의 부정한 방법으로 임차한 경우

③ 서로 합의하여 임대인이 임차인에게 상당한 보상을 제공한 경우

④ 임차인이 임대인의 동의 없이 목적 건물의 전부 또는 일부를 전대한 경우

⑤ 임차인이 임차한 건물의 전부 또는 일부를 고의나 중대한 과실로 파손한 경우

⑥ 임차한 건물의 전부 또는 일부가 멸실되어 임대차의 목적을 달성하지 못할 경우

⑦ 임대인이 다음 각 목의 어느 하나에 해당하는 사유로 목적 건물의 전부 또는 대부분을 철거하거나 재건축하기 위하여 목적건물의 점유를 회복할 필요가 있는 경우
  • 임대차 계약 체결 당시 공사시기 및 소요기간 등을 포함한 철거 또는 재건축 계획을 임차인에게 구체적으로 고지하고 그 계획에 따르는 경우
  • 건물이 노후 · 훼손 또는 일부 멸실되는 등 안전사고의 우려가 있는 경우
  • 다른 법령에 따라 철거 또는 재건축이 이루어지는 경우
⑧ 그 밖에 임차인이 임차인으로서의 의무를 현저히 위반하거나 임대차를 계속하기 어려운 중대한 사유가 있는 경우

| Q&A |

새 임대인에게 대항할 수 없는 경우

Q 임차인 갑은 임대인 병과 용산에 있는 상가를 보증금 1억 4,000만 원, 임대차 기간 2010년 7월 19일부터 2011년 7월 18일까지로 한 임대차 계약을 체결하고 2010년 7월 19일 상가를 인도받은 다음 2010년 7월 22일 확정일자를 받았다. 그 뒤 정은 임대인 병으로부터 상가를 매수한 후 소유권이전등기를 마쳤다. 그리고 신규 임대인 정은 임차인 갑과 보증금 1억 4,000만 원, 임대차 기간 2010년 9월 28일부터 2011년 7월 18일까지로 한 임대차 계약을 다시 체결하였다. 신규 임대인 정과 임차인 갑이 새로운 임대차 계약을 체결하면서 특약사항으로 "임대인은

임대차 기간 만료로 임대차 종료 시 권리금 6,000만 원을 인정·지급한다. 임대인은 이 상가에 관하여 10억 원의 대출을 받고 1순위 근저당권을 설정한다."는 내용의 약정을 하였다. 그래서 신규 임대인 정은 은행으로부터 대출을 받고 2010년 9월 28일 은행에 채권최고액 12억 원의 근저당권을 설정하여 주었다. 그리고 임차인 갑은 그 다음 날인 2010년 9월 29일 새로운 계약서상에 확정일자를 받았다.

　그 뒤 신규 임대인 정이 근저당채무를 변제하지 못하여 2011년 6월 28일 이 상가에 관한 임의경매 절차가 개시되었고, 을이 경락을 받아 매수대금을 완납한 후 임차인 갑에 대하여 부동산 인도명령을 신청하였다. 임차인 갑은 임대차보증금에 대하여 경매절차에서 전혀 배당을 받지 못하였다. 임차인 갑은 경매의 매수자인 을에게 대항할 수 있을까?

 대항할 수 없다. 상임법이 적용되는 상가건물에 대하여 임대차 기간 도중 상가건물이 양도되면 양수인은 임대인의 지위를 승계하기 때문에 양수인이 새로운 임대인이 되며, 임차인은 종전 임대인 사이에 체결한 임대차 계약에 따라 대항력 및 우선변제권이 인정된다. 따라서 임차인은 임대인이 변경되어도 양수인 사이에 임대차 계약의 내용에 변경 없이 계속 임대차 관계를 지속할 수 있다.

　그런데 이 사안에서는 임차인 갑과 신규 임대인 정 사이에 체결한 계약 내용 중 특약사항에 주의해야 한다. 신규 임대인 정은 임차인 갑에게 임대차 종료 시 권리금 6,000만 원을 인정·지급하는 상당한 대가를 약정하고 상가건물에 대출한 후 1순위로 근저당권을 설정하기로 했다. 만약 이런 특약사항이 없었더라면 임차인 갑은 신규 임대인 정이 은행에서 대출을 받고 근저당권을 설정해 주었다고 해도 종전에 갖고 있던 대항력과 우선변제권이 인정되므로 경매절차에서 보증금 전액을 배당 받거나 경매의 매수인 을에게 대항력을 행사할 수도 있다.

 법령상으로 양수인이 임대인의 지위를 승계하는 것으로 규정되어 있다고 하더라도 임차인과 양수인이 새로운 약정을 하는 것은 사적자치의 원칙상 허용되므로, 추가한 특약사항을 새로운 임대차 계약으로 인정하게 되면 이는 종래 임대차 계약의 내용에 반하게 되어 종래 임대차 계약에 따라 받은 대항력 및 우선변제권은 인정할 수 없게 되어, 임차인은 신규 임대인 사이에 체결한 새로운 임대차 계약서로 대항력 및 우선변제권을 확보하게 된다. 그래서 임차인 갑은 2010년 9월 29일 신규 임대인 정사이에 임대차 계약서를 작성한 후 다시 확정일자를 받은 다음 날부터 대항력 및 우선변제권이 인정된다. 경매 절차에서 배당을 전혀 받지 못한 임차인 갑은 경매의 매수인 을에게도 대항하지 못하여 임대차보증금 전액을 회수하지 못하게 된다.

| 관련 판례 |

 어떠한 목적물에 관하여 임차인이 상가건물임대차보호법상의 대항력 또는 우선변제권 등을 취득한 뒤에 그 목적물의 소유권이 제삼자에게 양도되면 임차인은 그 새로운 소유자에 대하여 자신의 임차권으로 대항할 수 있고, 새로운 소유자는 종전 소유자의 임대인으로서 지위를 승계한다 (상가건물임대차보호법 제3조 제1항, 제2항, 제5조 제2항 등 참조). 그러나 임차권의 대항 등을 받는 새로운 소유자라고 할지라도 임차인과의 계약에 기하

여 그들 사이의 법률관계를 그들의 의사에 좇아 자유롭게 형성할 수 있는 것이다. 따라서 새로운 소유자와 임차인이 동일한 목적물에 관하여 종전 임대차 계약의 효력을 소멸시키려는 의사로 그와는 별개의 임대차 계약을 새로이 체결하여 그들 사이의 법률관계가 이 새로운 계약에 의하여 규율되는 것으로 정할 수 있다. 그리고 그 경우는 종전의 임대차 계약은 그와 같은 합의의 결과로 그 효력을 상실하게 되므로, 다른 특별한 사정이 없는 한 이제 종전의 임대차 계약을 기초로 발생하였던 대항력 또는 우선변제권 등도 종전 임대차 계약과 함께 소멸하여 이를 새로운 소유자 등에게 주장할 수 없다.

—대법원 2013. 12. 12. 선고 2013다211919 판결 요약

2 상가건물 환산보증금 일정 금액 초과

1. 계약갱신요구권

상가에서 환산보증금이 일정 금액 이하인 임차인에 대해서만 적용되던 대항력과 계약갱신요구권이 2015년 5월 13일 공포와 동시에 시행된 개정 상임법으로 보증금액의 다과를 불문하고 상가건물을 임차한 모든 임차인에 적용하게 되었다.

이에 따라 임차인은 건물의 인도와 사업자등록을 하면 상가건물을 양수한 자에게 임대보증금반환청구를 할 수 있게 되었고, 임대인에 대하여 5년 동안은 계약갱신을 요구할 수 있게 되어 보다 안정적으로 투자하고

투자금을 회수할 수 있는 길이 열리게 되었다고 볼 수 있다.

하지만 개정된 상임법에서 차임 등 증액청구의 기준을 두지 않은 것은 아쉬움으로 남는다. 즉 차임 또는 보증금을 인상할 때 환산보증금액이 일정 금액(서울의 경우 4억 원)을 초과할 때는 9% 인상 상한의 적용을 받지 않는다.

| 관련법 |

〔상가건물 임대차보호법〕제10조의2 「계약 갱신의 특례」
제2조 제1항 단서에 따른 보증금액을 초과하는 임대차의 계약갱신의 경우는 당사자는 상가건물에 관한 조세, 공과금, 주변 상가건물의 차임 및 보증금, 그 밖의 부담이나 경제사정의 변동 등을 고려하여 차임과 보증금의 증감을 청구할 수 있다.

2. 임대료의 인상요구 한도는 법으로 제한이 없다

상가의 환산보증금이 일정 금액(서울의 경우 4억 원) 이하일 때는 9% 이내에서만 임대인이 인상요구를 할 수 있지만, 환산보증금이 일정 금액을 초과할 때는 인상요구 한도가 없다. 임차인은 극히 불리할 수밖에 없다. 서로가 수긍할 수 있는 적절한 인상률로 합의되면 좋지만, 임차인이 임대인의 인상요구에 합의하지 않고 소송으로 갈 수도 있다. 임차인은 지금 소송에서 이기더라도 5년 후에 투자비와 권리금을 포기하고 나갈 수밖에 없는 경우가 발생할 수 있다.

소송으로 가게 되면 법원은 주변 시세를 기준으로 적절한 인상률을 판단하게 된다. 주변일지라도 건물의 준공연도, 건물의 입지조건, 상부 층의 임대상황 등에 따라 다르다. 그래서 비슷한 여건의 상가에 대한 임대

내 용 증 명

수　　　　신 : 이 경 근

주민등록번호 : 730000–1000000

주　　　　소 : 서울시 마포구 아현동 ○○아파트 101동 101호

발　　　　신 : 최 진 호

주　　　　소 : 서울시 마포구 공덕동 000–00번지 4층 401호

부동산의 표시 : 서울시 마포구 공덕동 000–00번지 1층 101호

제 목 : 임대차 계약해지통보, 원상회복 및 건물명도 청구

1. 귀하의 건승을 기원합니다.

2. 본인은 상기 부동산의 소유 및 임대인으로서 이에 대하여 임대보증금 금 300만 원, 월 임대료 금 100만 원, 2014년 1월 1일부터 존속기간 1년으로 하는 임대차 계약을 체결한 바 있습니다.

3. 그러나 귀하께서는 위 임대차 계약과는 달리 2015년 4월 1일부터 현재까지 월차임을 지급하지 않았으며 현재까지 연체된 차임이 금 300만 원입니다. 이에 본인은 귀하에게 수차례에 걸쳐 연체된 차임을 지급할 것을 최고하였음에도 불구하고 이에 대하여 답변이 없는바 내용증명을 통하여 임대차 계약을 해지함을 정식으로 통보하므로 내용증명서를 송달받은 날로부터 10일 내로 연체된 차임 금 300만 원의 지급과 귀하가 점유하고 있는 건물을 원상으로 회복하여 명도하여 주시기 바랍니다.

4. 귀하께서 명도일자와 연체된 임대료의 지급을 권한 없이 지체할 경우 본인은 원상회복 및 건물명도청구의 소와 임대료청구의 소를 제기할 것이며, 이에 따른 제반 비용(소송비용 등)의 부담은 귀하에게 있으며 그간 연체된 차임에 대해서도 지연손해금 등을 가산하여 청구할 것이오니 양지하시기 바랍니다.

2015년 4월 1일

첨 부 서 류

1. 부동산 임대차 계약서 사본　1부

위 발신인　최 진 호 (인)

내용증명(임대차 계약해지통보, 원상회복 및 건물명도 청구)

차 계약서 사본 등 자료를 최대한 많이 구해야 하며, 근처 중개업자의 소견서 등도 좋은 자료가 될 것이다.

3. 임차인의 대항력

2015년 5월 상가임대차보호법 개정으로 환산보증금이 한도(서울의 경우 4억 원)를 초과해도 대항력 규정의 적용을 받게 되었다. 즉 이제는 모든 상가 임차인들이 대항력 규정의 적용을 받아서 임대인이 바뀌어도 새로운 임대인은 지위를 승계하게 되므로 기존의 임차계약이 계속 유효하게 된다. 단 기존의 영업기간을 포함하여 5년까지만 가능하다.

3 보증금의 보호

1. 우선변제권

(1) 상임법이 적용되는 임대차

임대차는 채권에 불과함에도 담보물권과 같이 경매대금에서 우선변제를 받을 수 있는 권리를 상임법이 인정한다. 따라서 상임법이 적용되는 임대차는 대항력뿐만 아니라 우선변제권이 인정되어 이제는 물권에 근접한 권리라고 할 수 있다.

(2) 필요 조건

① 대항요건을 갖출 것 : 우선변제권은 상임법 제3조 제1항의 대항력이 있다는 것을 전제로 하므로 임차인은 건물의 인도와 사업자등록

을 해야 한다. 따라서 대항력을 구비하지 못한 상태에서 확정일자 만 받으면 우선변제권은 인정되지 않는다.

② 확정일자를 받을 것 : 관할 세무서장으로부터 확정일자를 받아야 한다.

③ 임차건물이 경매 또는 체납처분으로 매각되었을 것

(3) 우선변제의 내용

① 임차인은 대지를 포함하는 임차건물의 매각대금에서 우선변제를 받을 수 있다.

② 임차인의 우선변제권은 등기부상 공시되지 않으므로 임차인 스스로 경매법원에 배당요구를 하여야 한다.

③ 임차인은 임차건물을 양수인에게 인도하지 않으면 제2항의 규정에 의한 보증금을 수령할 수 없다. 이때 임차목적물반환과 보증금의 반환은 동시이행의 관계에 있다.

2. 최우선변제권

(1) 소액 임차인을 보호하기 위한 조항

'최우선변제권'이란 임차인의 보증금이 소액인 임차인의 보호를 위하여 그 임차인이 확정일자를 갖추었는지 여부와 관계없이 그 임대차가 성립하기 전에 설정된 담보물권 등 선순위권리자보다 임차인의 보증금 중 일정액에 대하여 최우선순위의 우선변제권을 인정하는 것이다.

(2) 적용 받기 위한 요건

최우선변제권은 다음 표와 같이 임차보증금이 일정 금액 이하인 경우만 적용되며, 임차인은 상가건물에 대한 경매신청의 등기 전에 상임법 제3조 제1항의 대항요건(인도+사업자등록)을 갖추어야 한다. 이러한 대항 요건은 배당 시까지 계속 구비하고 있어야 한다.

임차인의 보증금 중 일정액이 상가건물 가액의 1/3을 초과하는 경우는 상가건물 가액의 1/3에 해당하는 금액에 한하여 우선변제권이 있다. 예를 들면, 임차인들의 보증금 합계금액이 2,000만 원이고 경매낙찰가가 4,500만 원이라고 가정하면 임차인들은 1,500만 원만 배당을 받게 되는 것이다.

〈상가의 소액임차인의 범위와 최우선 변제금액 (2014년 1월 1일 개정)〉

지역	보증금의 범위	최우선변제금액
서울특별시	6,500만 원 이하	2,200만 원
수도권정비계획법에 따른 과밀억제권역	5,500만 원 이하	1,900만 원
광역시(인천 제외), 안산, 용인, 김포, 광주시	3,800만 원 이하	1,300만 원
그 밖의 지역	3,000만 원 이하	1,000만 원

| 관련법 |

〔상가건물 임대차보호법〕 제14조 「보증금 중 일정액의 보호」
① 임차인은 보증금 중 일정액을 다른 담보물권자보다 우선하여 변제받을 권리가 있다. 이 경우 임차인은 건물에 대한 경매신청의 등기 전에 제3조 1항의 요건을 갖추어야 한다.
③ 제1항에 따라 우선변제를 받을 임차인 및 보증금 중 일정액의 범위와 기준은 임대건물가액의 3분의 1 범위에서 해당 지역의 경제 여건, 보증금 및 차임 등을 고려하여 대통령령으로 정한다.

서울의 경우 보증금의 범위가 6,500만 원이다. 상임법에서 보증금의 범위는 환산보증금이다. 예를 들어 보증금 1,000만 원에 월세 60만 원이면 환산보증금이 7,000만 원[1,000만 원+60만 원×100]이므로 최우선변제를 받을 수 있는 범위에 해당w하지 않는다. 그야말로 소액임차인을 위한 최우선변제권이다. 서울의 경우 환산보증금이 6,500만 원 이하인 상가는 많지 않을 것이다. 향후 다시 상향 조정해서 개정되기를 기대해 본다.

4 폐업신고

상가임대차에 있어 임대차 기간이 만료되거나 임대차 계약이 해지되어 임차인이 나갈 때는 폐업신고를 해야 한다. 상가의 세입자들이 폐업을 하려면 누가 말하지 않아도 세무서에 사업자등록 말소부터 한다. 그리고 임차인은 구청에 가서 폐업신고 절차를 해야 하는데 폐업신고를 하지 않아 임대인이 곤란한 경우가 있다. 예컨대 임대인이 신규 임차인과 임대차 계약을 한 후 신규 임차인이 인테리어 공사를 다 하고 구청에 영업신고를 하려고 하는데 구청에서 이미 신고된 영업신고가 있다며 새로 신고를 받아주지 않으면 신규 임차인은 영업할 수 없고, 임대인으로서는 월세도 받을 수 없고 신규 임차인에게 손해배상 청구도 받게 된다.

이렇게 폐업신고 문제로 신규 임차인이 영업을 못 하는 사태를 막기 위해서는, 현 임차인이 나가면서 보증금을 내주기 전에 시설물의 원상회복

뿐만 아니라 구청에 폐업신고를 했는지도 꼭 확인해야 한다. 만약 임차인이 월세를 상당기간 연체하여 임차인에게 내줄 보증금이 없다면 임차인의 폐업신고도 종용하지 못할 뿐 아니라 시설물의 원상회복도 곤란해질 수 있다. 그러므로, 임차인이 월세를 못 내고 밀리면 보증금이 소진되기 전에 될 수 있는 대로 빨리 합의 해지하는 편이 낫다. 그래야만 임대인은 물론 임차인에게도 손실을 줄일 수 있기 때문이다.

| Q&A |

임차인의 폐업신고

Q 신촌에 작은 상가건물을 가지고 있는 K는 음식점을 운영 중인 임차인 L과 임대차 계약기간이 만료되어 신규 임차인 A와 임대차 계약을 했다. 신규 임차인 A는 새로 인테리어를 하고 구청에 영업신고를 하러 갔다. 그런데 전에 하던 사람이 폐업신고를 하지 않아 새로운 영업신고를 받아주지 않았다. 이에 신규 임차인 A는 집주인 K에게 항의했고 집주인 K씨는 부랴부랴 전 임차인 L씨에게 연락했지만 L씨는 적극적으로 폐업을 해주려 하지도 않고 이제는 전화 연락도 일부러 받지 않고 있다. 건물주 L씨는 어떻게 해야 할까?

임대차 계약을 끝내고 나가는 임차인에게는 원상회복의 의무가 있다. 그리고 이 원상회복에는 다음 사람이 영업허가를 받는 데 방해가 되지 않도록 폐업신고를 해야 할 의무도 포함된다. 하지만 임차인이 이런 의무를 지키지 않고 버티면 구청에서 직권으로 폐업시키는 제도를 이용하든지 아니면 소송으로 가야 한다. 하지만 등록사항을 구청의 직권으로 말소하는 것도 쉽지가 않다. 절차도 수개월이 걸릴 뿐만 아니라 당사자가 이의를 제기하면 직권폐업이 안 될 수도 있다. 직권폐업이 안 돼서 소송으로 가면 과거의 판례에 따라서 건물주가 이길 것이다. 그러나 임대인이 이겨서 임차인에게 손해배상책임을 물리더라도 임차인이 이를 변제할 능력이 없다면 건물주에게 실익이 없으며, 짧게는 수개월 동안 신규 임차인이 입은 손해 등을 부담해야 하는 상황에 직면하게 된다.

그래서 임대인으로서는 이전 임차인과 원만하게 협의(위로금 등이 들더라도)하고 해결하는 것이 가장 현실적인 방법 중 하나이고, 안 되면 구청에 직권폐업을 신청하든지 소송으로 가는 수밖에 없다.

| 관련 판례 |

임대차 종료로 인한 임차인의 원상회복 의무에는 임차인이 사용하고 있던 부동산의 점유를 임대인에게 이전하는 것은 물론 임대인이 임대 당시의 부동산 용도에 맞게 다시 사용할 수 있도록 협력할 의무도 포함한다. 따라서 임대인 또는 그 승낙을 받은 제삼자가 임차건물 부분에서 다시 영업허가를 받는 데 방해가 되지 않도록 임차인은 임차건물 부분에서의 영업허가에 대하여 폐업신고 절차를 이행할 의무가 있다.

–대법원 2008. 10. 9. 선고 2008다34903 판결 요약

5 사업자등록이 없는 상가

상가건물의 임대차에 적용하는 상임법에서 사업자등록을 하지 않았어도 상임법에 적용을 받는 조항들이 있다. 상임법의 제2조(적용 범위)에서도 상임법의 적용 대상을 사업자등록을 한 자로 제한하는 것이 아니라 사업자등록의 대상이 되는 상가건물의 임대차에 대한 것이라고 정의하고 있다. 즉 상임법 규정들 중 사업자등록을 해야 유효한 제3조(대항력), 제5조(우선변제권), 제14조(소액보증금 우선변제권) 등을 제외하고, 제9조(임대차 기간), 제10조(계약의 갱신), 제12조(차임에 관한 규정) 등 다른 모든 규정들은 사업자등록을 하지 않아 대항력을 갖추지 않은 상가에도 적용된다.

| 관련법 |

〔식품위생법〕 제37조 「영업허가 등」
⑦ 식품의약품안전처장 또는 특별자치도지사 · 시장 · 군수 · 구청장은 영업자(제4항에 따른 영업신고 또는 제5항에 따른 영업등록을 한 자만 해당한다)가 「부가가치세법」 제8조에 따라 관할 세무서장에게 폐업신고를 하거나 관할 세무서장이 사업자등록을 말소한 경우는 신고 또는 등록 사항을 직권으로 말소할 수 있다.

〔식품위생법〕 시행규칙 제47조의2 「영업신고 또는 등록 사항의 직권말소 절차」
지방식품의약품안전청장, 특별자치도지사 · 시장 · 군수 · 구청장은 법 제37조 제7항에 따라 직권으로 신고 또는 등록 사항을 말소하려는 경우는 다음 각 호의 절차에 따른다.
1. 신고 또는 등록 사항 말소 예정사실을 해당 영업자에게 사전 통지할 것
2. 신고 또는 등록사항 말소 예정사실을 해당 기관 게시판과 인터넷 홈페이지에 10일 이상 예고할 것

사업자등록 없이 계약갱신 요구

Q 식빵전문점을 운영하는 L은 건물주인 K와 2년간의 임대차 계약 만료일이 다가오고 있었다. 보증금 2,000만 원, 월차임 100만 원에 임차를 하고 있었고, 사업자등록은 하지 않았다. 임대차 기간이 만료되기 3개월 전 임차인 L은 건물주 K에게 계약갱신을 요구하였다. 아들에게 가게를 차려 주려고 임차인 L씨를 명도하고 싶어 하는 건물주 K는 상가건물임대차보호법상의 계약갱신요구권 규정에 따라 임차인 L과 계약갱신을 해야 할까?

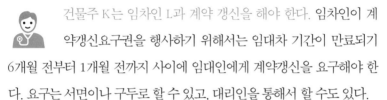 건물주 K는 임차인 L과 계약 갱신을 해야 한다. 임차인이 계약갱신요구권을 행사하기 위해서는 임대차 기간이 만료되기 6개월 전부터 1개월 전까지 사이에 임대인에게 계약갱신을 요구해야 한다. 요구는 서면이나 구두로 할 수 있고, 대리인을 통해서 할 수도 있다.

2013년 8월 13일 상가건물 임대차보호법 개정안이 시행되기 전에 임차인이 계약갱신요구를 하려면 먼저 환산보증금이 지역별 환산보증금 이하여야 하고 상가건물의 임대차 계약을 체결해야 한다. 그러나 2013년 8월 13일 상가건물 임대차보호법 개정안이 시행된 이후에는 임차인이 계약갱신을 하기 위한 요건으로 지역별 환산보증금이 삭제되었다. 이제는 모든 상가임차인은 지역별 환산보증금과 관계없이 임대인에게 5년간 계약갱신을 요구할 수 있다. 다만, 지역별 환산보증금을 초과하는 상가임차인은 법 시행(2013년 8월 13일) 이후 새로 계약을 체결한 임대차거나 갱신되는 임대차부터 적용한다. 그리고 확정일자는 계약갱신요구권을 행사하기 위한 요건이 아니다.

CHAPTER 4

확정일자와 전세권

1 전세권의 경매

 망우동 464-○○ 주택의 소유자 고 씨는 자신의 집에 살고 있는 임차인 함 씨의 전세권이 경매가 진행된다는 소식에 깜짝 놀랐다. 건물이나 토지가 경매된다는 것은 알았어도 전세권이 경매된다는 것은 난생처음인 것이다.

 소유자 고 씨와 임차인 함 씨는 2011년 1월 13일 전세금 1억 원에 대해서 전세권을 설정하였다. 그 뒤 임차인이면서 전세권자인 함 씨는 전세권을 담보로 하여 ㈜○이비케이캐피탈로부터 대출을 받고 1억 원의 채권최고액으로 근저당권설정을 하였다.

7-4	7번전세권근저당권설정	2012년9월28일
		제86004호
			2012년9월28일
			설정계약
				채권최고액 금100,000,000원
				채무자 함○주
				  서울특별시 중랑구 망우동 464-30
				근저당권자 주식회사○이비케이캐피탈 110111-0509342
				  서울특별시 강남구 테헤란로 414(대치동)
				  (개인금융2부)

7-5	7번전세권변경	2013년1월7일 제1274호	2012년12월28일 변경계약	존속기간 2014년 12월 29일까지
7-6	7번등기명의인표시변경	2011년10월31일 도로명주소		함○주의 주소 서울특별시 중랑구 망우로62길 67(망우동) 2013년11월12일 부기
7-7	7번전세권임의경매개시결정	2014년7월10일	2014년7월10일	채권자 주식회사○이비케이캐피탈 110111-0509342

열람일시 : 2014년12월10일 13시07분31초   5/6

등기사항 전부 증명서의 전세권 임의경매 개시 결정

 그 뒤 ㈜A캐피탈은 함 씨로부터 대출금을 변제 받지 못하자 담보인 전세권의 임의경매를 신청하였다. 그리고 경매에 참가한 최고가 매수자는 9,050만 원에 낙찰받아 전세권을 취득하게 되었으며 임대차 기간 만료 후 받을 수 있는 1억 원의 전세권이므로 간접비, 이자 등을 제외하고 계산하면 9,050만 원을 투자해서 약 950만 원의 수익이 발생할 것으로 예상된다.

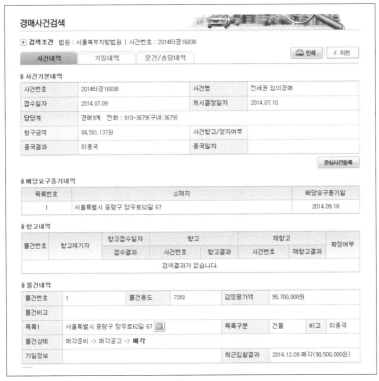

법원 경매 정보

소유자 고 씨는 자신의 의지와는 상관없이 이번 경매의 새 매수자와 인연을 맺게 되었다. 일면식 없는 매수자에게 임대차 기간이 끝날 때까지 사용·수익하게 하거나 그 전에 합의해서 전세금을 주고 계약을 해지하면 된다. 만약 소유자 고 씨가 전세권 설정에 동의하지 않고 임차인이 확정일자를 받아서 권리를 확보하게 했으면 전세권경매까지 가는 일은 없었을 것이다.

일반적으로 주택 소유자인 임대인은 전세권이 담보대출 되는지조차 모를 때가 대부분이며 당연히 전세권이 경매에 이르리라고는 상상조차 못하는 경우가 많다. 또한, 임차인은 확정일자를 받는 것보다 전세권 설정이 더 안전하다고 막연히 생각하고 있는 경우도 있지만 상황에 따라 장단점을 비교해 봐야 한다.

2 확정일자

확정일자

'확정일자'란 임대차 계약을 체결한 날짜를 확인하여 주기 위하여 임대차 계약서 여백에 찍어 주는 날짜를 의미한다. 임차인이 임차 주택 또는 상가의 보증금에 대하여 제삼자에게 대항력을 갖게 하기 위해서는 전세권을 설정해야 하는데 경제적 약자인 임차인이 임대인이 꺼리고 있는 전세권 등기를 요구하기 어려운 실정을 고려하여 인도와 전입신고(상가는 사업자등록)를 한 임차인이 확정일자를 받으면 경매 때 우선순위 배당에 참가하여 후순위담보물권자보다 우선하여 보증금을 변제받을 수 있도록 한 제도이다. 즉 임차인이 확정일자를 받은 후에 은행 등에서 대출하여 설정된 근저당권 등은 그 임차인의 보증금에 대한 권리를 침해하지 못한다.

| 관련법 |

〔주택임대차보호법〕 제3조의2 「보증금의 회수」
② 제3조 제1항 또는 제2항의 대항요건과 임대차 계약증서상의 확정일자를 갖춘 임차인은 「민사집행법」에 따른 경매 또는 「국세징수법」에 따른 공매를 할 때에 임차주택(대지를 포함한다)의 환가대금에서 후순위권리자나 그 밖의 채권자보다 우선하여 보증금을 변제받을 권리가 있다.

〔상가건물 임대차보호법〕 제5조 「보증금의 회수」
② 대항요건을 갖추고 관할 세무서장으로부터 임대차 계약서상의 확정일자를 받은 임차인은 「민사집행법」에 따른 경매 또는 「국세징수법」에 따른 공매 시 임차건물의 환가대금에서 후순위권리자나 그 밖의 채권자보다 우선하여 보증금을 변제받을 권리가 있다.

---

3 전세권과 채권적 전세

1. 전세권의 의의

전세권은 전세금을 지급하고 타인의 부동산을 점유하여 용도에 좇아 사용·수익하며, 부동산 전부에 대하여 후순위권리자 기타 채권자보다 전세금의 우선변제를 받을 수 있는 권리다. 전세권은 외국에는 없는 우리나라의 고유한 제도이며 민법이 이를 성문화한 것이다.

2. 전세권과 채권적 전세의 구별

일반적으로 전세권과 채권적 전세를 혼동하는 경우가 많다. 임차인은 집주인과 전세계약을 하고 나면 당연히 임차인이 전세권자라고 생각하는 경우가 있는데, 이는 전세권이 아닌 채권적 전세이다. 물권으로서의 전세권은 임대인과 임차인이 전세권 설정계약을 한 뒤에 등기해야 한다.

등기사항 전부 증명서의 전세권 설정

보통 전세계약을 하면 잔금을 치르고 나서 이사를 한 뒤에 동사무소에 가서 전입신고를 한다. 이것이 바로 '인도＋전입'의 대항력을 갖추는 것이며 채권적 전세이다.

여기에 우선변제권의 효과를 거두기 위해 확정일자를 받으면 전세권의 우선변제권과 같은 권리를 취득하게 된다.

3. 확정일자와 전세권의 차이점

전입신고하고 실제 거주할 때는 확정일자만 받아도 전세권 설정만큼 효력이 있다. '주택의 인도＋전입신고＋확정일자'를 갖추어야 하는데, 주택의 인도란 실제로 거주하는 것을 의미하며, 실제 거주는 하지만 전입신고가 없으면 확정일자를 받아도 우선변제권은 인정되지 않는다. 한편 상가건물의 경우는 주택의 전입신고 대신 사업자등록을 해야 한다. 즉 상가는 '상가의 인도＋사업자등록＋확정일자'를 갖추어야 경매 또는 공매 시 임차건물의 환가대금에서 후순위권리자나 그 밖의 채권자보다 우선하여 보증금을 변제받을 권리가 있다.

구 분	확정일자	전세권 설정 등기
신청방법	임차인 단독 (집주인 동의 불필요)	임대인과 임차인이 설정 계약 (집주인 동의 필요)
절차	인도+전입신고+확정 일자	등기소에 등기 • 소유자 : 등기필증, 인감증명서, 주민등록초본, 인감도장 • 임차인 : 전세계약서, 주민등록등본, 도장
비용	600원	• 등록세 : 보증금의 2/1000 • 교육세 : 등록세의 20/100 • 기타 : 인지대, 증지대, 법무사 수수료, 계약만 료 후 말소비용
전세금 회수	보증금반환 청구 소송 및 확정 판결 후 강제 집행(경매) 신청	소송 없이 임의경매 신청이 가능
요건	입주+전입신고	입주, 전입신고 불필요
양도	임대인 동의 후 전대차 가능	임대인 동의 없이 제삼자에게 양도가능
효력 발생	전입신고 후 다음날 효력 발생	설정 당일에 효력 발생
효력 유지	이사할 경우는 임차권 등기 명령을 해야만 효력 유지	등기 말소 전까지 효력 유지
수리비 부담	집주인이 수리의무	전세권자가 수리의무 (민법 제309조 전세권자의 유지의무)

〔주택임대차보호법〕제3조 「대항력 등」
① 임대차는 그 등기가 없는 경우도 임차인이 주택의 인도와 주민등록을 마친 때는 그 다음 날부터 제삼자에 대하여 효력이 생긴다. 이 경우 전입신고를 한 때에 주민등록이 된 것으로 본다.

〔상가건물 임대차보호법〕제3조 「대항력 등」
① 임대차는 그 등기가 없는 경우도 임차인이 건물의 인도와 사업자등록을 신청하면 그 다음 날부터 제삼자에 대하여 효력이 생긴다.

4. 전세권과 확정일자의 주의할 점

(1) 확정일자가 찍힌 계약서의 보관

확정일자 있는 계약서를 분실한 경우에 임차한 주택 또는 상가가 경매에 넘어가게 되면 경매대금으로부터 우선변제를 받지 못할 수도 있다.

모든 게 전산화된 요즘에도 계약서만큼은 서류를 꼭 챙기고 있어야 한다.

만약 분실하였을 때는 확정일자가 찍힌 계약서 사본이라도 있으면 관할법원에서 이를 인정하여 우선변제 받을 권리를 부여하기도 한다. 그러나 이것은 관할법원의 재량이므로 해당 경매계에 문의하여 배당 받을 수 있는지 확인해 봐야 한다.

또 사본도 없는 경우는 임대인이나 공인중개사가 가지고 있는 계약서의 사본과 동사무소 등에서 확정일자 받은 사실의 증명을 첨부하여 권리신고 겸 배당요구 신청을 하고, 실무상 배당을 해주지 않을 경우 배당기일에 참석하여 배당이의의 진술을 하고 1주일 이내에 법원에 배당이의의 소를 제기하여 다투어 볼 수 있다.

⑵ 전세권 설정등기

원룸 또는 주거용 오피스텔 등을 임대할 때 전입신고를 못 하는 경우가 생길 수 있고 아파트를 사무실, 창고 등의 용도로 사용할 때도 있다. 이처럼 전입신고를 할 수 없거나 실제로 거주할 수 없을 때는 확정일자를 받는 대신에 전세권 설정등기를 하여 보증금을 보호받아야 한다. 여기에서 전세권 설정등기는 반드시 집주인과 임차인이 전세권 설정계약을 한 후에 등기사항전부증명서에 전세권을 설정함으로써 효력이 발생한다.

| 관련법 |

〔민법〕 제303조 「전세권의 내용」
① 전세권자는 전세금을 지급하고 타인의 부동산을 점유하여 그 부동산의 용도에 좇아 사용·수익하며, 그 부동산 전부에 대하여 후순위권리자 기타채권자보다 전세금의 우선변제를 받을 권리가 있다.

〔민법〕 제186조 「부동산물권변동의 효력」
부동산에 관한 법률행위로 인한 물권의 득실 변경은 등기하여야 그 효력이 생긴다.

한편 상가는 사업자등록을 할 수 없거나 실제 입점할 수 없으면 전세권을 설정해야 후순위권리자 등보다 전세금의 우선변제를 받을 권리가 있다.

〈상가건물임대차보호법의 적용대상 보증금액 [보증금+월세×100]〉

구분	보증금액(2014년 1월 1일부터)
서울특별시	4억 원 이하
수도권정비계획법에 따른 과밀억제권역	3억 원 이하
광역시(인천 제외) 및 안산, 용인, 김포, 광주시 등	2억 4,000만 원 이하
그 밖의 지역	1억 8,000만 원 이하

(3) 선순위를 확보

주택이나 상가를 임대차 계약할 때 등기사항전부증명서의 을구에 선순위의 근저당권 등이 없이 최선순위를 확보하는 것이 좋다. 만약 선순위 권리자가 있다면 그 권리금액을 확인해 보고 선순위 권리금액과 나의 임차보증금의 합계액이 집값의 약 70%를 넘지 않도록 해야 한다.

| Q&A |

전세권 설정과 우선변제권 확보의 관계

Q 2014년 3월 1일 갑은 임대차 계약 후 주택을 인도받고 전입신고를 함으로써 대항요건을 갖추고 확정일자도 받았다. 그리고 갑은 1년 후인 2015년 3월 1일 집주인과 전세권설정 계약을 하고 전세권을 설정한 후 주민등록을 이전했다. 주민등록은 이전했지만 전세권 설정을 했으므로 주임법상의 대항력과 우선변제권도 가지고 전세권의 우선변제권을 확보했다고 생각하는데 맞는 걸까?

아니다. 주임법의 대항력과 우선변제권을 상실한다. 전세권은 전세금을 지급하고 타인의 부동산을 점유하여 그 부동산의 용도에 좇아 사용·수익하며 그 부동산 전부에 대하여 후순위권리자 기타 채권자보다 전세금의 우선변제를 받을 권리를 내용으로 하는 물권이지만, 임대차는 당사자 일방이 상대방에게 목적물을 사용·수익하게 할 것을 약정하고 상대방이 이에 대하여 차임을 지급할 것을 약정함으로써 그 효력이 발생하는 채권계약으로서, 주택임차인이 주택임대차보호법 제3조 제1항의 대항요건을 갖추거나 민법 제621조의 규정에 의한 주택임대차등기를 마치더라도 채권계약이라는 기본적인 성질에 변함이 없다.

주택임차인이 지위를 강화하고자 별도로 전세권 설정 등기를 마치더라도 주택임대차보호법상 주택임차인으로서의 우선변제를 받을 수 있는 권리와 전세권자로서 우선변제를 받을 수 있는 권리는 근거 규정 및 성립요건을 달리하는 별개의 것으로서, 주택임차인이 지위를 강화하고자 별도로 전세권 설정 등기를 마쳤더라도 주택임차인이 주택임대차보호법 제3조 제1항의 대항요건을 상실하면 이미 취득한 주택임대차보호법상의 대항력 및 우선변제권을 상실한다.

CHAPTER 5

대리계약

1 대리제도

'대리'란 타인(대리인)이 본인의 이름으로 의사표시를 하거나 수령함으로써 그 법률효과를 직접 본인에게 귀속시키는 제도를 말한다. 일반적으로 법률행위가 성립한 경우에 그 효과는 의사표시를 한 표의자에게 발생하는 것이 보통인데, 대리제도에서는 법률행위자와 법률효과의 귀속자가 분리되는 예외적인 법 현상이 나타나게 된다.

1. 법정대리권

법정대리권의 범위는 법률의 규정에 의해 결정된다. 예컨대 친권자 또는 후견인은 무능력자의 재산상의 법률행위에 관하여 대리할 권한을 가지고, 유언집행자는 유증의 목적인 재산의 관리, 기타 유언의 집행에 필요한 행위를 할 권한을 갖는다.

〔민법〕제920조 「자의 재산에 관한 친권자의 대리권」
법정대리인인 친권자는 자의 재산에 관한 법률행위에 대하여 그 자를 대리한다. 그러나 그 자의 행위를 목적으로 하는 채무를 부담할 경우는 본인의 동의를 얻어야 한다.

〔민법〕제948조 「미성년자의 친권의 대행」
① 미성년후견인은 미성년자를 갈음하여 미성년자의 자녀에 대한 친권을 행사한다.
② 제1항의 친권행사에는 미성년후견인의 임무에 관한 규정을 준용한다.

〔민법〕제1101조 「유언집행자의 권리의무」
유언집행자는 유증의 목적인 재산의 관리 기타 유언의 집행에 필요한 행위를 할 권리의무가 있다.

2. 수권행위의 임의대리권

임의대리권은 본인이 대리인에게 대리권을 수여하는 법률행위에 의하여 주어지므로, 그 구체적 범위는 결국 수권행위의 해석으로 결정된다. 수권행위의 방식에 관하여 아무런 규정을 두고 있지 않으며, 보통은 위임장을 작성·교부하는 방식으로 행하여지지만 반드시 위임장을 작성할 필요는 없으며 구두로 할 수 있다. 또한, 수권은 명시적인 의사표시 외에 묵시적 의사표시로도 가능하다.

대리권을 수여받은 대리인이 수권행위의 범위 안에서 법률행위를 해야 하지만 그 범위를 벗어났을 때 대리인의 행위는 무권대리가 된다. 예를 들면, 예금계약의 체결을 위임받은 자가 가지는 대리권에 그 예금을 담보로 하여 대출을 받거나 이를 처분할 수 있는 대리권이 당연히 포함될 수는 없을 것이고, 본인을 대리하여 금전소비대차 내지 그를 위한 담보권설정계약을 체결할 권한을 수여받은 대리인에게 본래의 계약관계를 해제할 대리권까지 있다고 볼 수는 없다.

3. 범위가 불분명한 임의대리권

대리권의 범위가 분명하거나 표현대리가 성립할 때를 제외하고 대리권이 존재하는 것은 분명하지만 수권행위의 해석을 통해서도 범위가 불분명한 경우를 대비하여 민법은 제118조의 보충 규정을 두고 있다.

권한을 정하지 않은 대리인은 '보존행위'와 '대리의 목적인 물건이나 권리의 성질을 변하지 않는 범위에서 그 이용 또는 개량하는 행위'만 할 수 있다.

〈범위를 정하지 않은 대리권〉

구분	의의	범위	예
보존행위	현상유지	무제한	• 가옥의 수선 • 미등기부동산의 등기 • 채권의 추심 • 소멸시효의 중단 등
이용행위	수익증가	성질 불변 범위	• 물건의 임대 • 금전의 이자부대여
개량행위	가치증가	성질 불변 범위	• 무이자의 금전대여를 이자부로 교체
처분행위	영구변화	불가	• 매매, 교환, 채무면제 등

2 유효한 대리권

1. 대리권의 중요성

부동산 매매, 전세, 월세계약을 할 때 소유권자가 외국에 있거나 부득이한 사정으로 계약 체결장소에 나오지 못하고 대리인과 계약을 하는 경우가 있다. 실제 소유자가 아닌 대리인과 부동산에 관한 계약을 하게 되면 인감이 찍힌 위임장, 인감증명서 등을 확인한다. 때로는 '중개업자가 알아서 잘해주겠지.'라며 소홀히 할 때도 있다.

만약 이후에 중개사고가 나게 되면 그 책임은 본인이 질 수밖에 없다. 물론 중개업자의 과실을 따져 중개업자로부터 일부 손해배상을 받을 수 있는 경우도 있다. 하지만 그런 중개사고를 미리 방지하기 위해서는 중개업자에게 전적으로 맡기지 말고 중요한 부분들은 직접 챙기거나 중개업자가 챙기도록 요청해야 한다.

부동산 거래 위임장

1. 위임한 부동산의 표시

소재지								
아파트	공급면적	㎡(평)	전용면적	㎡(평)	대지권		㎡(평)	
토 지	지 목				면 적		㎡(평)	
건 물	구 조		용 도		면 적		㎡(평)	
기 타								

2.위임 받은자의 인적사항

성 명		주민등록번호	
주 소			
위임사유		관 계	

3.위임한 권한,부분 및 금액

위임한 권한	위 부동산의 □ 매매계약 체결 □ 임대차계약 체결 □ 기타( )
위임한 부분	
위임한 금액	金 원정 (₩)
기 타	관 계

본인은 상기와 같이 부동산에 관한 권한을 위임합니다.

<u>   </u> 년   월   일

위 임 자

    성   명 :
    주민등록번호 :
    주   소 :

첨부 : 위임자의 인감증명서 1부

부동산 거래 위임장 양식

2. 위임장, 인감증명서, 등기권리증

(1) 대리권의 형식

대리권 수여의 표시 위임장으로 하는 것이 보통이지만, 그 방식에 특별한 제한이 없다. 따라서 서면으로 하든 구술로 하든 특정인에 대한 것이든 신문광고와 같이 불특정인에 대한 것이든 문제 되지 않는다. 또한, 대리권 수여의 의사표시는 대리인이 될 자를 통해서도 할 수 있다.

흔히 대리의 권한을 증명하는 것이 위임장과 인감증명서이다. 판례는 대리인이 당해 거래에 필요한 서류, 예컨대 등기필증, 인감도장, 인감증명서 등을 소지하고 있으면 특별한 사정이 없는 한 원칙적으로 정당한 이유가 있다고 하고, 본인과 대리인이 친족관계, 특히 부부관계인 경우는 이러한 서류의 입수가 용이하다는 것을 이유로 원칙적으로 정당한 이유를 인정하지 않는다.

일반적으로 실무에서 대리계약을 할 때 등기필증까지는 준비를 못 하고 소유자의 위임장과 인감증명서를 제시하는 것으로 대리인으로 믿고 거래하는 경우가 많다. 하지만 그때는 유선상으로 본인의 의사를 확인하는 등 적법한 대리인임을 검증해야 한다.

⑵ 등기권리증(등기필 정보)

부동산거래에서 본인이 아닌 대리인이 계약 체결 현장에 나오는 경우, 적법한 대리요건을 확인하는 방법으로 위임장과 인감증명서를 확인한다. 하지만 이것만으로는 안전한 거래를 할 수 없다. 특히 인감증명서는 대리권이 없어도 인감도장만 있으면 신분증을 지참하여 대리로 발급받을 수 있다. 그렇다고 본인이 직접 발급받은 인감증명서가 있으면 안전하다는 것도 물론 아니다.

가장 중요한 것은 본인의 처분의사와 대리인의 처분권한의 유무이고, 대리인의 처분권한을 확인하는 방법 중 하나는 등기권리증의 소유 여부이다. 등기권리증은 소유권이전등기 단계뿐 아니라 이전의 거래에서도 당사자 본인의 증명이나 처분권한의 유무 확인 등을 위한 중요한 자료가 된다.

122

공인중개사 갑은 부동산 소유명의자인 을에게서 매도권한을 위임받았다는 형제 관계의 병으로부터 을 소유 부동산에 대한 매도의뢰를 받은 뒤 이 부동산의 매수를 희망하는 정에게 중개를 하였다. 대리권자 병이 소지하고 있던 을 명의의 위임장 및 인감증명서, 도장, 주민등록등본을 확인하고 병의 대리권을 믿고 계약을 하였다.

그런데 대리권자 병이 매매대금 전부를 받은 후 행방을 감췄다. 추후 확인한 결과 소유자 을은 매도권한을 위임한 것이 아니라 부동산을 담보로 대출을 위임하면서 서류를 준 것이다. 소유자 을은 소유권 이전을 거부하였고 매수자 정은 소유명의자 을을 상대로 소유권이전등기를 구하는 소송을 제기했지만, 재판 결과 "병에게 부동산을 매각할 적법한 대리권이 없을 뿐 아니라 표현대리도 인정되지 않는다."는 이유로 패소하였다.

결국, 손해를 입게 된 정은 거래에 관여한 공인중개사 갑을 상대로 손해배상을 청구했는데, 법원은 "등기권리증은 소유권이전등기 단계뿐 아니라 이전의 거래에서도 당사자 본인의 증명이나 처분권한의 유무 확인 등을 위하여 중요한 자료가 되는 것이므로 중개업자로서는 매도의뢰인이 알지 못하는 사람인 경우 필요할 때는 등기권리증의 소지 여부나 내용을 확인 조사해야 할 주의의무가 있는데, 중개업자로서는 병이 등기권리증을 소지하고 있지도 않았고, 잘 알고 지내는 사이도 아니었으므로, 대리인으로 나온 사람이 소유명의자의 등기권리증을 소지하고 있는지 여부나 내용을 확인하여 처분권한의 유무 확인 등을 조사해야 할 주의의무가 있는데도 이를 소홀히 하였다."는 이유로 중개업자의 잘못을 인정했다. 그래서 정은 중개업자를 통해 일부 손해를 배상받게 되었다.

—청주지법 2003. 4. 9. 선고 2002가단7596 손해배상 판결의 요약

이 판결에서 중개업자와 매수자는 위임장과 인감증명서 등만 확인했다. 대리권을 수여했는지 소유자에게 확인도 하지 않았고, 등기권리증을 소유했는지 확인도 하지 않았고, 소유자의 통장으로 입금도 하지 않은 것이다. 그래서 매수하려고 했던 정과 공인중개사 갑은 손해를 책임지게 되었다.

3 부부관계의 대리권

1. 민법상 부부는 별산제가 원칙

부부 공동명의 또는 부부 중 1인의 명의로 부동산을 구매할 때는 주의해야 한다. 부부 사이에는 대리권이 있는 듯 싶었으나 없는 경우도 있고, 간혹 일방이 상대방 명의로 된 부동산을 몰래 처분하는 경우도 있기 때문이다.

부부 중 1인이 소유자의 인감도장과 인감증명서를 들고 와서 팔겠다고 하는 것을 보고 당연히 대리권이 있는 것으로 안다면 큰 오산이다. 민법상 부부는 별산제가 원칙이고, 다만 일상의 가사에 관하여 서로 대리권이 있으며, 또한 부부의 일방이 가사에 관하여 채무를 부담한 경우는 다른 일방도 이로 인한 채무에 대하여 연대책임이 있다.

원칙적으로 부부 일방(남편) 명의 부동산을 상대방(처)과 계약하는 경우 인감도장과 인감증명서, 등기권리증, 위임장 모두를 구비하고, 대리권을 수여할 만한 사정이 존재할 때만 예외적으로 법률행위를 인정하고 있다.

| 관련 판례 |

내연의 처에게 일상가사대리권이 수여된 경우라 하더라도 남편이 본처 소생의 장남 결혼비용을 내연의 처에게 차용하도록 위임하면서 이와 아울러 거액의 기존채무를 위하여 그 소유부동산을 담보로 제공함에 필요한 대리권을 수여한다는 것은 이례에 속한다 할 것이고, 또 내연의 처가 남편의 인감도장이나 등기필증 등을 용이하게 입수할 수 있는 사정을 근저당설정계약의 상대방이 쉽게 알아차릴 수 있었다면, 내연의 처에게 일상가사대리권이 수여되었고 남편의 인감증명, 인감도장, 위임장, 일부 등기필증 등을 지참하고 있었다는 점 등은 피고가 내연의 처에게 근저당권설정 대리권이 있다고 믿은 정당한 이유가 될 수 없다.

―대법원 1984. 6. 26. 선고 81다524 판결 요약

부부 공동 또는 단독 명의의 부동산을 계약할 때는 가능하면 소유명의자를 참여시키는 것이 좋고, 해외출장 등으로 부득이 참여할 수 없다면 인감도장, 등기권리증, 인감증명서를 확인하고 반드시 전화로라도 명의자의 의사를 확인해야 안전하다. 그러나 만약에 전화 통화한 사람이 남편이 아니고 가공의 인물이라면 이런 전화통화를 시도했다는 것만으로

대리권이 있다고 믿을 수밖에 없는 정당한 사유가 있다고 인정하기 어렵다는 것이 판례의 입장이다.

한편 부부 간에는 명의신탁할 수 있으므로 일방이 상대방 명의로 신탁을 했다면, 소유명의자는 아니지만 상대방 명의의 부동산을 처분할 권리가 있는데, 이때는 매수인으로서는 명의신탁관계를 밝히기가 쉽지 않으므로 쌍방을 참여시켜 계약하는 것이 바람직하다.

2. 일상가사대리권

일상적인 가사란 부부의 공동생활에 통상적으로 필요한 쌀과 부식 등 식료품 구매, 생활용품 등 일용품 구매, 의복 및 침구류 구매, 가옥의 월세 지급 등과 같은 의식주에 관한 사무, 교육비·의료비나 자녀 양육비의 지출에 관한 사무 등이 그 범위에 속하는 것이다. 그리고 일상생활비로서 객관적으로 타당한 범위를 넘어선 금전 차용이나 부동산 매매나 임대, 저당권설정행위, 어음 배서행위, 근저당 설정 채무보증 행위 등은 일상적인 가사의 범위에 속하지 않는다.

| 관련법 |

〔민법〕 제827조 「부부간의 가사대리권」
① 부부는 일상의 가사에 관하여 서로 대리권이 있다.
② 전항의 대리권에 가한 제한은 선의의 제삼자에게 대항하지 못한다.

〔민법〕 제832조 「가사로 인한 채무의 연대책임」
부부의 일방이 일상의 가사에 관하여 제삼자와 법률행위를 한 때는 다른 일방은 이로 인한 채무에 대하여 연대책임이 있다. 그러나 이미 제삼자에 대하여 다른 일방의 책임 없음을 명시한 때는 그러하지 아니하다.

3. 지분에 따른 계약 방법

(1) 남편 또는 부인 명의의 부동산을 대리계약

남편이나 부인 명의의 부동산을 당사자 없이 배우자가 대리계약을 할 때는 반드시 위임장과 인감증명서는 소지해야 하는 것은 물론이고 계약 상대방은 명의인과 통화해야 하고 입금 또한 명의인 통장으로 해야 한다.

(2) 50 대 50 부부 공동명의의 부동산을 혼자 나와서 계약

주택 등을 매매할 때 가장 흔하게 있는 경우가 50 대 50 부부 공동명의다. 부부 중 한 명만 나와서 매매를 할 때는 나머지 한 명의 위임장과 인감증명서가 있어야 하며 전화통화를 해서 위임의사를 확인해야 한다. 한편 소액일 경우 한 명만 나와서 임대계약을 할 때는 가사대리권을 인정하여 위임장과 인감증명서가 없어도 된다.

(3) 지분이 51% 이상인 남편 또는 부인이 대리계약

과반수 지분권자는 단독으로도 공유물에 대한 임대차 계약을 체결할 수 있으므로 임대의 경우는 부부가 아니라도 51% 이상의 지분권자와 계약하면 된다. 지분이 과반 이상일 때는 부부가 아니라도 과반 이상의 권리자가 임대에 권리가 있다. 하지만 매매 계약일 때는 전화통화를 해서 위임에 대한 의사를 확인해야 하며 위임장과 인감증명서를 첨부서류로 받아야 한다.

| 관련법 |

〔민법〕 제265조 「공유물의 관리, 보존」
공유물의 관리에 관한 사항은 공유자의 지분의 과반수로써 결정한다. 그러나 보존행위는 각자가 할 수 있다.

⑷ 지분이 49% 이하인 남편 또는 부인이 대리계약

임대의 경우 소액일 때는 가사대리권이 인정될 수 있지만 임대금액이 많거나 매매일 경우는 전화통화를 해서 의사를 확인해야 하며 위임장과 인감증명서를 첨부서류로 받아야 한다.

4 기타 대리계약

1. 중개업자가 대리인으로서 대리계약

집주인이 부득이한 사정으로 오지 못하게 될 때 중개업자와 대리계약하고 보증금을 주는 경우도 간혹 발생한다. 매매뿐만 아니라 임대일 때도 소유자와 통화하고 위임 사실을 확인해야 하며 통화할 때 녹음을 해서 남겨두면 좋다. 그리고 계약금 등은 소유자의 계좌로 송금하며 부득이한 경우는 소유자와 통화를 녹음한 후 계약금 등을 중개업자에게 맡길수도 있다. 소유자와 통화할 때에 주민등록번호 등을 확인해야 하며, 의심이 갈 때는 계약을 하지 말아야 한다.

2. 임대인이 외국에 거주

임대인이 외국에 나가기 전에 대리인에게 인감증명서, 위임장, 인감도장 등을 맡기면 좋다. 하지만 외국에 있더라도 외국 주재 한국대사관이나 영사관에 임대인이 출석해서 임대차 계약에 위임한다는 위임장에 서명하고 약간의 수수료를 지급하면 공증해 준다. 그리고 잔금 치르기 전까지 위임장을 국제우편으로 수령하도록 한다. 필요할 경우는 대사관에 전화해서 임대인이 직접 서명했는지 전화해서 확인할 수 있다. 그리고 계약금 등은 소유자의 계좌로 입금해야 안전하다.

3. 진정한 대리권

위임장과 인감증명서가 있다고 해서 대리권이 항상 있는 것은 아니며, 그 서류들이 없다고 해서 대리권이 없는 것도 아니다. 위임장과 인감증 명서가 없어도 진정한 대리권이 있다면 유효한 계약이 된다. 또한, 위임 장과 인감증명서가 있어도 유효한 계약이 될 수 없는 경우도 있다. 진정 한 대리권을 확인하는 과정이 형식적인 위임장이나 인감증명서보다 훨 씬 중요하다. 계약할 때는 위임장, 인감증명서, 등기권리증을 확인해야 하고 등기권리증을 갖추지 못하였다면 소유자와 꼭 통화해서 위임 여부 를 확인해야 하며, 계약금 등은 소유자의 계좌로 직접 송금해야 한다.

| 관련 판례 |

부동산의 소유자로부터 매매 계약을 체결할 대리권을 수여받은 대리 인은 특별한 사정이 없는 한 그 매매 계약서에 약정한 바에 따라 중도금 이나 잔금을 수령할 권한도 있다.

－대법원 1994. 2. 8. 선고 93다39379 판결 요약

매매 계약의 체결과 이행에 관하여 포괄적으로 대리권을 수여받은 대 리인은 특별한 사정이 없는 한 상대방에 대하여 약정된 매매대금 지급기

일을 연기하여 줄 권한도 갖는다.

-대법원 1992. 4. 14. 선고 91다43107 판결 요약

법률행위에 의하여 수여된 대리권은 그 원인된 법률관계의 종료에 의하여 소멸하는 것이므로 특별한 다른 사정이 없는 한 부동산을 매수할 권한을 수여받은 대리인에게 그 부동산을 처분할 대리권도 있다고 볼 수 없다.

-대법원 1991. 2. 12. 선고 90다7364 판결 요약

예금계약의 체결을 위임받은 자가 가지는 대리권에 당연히 그 예금을 담보로 하여 대출을 받거나 이를 처분할 수 있는 대리권이 포함되어 있는 것은 아니다.

-대법원 1995. 8. 22. 선고 94다59042 판결 요약

본인을 대리하여 금전소비대차 내지 그를 위한 담보설정계약을 체결할 권한을 수여받은 대리인에게 본래의 계약관계를 해제할 대리권까지 있다고 볼 수 없다.

-대법원 1993. 1. 15. 선고 92다39365 판결 요약

대여금의 영수권한만을 위임받은 대리인이 그 대여금채무의 일부를 면제하기 위하여는 본인의 특별수권이 필요하다.

-대법원 1981. 6. 23. 선고 80다3221 판결 요약

부부가 공동으로 남편 명의의 점포를 운영하면서 처가 점포에 보관 중인 남편의 인감을 이용하여 차용증을 작성하여 주고 금원을 차용한 사안에서 남편이 처에게 점포 운영에 필요한 자금을 자신의 명의로 차용할 권한을 포괄적으로 위임하였다고 볼 여지가 있다.

—대법원 2003. 1. 24. 선고 2002다64377 판결 요약

권한을 넘은 표현대리에 있어서 무권대리인에게 그 권한이 있다고 믿을 만한 정당한 이유가 있는가의 여부는 대리행위(매매 계약) 당시를 기준으로 결정하여야 하고 매매 계약 성립 이후의 사정은 고려할 것이 아니므로, 무권대리인이 매매 계약 후 그 이행단계에서야 비로소 본인의 인감증명과 위임장을 상대방에게 교부한 사정만으로는 상대방이 무권대리인에게 그 권한이 있다고 믿을 만한 정당한 이유가 있었다고 단정할 수 없다.

—대법원 1981. 12. 8. 선고 81다322 판결 요약

대리인이 대리권 소멸 후 직접 상대방과 사이에 대리행위를 하는 경우는 물론 대리인이 대리권 소멸 후 복대리인을 선임하여 복대리인으로 하여금 상대방과 사이에 대리행위를 하도록 한 경우도, 상대방이 대리권 소멸 사실을 알지 못하여 복대리인에게 적법한 대리권이 있는 것으로 믿었고 그와 같이 믿은 데 과실이 없다면 민법 제129조에 의한 표현대리가 성립할 수 있다.

—대법원 1998. 5. 29. 선고 97다55317 판결 요약

표현대리행위가 성립하는 경우에 그 본인은 표현대리행위에 의하여
전적인 책임을 져야 하고, 상대방에게 과실이 있다고 하더라도 과실상계
의 법리를 유추적용하여 본인의 책임을 경감할 수 없다.

-대법원 1996. 7. 12. 선고 95다49554 판결 요약

어떠한 계약의 체결에 관한 대리권을 수여받은 대리인이 수권된 법률
행위를 하게 되면 그것으로 대리권의 원인된 법률관계는 원칙적으로 목
적을 달성하여 종료하는 것이고, 법률행위에 의하여 수여된 대리권은 그
원인된 법률관계의 종료에 의하여 소멸하는 것이므로(민법 제128조), 그
계약을 대리하여 체결하였던 대리인이 체결된 계약의 해제 등 일체의 처
분권과 상대방의 의사를 수령할 권한까지 가지고 있다고 볼 수는 없다.

-대법원 2008. 6. 12. 선고2008다11276 판결 요약

CHAPTER 6

권리금

1 권리금의 종류

'권리금'이란 임대차 목적물인 상가건물에서 영업을 하는 자 또는 영업을 하려는 자가 영업시설 · 비품, 거래처, 신용, 영업상의 노하우, 상가건물의 위치에 따른 영업상의 이점 등 유형 · 무형의 재산적 가치의 양도 또는 일정 기간 동안의 이용대가로서 임대인, 임차인에게 보증금과 차임 이외에 지급하는 금전 등의 대가를 말하며, '권리금 계약'이란 신규 임차인이 되려는 자가 임차인에게 권리금을 지급하기로 하는 계약을 말한다.

권리금의 거래는 주로 임차권을 양도할 때 또는 전대차 시에 임차보증금 이외에 별도로 신규 임차인이 상가건물의 기존 임차인에게 지급하는 것이 보편적인 관행으로 되어 있지만, 임대인과 임차인이 직접 권리금 수수계약을 하기도 한다.

상가건물의 임대차에서 빠지지 않고 거래되는 권리금은 법제화되어 있지 않아서 경제적 약자인 상가건물의 임차인이 권리금으로 인해 피해를 보는 경우가 많았으나 2015년 상가건물 임대차보호법의 일부 개정으로 임차인이 권리금을 보호받을 수 있는 장치가 마련되었다. 법의 개정에도 불구하고 특히 환산보증금액이 일정 금액을 초과하는 상가건물은 그 보증금과 권리금이 클 뿐만 아니라 보증금 사고가 날 경우에 권리금은 고사하고 임차보증금 전액을 회수하기가 어려운 상황이 발생할 수 있다.

〈권리금의 종류〉

종류	권리금 내용	비고
바닥권리금	지역적, 장소적 이익의 대가	임대인과 임차인의 거래
영업권리금	명성, 신뢰, 고객관리의 대가	임차인 간의 거래
시설권리금	초기 시설투자비에 감가상각을 적용	임차인 간의 거래

2 바닥권리금

바닥권리금은 지역적, 장소적 특수성으로 인해 발생하는 것으로서 임대인인 건물소유자가 보유하는 이익이다. 임대인은 그 특수성에 대한 대가를 임차료와 별도로 임차인에게서 받는다. 바닥권리금과 임차료를 나누어 받는 것은 임차료를 이중으로 지불받는 효과가 발생할 수도 있어 바닥권리금은 임차료에 포함되어 반영돼야 하는 것이 당연하지만, 현실적으로 임대인은 임대차 계약서에 명시하지 않은 바닥권리금을 수수하고 소득세를 탈루할 수 있는 수단으로 악용하기도 한다.

| Q&A 1 |

집주인에게 권리금을 받을 수 있을까

Q A는 마포에서 분양된 건물에 임대인과 보증금 1억 원에 월차임 100만 원과 권리금 5,000만 원으로 계약을 체결하고 호프집을 운영했다. 초기 시설도 1억 원을 투자했고 5년 간 꾸준하게 유지했으며 그 사이 차임도 120만 원이 되었다. 그런데 건물주가 본인이 직접 그 자리

에서 사업을 하겠다며 나갈 것을 요구했다. 다른 임차인이 들어오면 권리금이라도 받을 텐데 그러지도 못하고 해서 집주인에게 들어올 때 지불했던 권리금 5,000만 원을 돌려줄 것을 요구했다. A는 5,000만 원 중 일부라도 돌려받을 수 있을까?

 돌려받을 수 없다. 권리금은 새로운 임차인에게 수령할 수 있을 뿐이며, 보증금과는 다르게 임대인에게 지급을 구할 수가 없는 것이 일반적이다. 권리금이 그 수수 후에 일정한 기간 이상으로 임대차 존속을 시키기로 하는 임차권 보장의 약정 하에 임차인으로부터 임대인에게 지급이 된 경우는 보장기간 동안의 이용이 유효하게 이루어진 이상 임대인은 권리금의 반환의무 부담을 하지 않는다.

임대인이 권리금 반환의무를 인정하기 위해서는 반환의 약정이 있는 등 특별한 사정이 있어야 한다. 권리금 수수 후 약정기간 동안 임대차 존속을 시켜서 재산적 가치 이용을 할 수 있도록 약정했음에도 임대인의 사정으로 중도 해지가 되어 약정기간 동안 재산적 가치이용을 할 수 없었거나 임대인이 임대차의 종료에 즈음해서 재산적 가치를 도로 양수를 하는 경우 등의 특별한 사정이 있을 때는 임대인은 권리금의 전부 및 일부에 대하여 반환의무를 부담한다.

임차인은 임대인에게 권리금을 청구할 수는 없지만 임차인이 신규 임차인을 구한 뒤 신규 임차인으로부터 권리금을 지급받을 수는 있다. 만약 이때 임대인이 정당한 사유 없이 신규 임차인과 계약을 체결하지 않고 임차인이 권리금을 회수하지 못하게 되어 임차인에게 손해가 발생한다면 임대인은 손해배상할 책임이 있다.

영업용 건물의 임대차에 수반되어 행하여지는 권리금의 지급은 임대차 계약의 내용을 이루는 것은 아니고 권리금 자체는 거기의 영업시설 · 비품 등 유형물이나 거래처, 신용, 영업상의 노하우 또는 점포 위치에 따른 영업상의 이점 등 무형의 재산적 가치의 양도 또는 일정 기간 동안의 이용대가라고 볼 것인 바, 권리금이 임차인으로부터 임대인에게 지급된 경우에, 그 유형 · 무형의 재산적 가치의 양수 또는 약정기간 동안의 이용이 유효하게 이루어진 이상 임대인은 권리금의 반환의무를 지지 않는다. 다만 임차인은 당초의 임대차에서 반대되는 약정이 없는 한 임차권의 양도 또는 전대차의 기회에 부수하여 자신도 그 재산적 가치를 다른 사람에게 양도 또는 이용하게 함으로써 권리금 상당액을 회수할 수 있을 것이고, 따라서 임대인이 그 임대차의 종료에 즈음하여 그 재산적 가치를 도로 양수한다든지 권리금 수수 후 일정한 기간 이상으로 임대차를 존속시켜 그 가치를 이용하게 하기로 약정하였음에도 임대인의 사정으로 중도 해지됨으로써 약정기간 동안 재산적 가치를 이용하게 해주지 못하였다는 등의 특별한 사정이 있을 때만 임대인은 권리금의 전부 또는 일부의 반환의무를 진다.

−대법원2001. 4. 10. 선고 2000다59050판결 요약

| Q&A 2 |

임대인에게 주었던 권리금

Q 임차인 A는 치킨가게를 운영하기 위해서 건물주 B와 임대차 계약을 했다. 임차인 A는 5년간 장기계약을 원했고, 건물주 B는 장기

계약을 하는 대신 권리금 2,000만 원을 요구했기 때문에 임차인 A는 임대인 B에게 권리금을 지급했다. 그리고 2년이 지날 무렵 낡은 상가건물을 재건축하게 되었다. 그런데 재건축을 하고 나서 건물주 B는 월차임을 터무니없이 올리면서, 새 건물에서 치킨가게를 계속하려고 하는 임차인 A와 계약을 하지 않고 다른 임차인을 들였다. 임차인 A는 장기계약을 대가로 지급했던 권리금 2,000만 원 중 영업을 하지 못한 5년 중 3년에 해당하는 60%인 1,200만 원을 돌려받을 수 있을까?

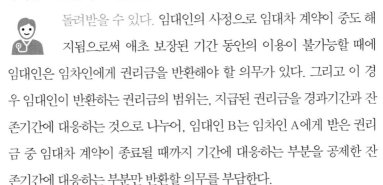

돌려받을 수 있다. 임대인의 사정으로 임대차 계약이 중도 해지됨으로써 애초 보장된 기간 동안의 이용이 불가능할 때에 임대인은 임차인에게 권리금을 반환해야 할 의무가 있다. 그리고 이 경우 임대인이 반환하는 권리금의 범위는, 지급된 권리금을 경과기간과 잔존기간에 대응하는 것으로 나누어, 임대인 B는 임차인 A에게 받은 권리금 중 임대차 계약이 종료될 때까지 기간에 대응하는 부분을 공제한 잔존기간에 대응하는 부분만 반환할 의무를 부담한다.

| 관련 판례 |

영업용 건물의 임대차에 수반되어 행하여지는 권리금의 지급은 임대차 계약의 내용을 이루는 것은 아니고 권리금 자체는 거기의 영업시설·비품 등 유형물이나 거래처, 신용, 영업상의 노하우 혹은 점포 위치에 따른 영업상의 이점 등 무형의 재산적 가치의 양도 또는 일정 기간 동안의 이용대가라고 볼 것인 바, 권리금이 그 수수 후 일정한 기간 이상으로 임대차를 존속시키기로 하는 임차권 보장의 약정하에 임차인으로부터 임

대인에게 지급된 경우는, 보장기간 동안의 이용이 유효하게 이루어진 이상 임대인은 권리금의 반환의무를 지지 않는다. 다만 임차인은 당초의 임대차에서 반대되는 약정이 없는 한 임차권의 양도 또는 전대차 기회에 부수하여 자신도 일정 기간 이용할 수 있는 권리를 다른 사람에게 양도하거나 또는 다른 사람으로 하여금 일정 기간 이용하게 함으로써 권리금 상당액을 회수할 수 있지만, 반면 임대인의 사정으로 임대차 계약이 중도 해지됨으로써 당초 보장된 기간 동안의 이용이 불가능하였다는 등의 특별한 사정이 있을 때는 임대인은 임차인에 대하여 권리금의 반환의무를 진다. 그 경우 임대인이 반환의무를 부담하는 권리금의 범위는, 지급된 권리금을 경과기간과 잔존기간에 대응하는 것으로 나누어, 임대인은 임차인으로부터 수령한 권리금 중 임대차 계약이 종료될 때까지의 기간에 대응하는 부분을 공제한 잔존기간에 대응하는 부분만을 반환할 의무를 부담한다고 봄이 공평의 원칙에 합치된다.

-대법원 2002. 7. 26. 선고 2002다25013 판결 요약

3 영업권리금

'영업'이란 일정한 영업목적에 의하여 조직화된 유기적 일체로서의 기능적 재산을 말하고, 여기서 말하는 유기적 일체로서의 기능적 재산이란 영업을 구성하는 유형·무형의 재산과 경제적 가치를 갖는 사실관계가 서로 유기적으로 결합하여 수익의 원천으로 기능한다는 것과 이처럼 유

기적으로 결합한 수익의 원천으로서의 기능적 재산이 마치 하나의 재화와 같이 거래의 객체가 된다는 것을 뜻한다.

'영업양도'란 일정한 영업목적에 의하여 조직화된 인적 · 물적 조직을 동일성을 유지하면서 일체로서 이전하는 것을 의미하고 영업양도가 있다고 하기 위해서는 양수인이 유기적으로 조직화된 수익의 원천으로 기능적 재산을 이전받아 양도인이 하던 것과 같은 영업적 활동을 계속하고 있다고 볼 수 있는지의 여부에 따라 판단한다.

'영업권리금'이란 지역적, 장소적 특성으로 인한 정적 개념의 바닥권리금과 달리 기존 상가 경영자가 점포를 운영하면서 닦아 놓은 점포의 명성이나 꾸준하게 유지한 단골고객을 바탕으로 한 동적 개념의 권리금이다. 비록 점포의 위치가 좋지 않더라도 좋은 맛과 최상의 서비스로 손님이 즐비한 식당은 영업권리금이 다른 점포에 비해서 높을 수밖에 없다.

| Q&A 1 |

경업금지

Q 대기업을 명예퇴직한 A는 지인 B가 운영하던 천국김밥을 권리금 3,000만 원에 인수하였다. 그리고 3개월이 지나 지인 B는 인근에서 천당김밥이라는 비슷한 상호로 다시 개업하였고 A의 천국김밥은 매출이 줄었다. 이 경우에 권리금을 3,000만 원이나 주고 천국김밥을 인수한 A는 무엇을 할 수 있을까?

A는 B를 상대로 경업금지의무 위반으로 인하여 발생한 손해배상을 청구할 수 있으며, B의 영업금지가처분의 보전처분도

청구할 수 있다. 영업을 양도한 양도인은 상법 규정이나 계약에 의하여 일정한 지역에서 동종영업을 하지 말아야 할 의무가 있다. 그러나 이 의무를 위반하고 영업을 양도한 양도인이 동종 영업을 하게 되는 경우 양수인은 어떤 법적 조치를 취할 수 있는가에 대하여 계약해제를 하여 양수도 대금을 반환받거나 영업금지가처분 또는 손해배상을 청구할 수 있다.

B가 영업권리금 3,000만 원을 수수한 것은 영업양도를 하였다고 볼 것이다. 영업양도는 유기적으로 조직화 된 수익의 원천인 기능적 재산을 이전받아 양도인이 하던 것과 같은 영업적 활동을 계속하고 있다고 볼 수 있는지 여부에 따라 판단한다. 이러한 영업양도의 판단 기준은 특별히 인수인계할 종업원이나 노하우, 거래처 등이 존재하지 아니하는 소규모 자영업의 경우도 동일하게 적용된다.

영업양도는 유기적으로 조직화된 수익의 원천으로서 기능적 재산을 이전받아 양도인이 하던 것과 같은 영업적 활동을 승계할 수 있도록 하여야 한다. 그런 의미에서 영업을 양도한 후 일정한 범위에서 동종영업을 재개하는 것은 영업양도의 취지에 어긋난다.

최근에는 경남 통영에서 보증금과 별도로 권리금을 수수하고 소규모 미용실의 상호와 시설 일체를 양도한 자가 그 미용실에서 70m가량 떨어진 곳에 새로운 미용실을 개업하여 운영하자 양수인이 법원에 경업금지 가처분을 신청하여 받아들인 사례도 있다.

| 관련 판례 |

영업양도계약의 약정 또는 상법 제41조에 따라 영업양도인이 부담하

는 경업금지의무는 스스로 동종 영업을 하거나 제삼자를 내세워 동종 영업을 금하는 것을 내용으로 하는 의무이므로, 영업양도인이 부작위의무에 위반하여 영업을 창출한 경우 의무위반 상태를 해소하기 위해서는 영업을 폐지할 것이 요구되고, 그 영업을 타에 임대한다거나 양도한다고 하더라도 그 영업의 실체가 남아 있는 이상 의무위반 상태가 해소되는 것은 아니므로, 이행강제의 방법으로 영업양도인 본인의 영업 금지 외에 제삼자에 대한 영업의 임대, 양도 기타처분을 금지하는 것도 가능하다.

—대법원 1996. 12. 23. 선고96다37985 판결 요약

가. 상법 제41조 제1항의 '영업'이란 일정한 영업 목적에 의하여 조직화된 유기적 일체로서의 기능적 재산을 말하고, 여기서 말하는 유기적 일체로서의 기능적 재산이란 영업을 구성하는 유형·무형의 재산과 경제적 가치를 갖는 사실관계가 서로 유기적으로 결합하여 수익의 원천으로 기능한다는 것과 이와 같이 유기적으로 결합한 수익의 원천으로서의 기능적 재산이 마치 하나의 재화와 같이 거래의 객체가 된다는 것을 뜻하는 것이므로, 영업양도를 하였다고 볼 수 있는지의 여부는 양수인이 유기적으로 조직화된 수익의 원천으로서의 기능적 재산을 이전받아 양도인이 하던 것과 같은 영업적 활동을 계속하고 있다고 볼 수 있는지 여부에 따라 판단하여야 하고, 이러한 영업양도의 판단 기준은 인계·인수할 종업원이나 노하우, 거래처 등이 존재하지 아니하는 소규모 자영업의 경우도 동일하게 적용된다.

나. 갑이 을에게 미용실을 양도한 후 다시 800m가량 떨어진 곳에서 새

로운 미용실을 개업 · 운영한 사안에서, 갑은 영업양도인으로서 양수인 을에 대하여 상법 제41조 제1항에 의하여 일정한 지역 내에서 경업금지 의무를 부담함에도 이를 위반하였으므로, 갑은 영업을 폐지하고 을이 입은 손해를 배상할 책임이 있다.

-수원지법 2011. 2. 10. 선고 2010가합14646 판결 확정 요약-

| 관련법 |

[상법] 제41조 「영업양도인의 경업금지」
① 영업을 양도한 경우에 다른 약정이 없다면 양도인은 10년간 동일한 특별시 · 광역시 · 시 · 군과 인접 특별시 · 광역시 · 시 · 군에서 동종영업을 하지 못한다.
② 양도인이 동종영업을 하지 아니할 것을 약정한 때는 동일한 특별시 · 광역시 · 시 · 군과 인접 특별시 · 광역시 · 시 · 군에 한하여 20년을 초과하지 아니한 범위에서 그 효력이 있다.

상법 제41조에서는 경업금지의 범위를 동일 시군 및 인접의 시 · 군까지 포함하고 있다. 그것은 시 · 군의 경계에서 경쟁 영업하는 경우를 고려한 것이다.

| Q&A 2 |

경업금지 조건

Q 미용실을 운영하려는 P는 서울 강서구에서 J로부터 권리금 2,000만 원에 A미용실을 인수했다. 그리고 임대인 K와 임대차 기간 36개월로 하는 임대차 계약을 체결한 후 미용실의 상호도 바꾸고 영업을 시작했다.

그런데 4개월쯤 지나 자신에게 미용실을 양도해 준 J가 그곳에서 300m

가량 떨어진 곳에서 새로운 B미용실을 개업하였다. 이 사실을 알게 된 P는 J를 상대로 같은 지역에서 10년간 미용실을 운영하지 말 것과 현재 J가 운영하는 B미용실을 폐업하고 위자료로 500만 원을 지급하라는 소송을 제기하였다. P는 승소했을까?

 패소했다. P가 미용실을 인수한 후 내부시설을 보완하고 미용실의 상호를 변경하는 등으로 인해 미용실의 고객 등 제삼자가 기존 J의 영업이 동일성을 유지한 채 P에게 그대로 양도된 것으로 인지하지 않았을 것이다.

양도양수의 대상인 A미용실의 비품가액은 500만 원가량이지만 J는 권리금으로 2,000만 원을 받았다. 하지만 2,000만 원에는 미용실의 집기, 비품, 인테리어 비용 외에도 점포 위치에 따른 영업상 이점 등 또한 포함되어 있으므로, 설령 2,000만 원이 양수한 비품 가격을 초과한다는 사정만으로 P와 J 사이에 A미용실 인근에서 경업금지를 하기로 하는 묵시적 약정이 있었다고 보기 어렵다.

만약 기존 고객에 대한 관리리스트를 양도하였거나 기존에 J가 고용했던 종업원을 승계하였다는 등의 사정으로 영업목적에 의하여 조직화된 유기적 일체로서 기능적 재산을 양도했다면 경업금지에 해당했을 것이다.

양수인으로서는 양도인이 같은 상권 또는 가까운 지역에서 동종의 영업을 하는 것을 방지하는 내용의 계약 또는 특약을 반드시 삽입을 하고, 이를 위반할 경우는 손해를 배상해야 한다는 내용으로 계약을 체결함으로써 양도인의 경업금지 약정 위반을 사전에 방지할 수 있다. 그렇게 한 후 양도인이 경업금지에 해당하게 된다면 양수인은 양도인을 상대로 하여 영업의 금지를 구할 수 있고, 그에 대한 손해배상도 구할 수 있다.

권리(시설) 양수·양도 계약서

본 부동산 권리에 대하여 양도인과 양수인은 다음과 같이 합의하고 부동산 권리 양수·도계약을 체결한다.

1. 부동산의 표시

소 재 지				
상 호		면 적		m²
업 종		허가(신고)번호		

2. 계약내용

제 1 조 [목적] 위 부동산에 대하여 권리양도인과 양수인은 합의에 의하여 다음과 같이 권리양수도 계약을 체결한다.

총권리금	金	원정(₩)			
계 약 금	金	원정은 계약시에 지불하고 영수함.			
중 도 금	金	원정은	년	월	일에 지불하며,
	金	원정은	년	월	일에 지불하며,
잔 금	金	원정은	년	월	일에 지불한다.
양도범위 (시설물등)					

제 2 조 [임차물의 양도] 양도인은 위 부동산을 권리 행사를 할 수 있는 상태로 하여 임대차계약 개시 전일까지 양수인에게 인도하며, 양도인은 임차권의 행사를 방해하는 제반사항을 제거하고, 잔금수령과 동시에 양수인이 즉시 영업 할 수 있도록 모든 시설 및 영업권을 포함 인도하여 주어야 한다. 다만, 약정을 달리한 경우에는 그러하지 아니한다.

제 3 조 [수익 및 조세의 귀속] 위 부동산에 관하여 발생한 수익의 귀속과 조세공과금 등의 부담은 위 부동산의 인도일을 기준으로 하여 그 이전까지는 양도인에게 그 이후의 것은 양수인에게 각각 귀속한다. 단, 지방세의 납부의무 및 납부책임은 지방세법의 규정에 따른다.

제 4 조 [계약의 해제] ① 양수인이 중도금(중도금약정이 없을 때는 잔금)을 지불하기 전까지 양도인은 계약금의 배액을 배상하고, 양수인은 계약금을 포기하고 본 계약을 해제할 수 있다.
② 양도인 또는 양수인이 본 계약상의 내용에 대하여 불이행이 있을 경우 그 상대방은 불이행한 자에 대하여 서면으로 최고하고 계약을 해제할 수 있다. 그리고 그 계약당사자는 계약해제에 따른 위약금을 각각 상대방에게 청구할 수 있으며, 계약금을 위약금의 기준으로 본다.
③ 양도인은 잔금지급일 전까지 아래의 임대차 계약내용을 기준으로 소유자와 양수인간의 임대차계약이 체결되도록 하며, 정상적인 임대차 계약이 체결되지 못할 경우, 본 권리양도·수 계약은 해제되고, 이미 지불한 금원은 원상회복한다.

제 5 조 [용역수수료] 개업공인중개사는 계약 당사자간 채무불이행에 대해 책임을 지지 않는다. 또한, 용역수수료는 본 계약의 체결과 동시에 양수인이 양수대금의 (   )%, 양도인이 양도대금의 (   )%를 지불하며, 개업공인중개사의 고의나 과실없이 계약 당사자간의 사정으로 본 계약이 해제되어도 용역수수료를 지급한다.

3. 양도·양수할 대상 물건의 임대차 계약내용

소유자 인적사항	성 명		연락처		
	주 소				
임 대 차 관 계	임차보증금	金 원(₩)	월차임 金 원(₩)		
	계약기간	년 월 일부터 년 월 일까지 (개월)			

특약사항 :

본 계약을 증명하기 위하여 계약당사자가 이의 없음을 확인하고 각자 서명·날인한다.   년   월   일

양 도 인	주 소				印
	주민등록번호	전화		성명	
양 수 인	주 소				印
	주민등록번호	전화		성명	
개업 공인중개사	사무소재지				印
	등록번호		사무소명칭		
	전화번호		대표자성명		
	사무소소재지				印
	등록번호		사무소명칭		
	전화번호		대표자성명		

권리금 계약서

4 시설권리금

'시설권리금'이란 초기 개점 시 투여된 시설비용이나 이전 임차인으로부터 인수한 시설대금을 말한다. 실내외 인테리어 비용, 간판, 기자재 등이 이에 해당한다.

임차인이 임대인의 동의를 얻어 시설비에 투자하거나 임대인으로부터 매수한 물건에 대해서는 민법상 비용상환청구권이(민법 제626조)나 부속물매수청구권(민법 제646조) 제도로 보장될 여지가 있지만, 임차인의 영업을 위한 시설 개수비용이나 수리비는 필요비나 유익비에 해당하지 않으므로 실질적인 보장받기 어렵다.

일반적인 임대차 계약서에 포함되어 있는 원상복구 특약은 유익비청구권의 포기 조항으로 해석되므로 임차인은 임대인에게서 민법상 구조를 통하여 돌려받기는 어려운 실정이며 새로운 임차인으로부터 시설비 권리금으로 회수할 수밖에 없다.

임대차 계약서의 원상회복 조항

임대차 만료 뒤 시설투자비 환급

Q 임차인 A는 건물을 임차한 후 삼계탕집을 경영하기 위하여 1,000만 원을 들여 보일러, 온돌방, 실내전등 등을 설치하고 페인트 도색을 하는 등 공사를 했고, 그로 인하여 현재도 800만 원 정도의 가치가 남아 있다. 임대차 기간이 만료된 임차인 A는 임대인에게 시설투자비 일부를 돌려받을 수 있을까?

돌려받을 수 없다. 필요비나 유익비가 아닐 때는 돌려받을 수 없다. 임차한 건물 본래의 용도 및 임차인의 이용실태 등에 비추어 임차인의 지출한 비용이 이 건물에서 삼계탕집을 경영하기 위한 것이지 건물의 보존을 위한다거나 그 객관적 가치를 증가시키기 위한 것이 아니어서 이를 필요비 또는 유익비라고 할 수 없다.

민법 제626조에서 임대인의 상환의무를 규정한 유익비라 함은 임차인이 임차물의 객관적 가치를 증가시키기 위하여 투입한 비용이고, 필요비라 함은 임차인이 임차물의 보존을 위하여 지출한 비용이다.

임차인이 비디오테이프 대여점 운영을 하게 되면서 임대인 측의 묵시적 동의 하에 유리 출입문, 새시 등 영업에 필요한 시설을 하고 다른 특별한 약정이 없는 경우는 부속물매수청구권을 인정한 사례(대법원 1995. 6. 30. 선고95다12927판결)가 있었고, 임차인이 카페를 확장하면서 내부시설공사를 하는 등 카페를 운영하기 위해 필요에 의하여 행하여진 공사는 점포의 객관적 가치를 증가한 것은 아니어서 유익비에 해당하지 아니하며 부속물매수청구권을 인정할 수 없다고 한 사례(대법원 1991. 10. 8. 선고 91

다8029판결)도 있었다.

민법 제646조가 규정하는 매수청구의 대상이 되는 부속물이란 건물에 부속된 물건으로서 임차인의 소유에 속하고, 건물의 구성부분으로는 되지 않는 것으로서 건물의 사용에 객관적인 편익을 가져오게 하는 물건이라고 할 것이므로, 부속된 물건이 오로지 임차인의 특수목적에 사용하기 위하여 부속된 것일 때는 이에 해당하지 않으며, 당해 건물의 객관적인 사용목적은 그 건물 자체의 구조와 임대차 계약 당시 당사자 사이에 합의된 사용목적, 기타 건물의 위치, 주위환경 등 제반 사정을 참작하여 정해지는 것이다.

　　　　　　　　　　　　－대법원 1993. 10. 8. 선고 93다25738 판결 요약

5 권리금 회수 기회 보호

임차인이 투자한 비용이나 영업활동의 결과로 형성된 지명도나 신용 등의 경제적 이익이 임대인의 계약해지 및 갱신거절 때문에 침해되고 있는 일이 현실적으로 자주 발생한다. 그 결과 임대인은 새로운 임대차 계약을 체결하면서 직접 권리금을 받거나 임차인이 형성한 영업적 가치를 아무런 제한 없이 이용할 수 있게 되지만 임차인은 다시 시설비를 투자하고 신용확보와 지명도 형성을 위해 상당 기간 영업손실을 감당해야 하

는 문제점이 발생하고 있다.

2009년 1월 철거민 5명, 경찰 1명이 숨진 용산 사건도 발단은 권리금이 보호되지 않는 것 때문이었다. 그 뒤 많은 논의 속에 2015년 5월 상가건물임대차보호법 개정안이 통과되면서 임차인들의 요구를 다 반영되지 못하지만 조금씩 권리금에 대한 보호가 이루어졌다. 그리고 핵심은 권리금 자체를 보호한다기보다는 권리금 회수 방식을 보장하는 데 있다. 즉 권리금을 주고받던 시장의 관행을 수면 위로 끌어올려 주의를 환기하고 투명한 거래를 유도하고 있다.

1. 권리금의 손해배상

(1) 임차인의 권리금 회수기회 보호와 임대인의 손해배상

2015년 5월 13일 시행된 상임법의 일부 개정안에는 일정 환산보증금 이하인 임대차 계약에만 적용하던 대항력을 모든 상가건물임대차에 적용하도록 적용 범위를 확대하였다. 그리고 임대인은 새로운 임차인과 계약할 협력의무를 가지며 이를 위반할 경우 손해배상 책임을 진다. 단, 입증책임은 임차인에게 있다. 그리고 임차인은 임대인에게 신규 임차인이 되려는 자에 대한 정보를 제공하여야 한다.

임대인은 임대차 기간이 끝나기 3개월 전부터 임대차 종료 시까지 아래의 권리금 회수 방해행위를 함으로써 권리금 계약에 따라 임차인이 주선한 신규 임차인이 되려는 자로부터 권리금을 지급받는 것을 방해해서는 안 되고, 이를 위반하여 임차인에게 손해가 발생하게 한 때는 손해를 배상할 책임이 있다. 이 경우 그 손해배상액은 신규 임차인이 기존 임차인에게 지급하기로 한 권리금과 임대차 종료 당시의 감정평가한 권리금 중 낮은 금액을 넘지 못한다.

여기서 권리금의 감정평가는 국토교통부 장관이 절차와 방법 기준을 고시할 수 있을 뿐이어서 실제로는 임차인이 고비용을 들여 감정평가를 해야 하는 경우가 대부분일 것으로 예상된다.

(2) 임대인의 권리금 회수 방해행위

① 임차인이 주선한 신규 임차인이 되려는 자에게 권리금을 요구하거나 임차인이 주선한 신규 임차인이 되려는 자로부터 권리금을 수수하는 행위

② 임차인이 주선한 신규 임차인이 되려는 자로 하여금 임차인에게 권리금을 지급하지 못하게 하는 행위

③ 신규 임차인에게 시세보다 현저히 고액의 차임과 보증금을 요구하는 행위

④ 그 밖의 정당한 사유 없이 임대인이 신규 임차인과 계약을 거절하는 행위

| Q&A |

임대인에게 권리금 요청

Q A는 종로에서 4년 동안 조그마한 슈퍼마켓을 운영하고 있다. 그러던 중 건물주가 바뀌었고 새 건물주 B는 내년쯤 건물을 리모델링하고 보증금과 월세를 많이 올린다고 말했다. 그래서 연말까지만 가게를 운영하기로 합의하고 계약을 해지하기로 하며 그 안에 새로운 임차인을

물색하기로 했다. A는 가게를 인수할 사람을 물색하던 중 편의점이 들어오기로 했고, 보증금과 월세도 대폭 올려서 신규 건물주의 요구에 부응하도록 했다. 그래서 A는 신규 임차인으로부터 권리금 3,000만 원을 받기로 하고 부동산권리 양수도계약을 했다. 그런데 신규 임차인과 임대차 계약을 하기로 한 B가 돌연 다른 말을 했다. B는 편의점을 하려고 하는 신규 임차인과 지금 계약을 못 하고 내년에 새로 임차인을 받겠다는 것이다. A는 내년이면 5년이 되어 상임법의 보호를 받는 기간도 지나고 권리금도 받을 수 없게 된다. A는 B가 신규 임차인과 계약하기로 한 말을 믿고 가게 물건도 싼값으로 정리하고 새로운 사업을 할 준비를 하고 있었는데 손해가 상당하다. A는 무엇을 해야 할까?

 임대인에게 손해배상을 청구할 수 있다. 임차인이 주선한 편의점을 운영하려는 신규 임차인과의 임대차 계약을 정당한 사유 없이 임대인이 거절했기 때문에 임차인은 임대인을 상대로 손해배상을 청구할 수 있다. 손해배상액은 신규 임차인이 지급하기로 한 3,000만 원과 감정평가 절차에 따른 권리금 평가액 중에서 낮은 금액을 넘지 못한다.

2. 임대인의 계약거절의 정당한 사유

다음의 경우에 해당할 때 임대인은 임차인이 주선한 신규 임차인이 되려는 자와 임대차 계약의 체결을 거절할 수 있다.

① 신규 임차인이 되려는 자가 보증금 또는 차임을 지급할 자력이 없는 경우

② 신규 임차인이 되려는 자가 임차인으로서의 의무를 위반할 우려가 있거나, 그 밖에 임대차를 유지하기 어려운 상당한 사유가 있는 경우
③ 임대차목적물은 상가건물을 1년6개월 이상 영리목적으로 사용하지 않은 경우
④ 임대인이 선택한 신규 임차인이 권리금 계약을 체결하고 그 권리금을 지급한 경우

그런데 이 내용은 분쟁의 소지를 내포하고 있다. 신규 임차인 차임 등의 지급능력 또는 신규 임차인이 의무를 위반할 우려 등은 객관적인 판단 기준이 없다. 자의적으로 해석하게 되면 경제적 사회적 약자인 임차인이 불리해질 수밖에 없다.

그리고 18개월 이상 상가를 영리목적으로 사용하지 않으면 권리금 배상책임을 면하게 되는데, 보통 권리금이 18개월 동안의 차임보다 월등히 많을 경우가 허다한 상황에서 임대인이 이를 악용할 우려가 높다.

현실에서는 2009년 1월의 용산참사와 같은 재개발이나 재건축, 리모델링 상가의 퇴거보상비나 권리금 분쟁이 다수이지만 지금의 상임법 등은 그에 대한 보호 규정이 미비한 상태이다. 그리고 상임법의 적용대상 기준금액 (2014. 1. 1. 이후 서울 4억 원 이하)을 초과하는 상가의 경우 임대인이 9% 이상 월차임을 올릴 수 있어서, 임대인은 과도한 월차임 증액 요구로 권리금을 포기하도록 임차인을 압박할 수도 있다.

3. 상가건물임대차의 권리금 적용 제외

임대차 목적물인 상가건물이 「유통산업발전법」 제2조에 따른 대규모

점포 또는 준대규모점포의 일부인 경우와 「국유재산법」에 따른 국유재산 또는 「공유재산 및 물품관리법」에 따른 공유재산인 경우는 적용하지 않는다. 즉 백화점이나 대형마트 등에서는 권리금의 보호규정이 적용되지 않으며, 고속도로 휴게소 등의 국유재산이나 공유재산에 대한 임대에 대해서도 적용되지 않는다.

대규모 점포란 '하나 또는 둘 이상의 연접되어 있는 건물 안에 하나 또는 여러 개로 나누어 설치되는 매장으로, 상시 운영되고 매장 면적의 합계가 3,000㎡ 이상인 대형마트, 전문점, 백화점, 쇼핑센터, 복합쇼핑몰과 그 밖의 대규모 점포'를 말한다. 그런데 현행 규정대로 적용하면 서울 광장시장이나 홍은동 유진상가, 부산 국제시장 등 전국 250개 이상의 전통적 재래시장도 포함되며, 전통시장 세입자들이 모두 권리금 보호를 받지 못하게 된다.

또한 세입자가 제삼자와 다시 임차 계약을 맺는 '전대차'의 경우도 권리금 보호를 적용하지 않도록 예외 규정을 두었다.

4. 권리금 회수기회 보장이 안되는 경우

임대인은 임차인이 임대차 기간이 만료되기 6개월 전부터 1개월 전까지 사이에 계약갱신을 요구할 경우 정당한 사유 없이 거절하지 못한다. 다만 다음과 같은 경우 임대인은 계약갱신 요구를 거절하고 계약을 해지할 수 있으므로 임차인은 권리금 회수기회를 잃게 된다.

〈임대인이 임차인의 계약갱신 요구를 거절할 수 있는 경우〉

① 임차인이 3기의 차임액에 해당하는 금액에 이르도록 차임을 연체한 사실이 있는 경우

② 임차인이 거짓이나 그 밖의 부정한 방법으로 임차한 경우

③ 서로 합의하여 임대인이 임차인에게 상당한 보상을 제공한 경우

④ 임차인이 임대인의 동의없이 목적 건물의 전부 또는 일부를 전대한 경우

⑤ 임차인이 임차한 건물의 전부 또는 일부를 고의나 중대한 과시로 파손한 경우

⑥ 임차한 건물의 전부 또는 일부가 멸실되어 임대차의 목적을 달성하지 못할 경우

⑦ 임대인이 다음 각 목의 어느 하나에 해당하는 사유로 목적 건물의 전부 또는 대부분을 철거하거나 재건축하기 위하여 목적 건물의 점유를 회복할 필요가 있는 경우

- 임대차 계약 체결 당시 공사시기 및 소요기간 등을 포함한 철거 또는 재건축 계획을 임차인에게 구체적으로 고지하고 그 계획에 따르는 경우
- 건물이 노후·훼손 또는 일부 멸실되는 등 안전사고의 우려가 있는 경우
- 다른 법령에 따라 철거 또는 재건축이 이루어지는 경우

⑧ 그 밖에 임차인이 임차인으로서의 의무를 현저히 위반하거나 임대차를 계속하기 어려운 중대한 사유가 있는 경우

CHAPTER 7

하자담보책임

1 하자에 대한 담보책임

1. 매도인의 담보책임

'매도인의 담보책임'이란 매매에 의하여 매수인이 취득하는 권리 또는 권리의 객체인 물건에 하자나 불완전한 점이 있을 때, 매도인이 매수인에게 부담하는 책임을 말한다. 이는 거래안전을 위해 매도인에게 인정되는 법정 책임이고 매도인의 고의나 과실 등 유책사유를 요건으로 하지 않고 있으므로, 일종의 무과실 책임이다. 따라서 매도인으로서는 하자가 생긴데 대하여 자신에게 고의나 과실이 없었다는 변명을 하더라도 책임을 면하지 못한다. 다만 매수인은 권리를 행사할 수 있는 일정한 제척기간을 준수해야 하는 점에 유의해야 한다.

중고 자동차를 구매했는데 이튿날 갑자기 시동이 걸리지 않고 자동차의 성능이 현저히 저하된 경우라든지 냉장고를 샀는데 며칠 뒤 냉장고의 성능이 유지되지 않으며 계속해서 비정상적으로 큰 소음이 발생한 경우 등은 물건의 하자에 대한 담보책임이 문제 된다. 당연히 자동차나 냉장고를 구매한 당사자는 계약을 해제하고 환불을 받든지 아니면 다른 물건으로 교환해 달라고 요구하며 아울러 손해배상을 청구하기도 한다. 마찬가지로 주택이나 상가 등 부동산도 구매 후 하자가 발견될 시에 매도인은 부동산에 대한 담보책임을 져야 한다.

2. 담보책임의 요건 및 유형

목적물에 물질적인 결점이 있는 경우를 하자라고 하며 거래 성립 당시 매매목적물에 하자가 존재해야 한다. 즉 매매 계약을 체결할 때를 기준으로 하자가 존재해야 한다. 하자의 결정 여부는 일반적으로 그 종류의 물건으로서 보통 가지고 있어야 할 품질, 성능을 표준으로 하여야 하며 또 광고나 견본 등이 있으면 그 광고나 견본이 하자 판정의 기준이 될 수 있다.

그리고 매수인은 계약 당시 목적물에 하자가 있다는 사실을 몰랐으며 또한 모르는데 과실이 없어야 한다. 매수인이 하자를 알 수 있었다면 매수인은 당연히 매도인과의 사이에 그 하자를 고려하고 매매가격을 정할 것이기 때문에 더는 문제가 되지 않지만, 매수인이 그러한 하자를 알 수 없었는데도 이를 매수인의 책임으로 돌리는 것은 매수인에게 불리하기 때문이다.

또한, 매수인은 이러한 하자를 알지 못하는데 과실 즉 주의의무 위반이 없어야 한다. 하자담보책임은 매수인이 예상할 수 없었던 손해를 매도인에게 돌리기 위한 제도이므로, 매수인이 거래계약을 체결할 때 매매목적물을 꼼꼼히 살펴보았다면 알 수 있었을 하자에 대해서는 자신이 책임을 지도록 하는 것이 당연하다.

〈하자담보책임의 유형〉

① 임차인이 도배하려고 집에 왔다가 예전 임차인이 사용했던 옷장 뒤에 결로 현상을 발견한 경우

② 주택 매수 후 얼마 지나지 않아 거실 천정이 노후로 무너진 경우

③ 등기 이전 후 아랫집 내부 천장 쪽에서 물이 새는 경우

④ 하자가 없는 것으로 알고 계약했으나 보일러가 고장 나서 작동이 안되는 경우

⑤ 현 시설 상태로 매수한다는 조건으로 매수하였으나 옥상에서 방수가 잘 안 되어 있는 사실을 안 경우

⑥ 공장을 지을 목적으로 1,000평을 매수하였는데 실측한 결과 800평에 불과한 경우

⑦ 등기부상 소유권자인 갑과 매매를 하였으나 갑의 소유권이 원래부터 무효여서 소유권을 취득할 수 없는 경우

3. 매수인의 행사 권리

목적물의 하자로 인하여 매매의 목적을 달성할 수 없을 때 매수인은 계약을 해제하고 아울러 손해의 배상을 청구할 수 있다. 그러나 매수인은 목적물의 하자가 계약의 목적을 달성할 수 없을 정도로 중대한 것이 아니면 해제는 할 수 없고 손해배상만을 청구할 수 있다.

매매의 목적물을 종류로 지정한 경우(불특정물 매매)에도 그 뒤 특정된 목적물에 하자가 있는 때도 준용된다. 따라서 매수인은 계약을 해제하고 손해배상을 청구할 수 있다. 다만 매수인은 이러한 권리를 행사하지 않고 하자 없는 물건을 청구할 수 있다.

4. 제척기간

물건의 하자에 관하여 매수인이 담보책임을 물을 수 있는 권리는 매수인이 목적물의 하자를 발견했을 때부터 6개월 이내에 행사해야 한다. 6개월 기간 내에 반드시 소송을 제기할 필요는 없지만 적어도 내용증명 등으로 그 이행을 청구해야 한다.

| Q&A 1 |

매매 계약 후 천장이 무너진 경우

Q 주택을 2015년 1월 1일 매매 계약한 후 2015년 2월 1일 소유권 이전을 했다. 5개월 후인 2015년 7월 1일 노후로 인하여 거실 천장이 무너졌다. 이 경우 매도인에게 책임을 지울 수 있을까?

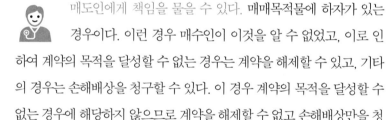 매도인에게 책임을 물을 수 있다. 매매목적물에 하자가 있는 경우이다. 이런 경우 매수인이 이것을 알 수 없었고, 이로 인하여 계약의 목적을 달성할 수 없는 경우는 계약을 해제할 수 있고, 기타의 경우는 손해배상을 청구할 수 있다. 이 경우 계약의 목적을 달성할 수 없는 경우에 해당하지 않으므로 계약을 해제할 수 없고 손해배상만을 청구할 수 있다.

손해배상을 청구할 수 있는 기간은 매수인이 그 사실을 안 날로부터 6개월 이내이므로 매수인은 손해배상을 청구할 수 있다. 그러나 실무소송에서 계약 성립 당시의 하자라는 것을 입증하여야 하므로 매도인의 하자담보 책임을 묻기가 어려울 수도 있다.

| 관련 판례 |

매매의 목적물이 거래통념상 기대되는 객관적 성질·성능을 결여하거나, 당사자가 예정 또는 보증한 성질을 결여한 경우에 매도인은 매수인에 대하여 그 하자로 인한 담보책임을 부담한다 할 것이고, 한편 건축을 목적으로 매매된 토지에 대하여 건축허가를 받을 수 없어 건축이 불가능한 경우, 이러한 법률적 제한 내지 장해 역시 매매목적물의 하자에 해당한다 할 것이나, 다만 이와 같은 하자의 존부는 매매 계약 성립시를 기준으로 판단해야 한다.

-대법원 2000. 1. 18. 선고 98다18506 판결 요약

| 관련법 |

[민법] 제580조 「매도인의 하자담보책임」
① 매매의 목적물에 하자가 있는 때는 제575조 제1항의 규정을 준용한다. 그러나 매수인이 하자 있는 것을 알았거나 과실로 인하여 이를 알지 못한 때는 그러하지 아니하다.
② 전항의 규정은 경매의 경우에 적용하지 아니한다.

[민법] 제581조 「종류매매와 매도인의 담보책임」
① 매매의 목적물을 종류로 지정한 경우도 그 뒤 특정된 목적물에 하자가 있는 때는 전조의 규정을 적용한다.
② 전항의 경우에 매수인은 계약의 해제 또는 손해배상의 청구를 하지 아니하고 하자 없는 물건을 청구할 수 있다.

[민법] 제582조 「전2조의 권리행사기간」
전2조에 의한 권리는 매수인이 그 사실을 안 날로부터 6월 이내에 행사해야 한다.
[민법] 제575조 「제한물권 있는 경우와 매도인의 담보책임」
① 매매의 목적물이 지상권, 지역권, 전세권, 질권 또는 유치권의 목적이 된 경우에 매수인이 이를 알지 못한 때는 이로 인하여 계약의 목적을 달성할 수 없는 경우에 한하여 매수인은 계약을 해제할 수 있다. 기타의 경우는 손해배상만을 청구할 수 있다.

'현 시설 상태로의 계약' 항목이 있는 경우

Q 매매 계약 당시에는 하자가 없었고 특약사항에 '현 시설 상태로의 계약'이라고 작성을 했다. 주택을 매수하고 등기 이전한 후 아랫집 내부 천장 쪽에서 물이 새는데 매도인에게 책임을 물을 수 있을까?

매도인에게 책임을 물을 수 있다. 담보책임이란 매매목적물에 하자가 있는 경우에 그 하자로 인하여 상대방에게 계약해제, 손해배상 등을 부담하는 책임을 말한다. 이 규정은 임의규정으로 해석되고 있어서 매매 당사자는 공서양속에 반하지 않는 한 민법 규정과 다른 약정을 할 수 있다. 특약사항에 '현 시설 상태로의 계약'이라고 작성하였다고 하더라도 이를 담보책임 배제 규정이라고 보기 힘들다. 이는 하자 담보책임 배제 규정의 하나로서 목적물 외관상 사소한 하자는 매도인이 책임지지 않는다고 하는 특약을 정한 것일 뿐이다. 그러나 내부 누수 같은 중대한 하자에 대해서는 명백하게 그 책임을 배제하는 규정이 아니다. 따라서 등기 이전 후 아래 집 천장 쪽에 누수가 발생하였다면 매수인이 이를 알았거나 과실로 인하여 이를 알지 못한 경우가 아니라면 매도인에게 그 책임(손해배상청구)을 물을 수 있다.

| 관련법 |

[민법] 제584조 「담보책임의 특약」
매도인은 전 15조에 의한 담보책임을 면하는 특약을 한 경우도 매도인이 알고 고지하지 아니한 사실 및 제삼자에게 권리를 설정 또는 양도한 행위에 대하여는 책임을 면하지 못한다.

단순한 결함은 계약해제 불가능

Q K는 2013년 9월 1일 주택을 임차했다. 그리고 2개월이 지난 11월이 되어 보일러를 틀었는데 보일러 배관에 하자가 있어 작동되지 않았다. 아무런 하자가 없다고 하여 계약을 체결했던 건데 이 경우 계약해제를 할 수 있을까?

 계약해제는 할 수 없고 수리비용만 청구할 수 있다. 민법 제580조의 매도인의 하자 담보책임에서 특정물 매매의 경우는 매수인은 목적물을 반환하고 계약을 해제할 수 있으며 또한 손해배상을 청구할 수 있다. 그러나 수리비용이 저렴하고 단순한 결함인 경우는 계약을 해제하지 못하고 수리비용만 청구할 수 있다.

담보책임의 경우는 물건에 하자가 있다고 해서 전부 책임을 지울 수 있는 것은 아니고 매수인의 선의 · 무과실 요건 여부에 따라서 달라진다. 매수인은 이러한 하자(결함)를 사전에 알지 못하였고 또한 알지 못하는 데에 과실이 없어야 한다. 즉 미리 알고 있었거나 부주의로 알지 못한 때는 매도인에게 하자 담보책임을 물을 수 없다. 또한, 이러한 하자 담보책임은 매수인이 하자를 발견한 때부터 6개월 이내에 청구해야 한다.

여기서 임차인은 스스로 하자 목적물에 대해 수리를 하고 후발적으로 필요비에 관한 비용 상환청구권을 행사할 수 있고, 만약 그 하자 때문에 계약의 목적을 달성할 수 없을 때는 하자를 발견한 때로부터 6개월 이내에 임대인에게 계약해제권 및 손해배상청구권을 행사할 수 있다.

벽에서 누수될 때 수리비 청구

Q D는 아파트를 매수하여 소유권 이전을 한 후 도배공사를 하기 위해 기존 도배지를 벗겨 보니 벽에서 누수가 되고 있었다. 옷장이 놓인 벽이라 아마 전 소유자도 모르는 상황에서 매매 계약이 이루어졌던 것 같다. 이럴 경우 전 소유자에게 방수작업 비용을 청구할 수 있을까?

청구할 수 있다. 매매목적물에 하자가 있고 매수인이 이를 알지 못하고 매수한 경우 그로 인하여 계약의 목적을 달성할 수 없을 경우는 계약을 해제할 수 있지만 기타의 경우는 손해배상만 청구할 수 있다.

이 경우 매매목적물에 누수의 하자가 있고, 매매 당시 누수 부분을 옷장이 가리고 있어 매수인이 이를 알 수 없었으며, 계약목적을 달성할 수 있는 경우에 해당하므로 그로 인한 손해의 배상을 청구할 수 있다. 손해배상액은 보수비용에 해당하기 때문에 방수작업 비용을 청구할 수 있다.

2 권리의 전부가 타인에게 속하는 경우

1. 매매 목적물의 권리가 타인에게 있는 경우

갑으로부터 부동산을 매수한 후 소유권이전등기까지 했는데 갑의 소유권이 처음부터 무효여서 이전등기를 받은 매수자도 소유권을 취득할 수 없는 것처럼 권리의 전부가 타인에게 속하는 경우이다.

매매 목적물이 타인의 것이라도 매매의 목적이 될 수 있다. 다만, 매도인은 타인으로부터 권리를 취득하여 매수인에게 이전할 의무를 부담하는데 만일 매도인이 그 타인의 권리를 취득하여 매수인에게 이전할 수 없는 경우는 매도인의 담보책임이 생긴다.

2. 매수인의 행사 권리

매수인은 선악을 불문하고 계약을 해제할 수 있으며, 매수인이 매도인의 권리 등에 대하여 인지를 하지 못한 선의인 경우는 손해배상을 청구할 수도 있다.

매도인이 계약 당시에 매매의 목적이 된 권리가 자기에게 속하지 않는 것을 모른 경우에 그 권리를 취득하여 매수인에게 이전할 수 없는 때는 매도인은 손해를 배상하고 계약을 해제할 수 있다. 그리고 매수인이 계약 당시에 그 권리가 매도인에게 속하지 않는 것을 안 때는 매도인은 매수인에 대하여 그 권리를 이전할 수 없음을 통지하고 계약을 해제할 수 있다.

| 관련법 : 타인의 권리 하자담보 |

〔민법〕 제569조 「타인의 권리의 매매」
매매의 목적이 된 권리가 타인에게 속한 경우는 매도인은 그 권리를 취득하여 매수인에게 이전하여야 한다.

[민법] 제570조 「동전—매도인의 담보책임」
전조의 경우에 매도인이 그 권리를 취득하여 매수인에게 이전할 수 없는 때는 매수인은 계약을 해제할 수 있다. 그러나 매수인이 계약 당시 그 권리가 매도인에게 속하지 아니함을 안 때는 손해배상을 청구하지 못한다.

3 권리의 일부가 타인에게 속하는 경우

1. 매매 목적물의 일부 권리가 타인에게 있는 경우

갑으로부터 900평의 토지를 매수하는 계약을 체결했는데 그중에 200평은 갑이 아닌 제삼자의 소유여서 700평의 소유권만 이전받을 수 있는 경우다. 즉 매매의 목적이 된 권리의 일부가 타인의 재산이므로 매도인이 그 권리를 취득하여 매수인에게 이전할 수 없는 경우다.

2. 매수인의 행사 권리

앞의 내용에서 200평이 갑의 소유가 아니라는 것을 모르는 선의의 매수인은 잔존한 부분만이면 이를 매수하지 않을 거라면 계약 전부를 해제할 수 있다. 선의·악의를 불문하고 그 권리가 타인에게 속하는 부분의 비율로 대금의 감액을 청구할 수 있고, 선의의 매수인은 손해배상청구도 할 수 있다. 그리고 매수인의 권리는 선의인 경우는 사실을 안 날로부터 1년 이내에, 악의인 경우는 계약한 날부터 1년 내에 행사해야 한다.

| 관련 판례 |

매매의 목적이 된 권리의 일부가 타인에게 속함으로 인하여 매도인이 그 권리를 취득하여 매수인에게 이전할 수 없게 된 때는 선의의 매수인은 매도인에게 담보책임을 물어 이로 인한 손해배상을 청구할 수 있는 바, 이 경우에 매도인이 매수인에 대하여 배상하여야 할 손해액은 원칙적으로 매도인이 매매의 목적이 된 권리의 일부를 취득하여 매수인에게

이전할 수 없게 된 때의 이행불능이 된 권리의 시가, 즉 이행이익 상당액 이라 할 것이어서, 불법등기에 대한 불법행위책임을 물어 손해배상청구를 할 경우의 손해 범위와 같이 볼 수 없다.

-대판 1993. 1. 19, 92다37727 판결 요약

| 관련법 |

(민법) 제572조 「권리의 일부가 타인에게 속한 경우와 매도인의 담보책임」
① 매매의 목적이 된 권리의 일부가 타인에게 속함으로 인하여 매도인이 그 권리를 취득하여 매수인에게 이전할 수 없는 때는 매수인은 그 부분의 비율로 대금의 감액을 청구할 수 있다.
② 전항의 경우에 잔존한 부분만이면 매수인이 이를 매수하지 아니하였을 때는 선의의 매수인은 계약전부를 해제할 수 있다.
③ 선의의 매수인은 감액청구 또는 계약해제외에 손해배상을 청구할 수 있다.

[민법] 제573조 「전조의 권리행사의 기간」
전조의 권리는 매수인이 선의인 경우는 사실을 안 날로부터, 악의인 경우는 계약한 날로부터 1년 내에 행사해야 한다.

4 목적물의 수량부족, 일부멸실의 경우

1. 수량부족, 일부멸실의 의미

공장을 지을 목적으로 1,000평의 토지를 매수했는데 실측한 결과 800평에 불과하다든지 또는 공장에 대한 매매 계약을 체결하였는데 공장 건물 중 일부가 이미 멸실되어 있었던 것처럼 목적물의 수량부족, 일부멸실 된 경우다.

또 거래 당시에 매수인이 필요한 일정 수량에 중점을 두어 대금을 정한 매매에 해당하며 매매목적물의 수량이 부족하거나 일부가 계약 당시에 이미 멸실된 경우다.

2. 매수인의 행사 권리

선의의 매수인은 부족한 수량 또는 멸실한 비율만큼 대금감액을 청구할 수 있으며, 잔존한 부분만으로는 이를 매수하지 않을 때는 계약의 전부를 해제할 수 있다. 또한, 선의의 매수인은 대금감액청구 또는 계약해제 외에 손해배상도 청구할 수 있다. 그리고 그 권리는 매수인이 수량부족 또는 일부멸실의 사실을 안 때로부터 1년의 제척기간을 갖는다.

| 관련법 |

〔민법〕 제574조 「수량부족, 일부멸실의 경우와 매도인의 담보책임」
전2조의 규정은 수량을 지정한 매매의 목적물이 부족되는 경우와 매매목적물의 일부가 계약 당시에 이미 멸실된 경우에 매수인이 그 부족 또는 멸실을 알지 못한 때에 준용한다.

5 제한물권이 있는 경우

1. 제한물권의 의미

갑은 토지를 이용할 목적으로 500평 정도를 매입하였는데 그 토지 위에 지상권이 설정되어 있어서 갑이 토지를 이용할 수 없는 것처럼 매매

목적물이 지상권, 지역권, 전세권, 유치권의 목적이 되거나, 목적부동산을 위하여 있어야 할 지역권이 존재하지 않거나, 목적부동산에 등기된 임대차 계약이 따로 있어서 매수인이 목적물을 사용할 수 없는 경우다.

2. 매수인의 행사 권리

제한물권이 있는 경우의 담보책임은 매수인이 선의인 경우에 한하여 인정된다. 매수인이 이와 같은 제한이 있음을 알면서 매수한 때는 그러한 사정을 고려하여 매매대금을 결정할 것이므로 악의의 매수인을 보호할 필요는 없기 때문이다. 선의의 매수인은 언제나 손해배상을 청구할 수 있고, 이로 인하여 계약의 목적을 달성할 수 없는 경우는 계약을 해제할 수도 있다. 그리고 매수인의 계약해제와 손해배상의 청구는 용익적 권리의 존재를 안 날로부터 1년 이내에 행사해야 한다.

| Q&A |

매수인이 몰랐던 지상권이 있는 경우

Q 식당을 운영하는 A는 주차장이 부족하여 식당 옆 주차장 부지를 매입했다. 그런데 A도 모르는 지상권이 있어서 A가 사용하지 못한다고 한다. A는 이 계약을 해제할 수 있을까?

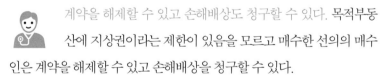

계약을 해제할 수 있고 손해배상도 청구할 수 있다. 목적부동산에 지상권이라는 제한이 있음을 모르고 매수한 선의의 매수인은 계약을 해제할 수 있고 손해배상을 청구할 수 있다.

[민법] 제575조 「제한물권 있는 경우와 매도인의 담보책임」
① 매매의 목적물이 지상권, 지역권, 전세권, 질권 또는 유치권의 목적이 된 경우에 매수인이 이를 알지 못한 때는 이로 인하여 계약의 목적을 달성할 수 없는 경우에 한하여 매수인은 계약을 해제할 수 있다. 기타의 경우는 손해배상만을 청구할 수 있다.
② 전항의 규정은 매매의 목적이 된 부동산을 위하여 존재할 지역권이 없거나 그 부동산에 등기된 임대차 계약이 있는 경우에 준용한다.
③ 전2항의 권리는 매수인이 그 사실을 안 날로부터 1년내에 행사하여야 한다.

6 저당권, 전세권 실행의 경우

1. 매매 목적물에 근저당권, 전세권이 있는 경우

주택을 매수했는데 전 주인의 근저당권이 있었고 전 주인이 채무액을 변제하지 못해 경매가 실행되고 새로 취득한 소유권을 잃은 것처럼 매매의 목적인 부동산 위에 설정된 저당권 또는 전세권의 행사로 인하여 매수인이 소유권을 취득할 수 없거나 취득한 소유권을 상실한 때, 혹은 매수인이 출재로 소유권을 보존한 때는 매도인의 담보책임이 생긴다.

2. 매수인의 행사 권리

매수인은 선의와 악의를 불문하고 소유권을 취득할 수 없거나 소유권을 잃은 때는 언제나 계약을 해제하고 아울러 손해배상을 청구할 수 있고, 그의 출재로 소유권을 보존한 경우는 출재의 상환을 청구하고 아울러 손해배상을 청구할 수 있다.

해제권 및 손해배상청구권에 대하여 제척기간이 정해져 있지는 않으며, 저당권의 목적이 된 지상권 또는 전세권이 매매의 목적이 된 경우도 준용된다.

| 관련 판례 |

가등기의 목적이 된 부동산을 매수한 사람이 그 뒤 가등기에 기한 본등기가 경료됨으로써 그 부동산의 소유권을 상실하게 된 때는 매매의 목적 부동산에 설정된 저당권 또는 전세권의 행사로 인하여 매수인이 취득한 소유권을 상실한 경우와 유사하므로, 이와 같은 경우 민법 제576조의 규정이 준용된다고 보아 같은 조 소정의 담보책임을 진다고 보는 것이 상당하고 민법 제570조에 의한 담보책임을 진다고 할 수 없다.

−대법원 1992. 10. 27. 선고 92다21784 판결 요약

| 관련법 |

〔민법〕 제576조 「저당권, 전세권 행사와 매도인의 담보책임」
① 매매의 목적이 된 부동산에 설정된 저당권 또는 전세권의 행사로 인하여 매수인이 그 소유권을 취득할 수 없거나 취득한 소유권을 잃은 때는 매수인은 계약을 해제할 수 있다.
② 전항의 경우에 매수인의 출재로 그 소유권을 보존한 때는 매도인에 대하여 그 상환을 청구할 수 있다.
③ 전2항의 경우에 매수인이 손해를 받은 때는 그 배상을 청구할 수 있다.

[민법] 제577조 「저당권의 목적이 된 지상권, 전세권의 매매와 매도인의 담보책임」
전조의 규정은 저당권의 목적이 된 지상권 또는 전세권이 매매의 목적이 된 경우에 준용한다.

7 업종 제한

상가에서 동일 업종으로 영업을 하려고 할 때는 관리단 규약을 살펴봐야 한다. 관리단 규약에 제한이 있다면 관리단의 동의 절차를 거쳐야 한다.

| Q&A |

관리단 규약에 따른 업종 제한

Q 약국을 하고자 하는 C는 신축한 건물 1층 구분상가 임대인 A와 임대차 계약을 했다. 약국을 준비하는 과정에서 업종 제한이 있다는 것을 알게 됐고, 현재 건물 1층에 약국이 2개가 있는데 그 두 자리만 약국을 할 수 있다는 것이다. 그래서 임대인에게 따졌더니 관리단 규약을 바꾸는 중이기 때문에 괜찮다고 했다. 하지만 주위 임대인들에 물어보니 전혀 동의해 줄 의향이 없었다. 계약을 해지할 수 있을까?

 해지할 수 있다. 집합건물의 구분상가 등에서 상가를 직영하거나 임대하는 경우 영업하는 업종을 제한하는 경우가 있다. 첫째, 상가를 분양할 때 분양계약서에 업종을 제한하는 특약을 기재하는 경우와 둘째, 집합건물의 소유 및 관리에 관한 법률에 의한 관리단 규약에 의하여 업종을 지정하는 경우와 셋째, 상가번영회 등에서 회칙으로 업종을 제한하는 경우가 있다.

첫째, 상가를 분양 계약할 때 지정업종을 계약서에 기재하게 되면 수분양자는 그 약정을 이행해야 한다. 만약 수분양자가 분양 시 제한된 업종을 무단 변경한 경우는 분양회사는 수분양자의 무단업종변경의무 불이행

171

을 이유로 계약을 해제할 수도 있고, 영업상의 이익을 침해당한 다른 상가주가 법원에 영업금지가처분을 신청하여 영업을 정지당할 수도 있다.

그리고 분양 당시 수분양자가 아니라 임차인이 다른 업종을 영업하거나 분양받은 상가를 매수한 매수인이 다른 업종을 운영해도 역시 업종제한 약정을 위반한 것이며, 경매나 공매로 낙찰받은 상가도 업종 제한이 있었을 경우 매매를 통하여 업종이 지정된 상가를 매수한 매수자가 지정된 업종만 영업해야 하는 것처럼 경매나 공매의 매수인도 지정된 업종만 영업할 수 있다.

건축회사가 상가를 건축하여 점포별로 업종을 지정하여 분양한 경우 수분양자나 수분양자의 지위를 양수한 자는 특별한 사정이 없는 한 상가의 점포 입주자들에 대한 관계에서 상호간에 명시적이거나 묵시적으로 분양계약에서 약정한 업종제한 등의 의무를 수인하기로 동의하였다고 볼 수 있으므로, 상호간의 업종제한에 관한 약정을 준수할 의무가 있다. 그리고 이때 전체 점포 중 일부 점포에 대해서만 업종이 지정된 경우라고 하더라도, 특별한 사정이 없는 한 적어도 업종이 지정된 점포의 수분양자나 그 지위를 양수한 자들 사이에서는 여전히 같은 법리가 적용된다.(대법원 2010. 5. 27. 선고 2007다8044 판결)

둘째, 관리단 규약으로 업종을 지정하는 경우다. 집합건물의 소유 및 관리에 관한 법률에 의하여 구분소유자는 관리단으로 구성되고, 관리단은 집합건물의 관리 또는 사용을 위하여 규약을 만들 수 있는데 이 규약에서 업종 제한에 대한 규정을 둘 수 있다. 이러한 규약에 의하여 업종의 지정이나 변경은 집합건물법에서 정한 효력에 의하여 규약 제정에 동의

하지 않은 소유자나 임차인 모두에게 적용된다.

건물의 구분소유자로 구성된 관리단의 규약에서, 관리단 집회의 의결 내용이 특정 구분소유권의 권리에 영향을 미칠 사항에 관하여는 당해 구분소유자의 동의를 얻어야 하는 것으로 규정하고 있는 경우, 업종의 지정 내지 변경에 관한 사항은 당해 업종에 관한 특정 구분소유권의 권리에 영향을 미치므로 당해 구분소유자의 동의를 얻어야 한다.(대법원 2006. 7. 4. 자 2006마164, 165 결정) 그리고 분양 당시 지정된 제한업종을 변경하기 위해서는 구분소유자들로 구성된 관리단에 해당하는 단체의 동의나 기존의 경쟁업종을 영업할 수 있는 점포소유자의 동의를 얻어야 한다.(대법원 2005. 11. 10. 선고 2003다45496 판결)

셋째, 상가번영회나 상인 자치회에서 업종을 지정하는 경우이다. 하지만 구분소유자들로 구성된 관리단이 아니라 영업 중인 상인들로 구성된 상가번영회나 상인 자치회에서 정한 회칙에 의하여 업종을 제한은 특별한 경우 외에는 원칙적으로 할 수 없다. 집합건물법상 관리단 규약은 법에서 정한 효력에 의하여 규약 제정에 동의하지 않은 소유자나 임차인 모두에게 적용되지만, 상가번영회와 같은 자치단체의 회칙은 동의한 사람에게만 적용된다고 볼 수 있다.

8 체납 관리비의 승계

1. 관리 주체는 체납관리비 청구 권리를 갖는다

아파트의 입주자는 해당 아파트의 유지관리를 위하여 필요한 관리비를 납부해야 한다. 그러나 입주자가 기한까지 관리비를 납부하지 않으면 관리주체는 원활한 아파트 관리를 위하여 공동주택관리규약에 따라 제재를 가할 수 있다.

공동주택관리규약에서는 관리비 등을 기한 내에 납부하지 않는 입주자 및 사용자에게 가산금을 부과하고, 독촉장을 발부할 수 있으며, 독촉장을 발부한 후에도 관리비 등을 체납하는 입주자 및 사용자에 대해서는 가산금 징수 및 독촉장 발부, 민사소송법에 따른 지급명령신청 또는 소액사건심판법에 따른 소액심판청구 등의 조치를 할 수 있다.

지급명령의 신청에 대해 법원은 채무자를 심문하지 않고 그 결정을 하게 되며, 이에 대하여 채무자가 이의신청을 하지 않거나 이의신청이 취하 또는 각하된 때는 확정 판결과 마찬가지로 채무자에 대해 강제집행할 수 있다.

하지만 입주자가 관리비를 납부하지 않을 때 관리 주체가 체납된 관리비로 지급명령 및 강제집행까지 하는 경우는 드물며, 아파트의 소유자가 바뀌면 매수인에게 관리비를 청구하게 된다. 중개업자를 통해서 아파트를 매매할 때는 공인중개사가 개입되어 관리비 등을 정산하므로 누락되는 경우가 거의 없지만, 매도인과 매수인이 직거래할 경우 잔금을 치르면서 관리비 등을 꼼꼼하게 정산하지 못한 경우가 발생하곤 한다.

2. 특별승계인의 관리비 승계

매수인이 매도인의 체납 관리비를 알지 못한 상태에서 거래했을 때 원칙적으로 그중에서 공용부분에 관해서는 매수인이 승계하여 납부해야 하며 전유부분에 관하여는 매수인이 부담하지 않아도 된다. 그리고 위약벌의 일종인 연체료는 공용부분 관리비에 대한 내용이더라도 매수인에게 승계되는 것은 아니다.

⟨관리비 중 특별승계인의 승계 여부⟩

내용	특별승계인의 승계여부
1. 공용부분 관리비	○
2. 전유부분 관리비	×
3. 전유부분 관리비 중 입주자 공동의 이익을 위해 일률적으로 지출하는 성격의 비용	○
4. 공용부분 관립에 대한 연체료	×
5. 일반관리비(관리직원 인건비, 사무용품비, 관리실 통신비 등)	○
6. 중앙집중식 난방방식에 의한 세대별 난방비	×
7. 소독비	○
8. 유선방송료	×

| 관련 판례 |

집합건물의 공용부분은 전체 공유자의 이익에 공여하는 것이어서 공동으로 유지·관리해야 하고 그에 대한 적정한 유지·관리를 도모하기 위해서는 소요되는 경비에 대한 공유자 간의 채권은 이를 특히 보장할 필요가 있어 공유자의 특별승계인에게 승계의사의 유무에 관계없이 청

구할 수 있도록 집합건물법 제18조에서 특별규정을 두고 있는 바, 이 관리규약 중 공용부분 관리비에 관한 부분은 이 규정에 터잡은 것으로서 유효하다고 할 것이므로, 아파트의 특별승계인은 전 입주자의 체납관리비 중 공용부분에 관하여는 이를 승계하여야 한다고 봄이 타당하다.

—대법원 2001. 9. 20. 선고 2001다8677 전원합의체 판결 요약

가. 집합건물의 전 구분소유자의 특정승계인에게 승계되는 공용부분 관리비에는 집합건물의 공용부분 자체의 직접적인 유지·관리를 위하여 지출되는 비용뿐만 아니라, 전유부분을 포함한 집합건물 전체의 유지·관리를 위해 지출되는 비용 가운데에서도 입주자 전체의 공동의 이익을 위하여 집합건물을 통일적으로 유지·관리해야 할 필요가 있어 이를 일률적으로 지출하지 않으면 안되는 성격의 비용은 그것이 입주자 각자의 개별적인 이익을 위하여 현실적·구체적으로 귀속되는 부분에 사용되는 비용으로 명확히 구분될 수 있는 것이 아니라면, 모두 이에 포함되는 것으로 보아야 한다.

한편, 관리비 납부를 연체할 경우 부과되는 연체료는 위약벌의 일종이고, 전 구분소유자의 특별승계인이 체납된 공용부분 관리비를 승계한다고 하여 전 구분소유자가 관리비 납부를 연체함으로 인해 이미 발생하게 된 법률효과까지 그대로 승계하는 것은 아니라 할 것이어서, 공용부분 관리비에 대한 연체료는 특별승계인에게 승계되는 공용부분 관리비에 포함되지 않는다.

나. 상가건물의 관리규약상 관리비 중 일반관리비, 장부기장료, 위탁수

수료, 화재보험료, 청소비, 수선유지비 등은 모두 입주자 전체의 공동의 이익을 위하여 집합건물을 통일적으로 유지·관리해야 할 필요에 의해 일률적으로 지출해야 하는 성격의 비용에 해당하는 것으로 인정되고, 그것이 입주자 각자의 개별적인 이익을 위하여 현실적·구체적으로 귀속되는 부분에 사용되는 비용으로 명확히 구분될 수 있는 것이라고 볼 만한 사정을 찾아볼 수 없는 이상 전 구분소유자의 특별승계인에게 승계되는 공용부분 관리비로 보아야 한다.

-대법원 2006. 6. 29. 선고 2004다3598, 3604 판결 요약

3. 관리비의 연체료 계산

대부분의 시도가 상기 관리비 등의 연체요율을 공동주택관리규약으로 정하고 있으며 각 관리 주체가 이 범위 내에서 공동주택관리규약으로 연체요율을 정하고 있다. 얼핏 보기에는 연체요율이 과하지 않게 보일 수 있지만 1년을 연체하면 최대 114%의 연체료가 붙을 수도 있다. 그런데 아파트마다 실정에 맞게 관리규약을 따로 두고 있으므로 관리 주체에 따라 복리로 계산하는 경우 193%의 연체료를 부과할 수도 있다.

〈관리비 등의 연체요율(서울시 공동주택관리규약 준칙)〉

연체 개월	1	2	3	4	5	6	7	8	9	10	11	12	1년 초과
연체 요율(%)	2	2	5	5	10	10	10	10	15	15	15	15	20
독촉비용의 일부 의제	연체료에는 연체기간 중에 발생하는 법정과실 상당액의 손해배상금 외에 관리주체가 관리비 등의 납부를 독촉하기 위해 제소전에 지출한 비용(우편료, 등기부 열람 비용 및 기타 부대비용)이 포함된 것으로 본다.												

4. 단전, 단수 등의 조치

관리 규약에 따라서는 관리비 등 연체에 대하여 단전, 단수, 주차장이나 승강기 등 공용시설의 사용제한 등 조치를 할 수 있다고 규정한 사례가 있다. 하지만 관리 주체가 단전, 단수 등을 하기 위해서는 관리규약만으로는 부족하고, 그와 같은 조치를 하게 된 동기와 목적, 수단과 방법, 조치에 이르게 된 경위, 그로 인하여 입주자가 입게 된 피해의 정도 등 여러 가지 사정을 종합하여 사회통념상 허용될 만한 정도의 상당성이 있어야 한다.(대법원 2006. 6. 29. 선고 2004다3589 판결, 헌법재판소 2012. 3. 29. 자 2010헌마770 결정 등) 따라서 체납된 관리비의 규모와 정상적 관리에 미치는 영향의 정도, 관리비 체납의 연속성 유무, 단전·단수 등의 조치로 인한 입주자 등의 피해의 정도(단전·단수 등의 조치가 이루어진 계절, 영업시설인지 주거시설인지 등), 체납관리비 징수를 위한 관리주체의 노력 정도, 체납관리비 납부를 위한 기회의 제공 여부, 계고나 입주자대표회의 의결 등 단전·단수 등의 조치로 나아간 절차의 적정성 등을 종합적으로 고려하여 판단해야 한다.

만약 관리 주체의 위법한 단전·단수 및 엘리베이터 운행정지 조치 등으로 건물의 구분소유자가 그 건물을 사용·수익하지 못하였다면, 그 구분소유자로서는 그 기간 동안 발생한 관리비를 부담하지 않을 뿐 아니라, 사용·수익하지 못해서 발생한 손해(임대료 상당)에서 공용부분의 관리비를 공제한 금원을 배상할 책임이 있다. 즉 구분소유자가 관리비를 연체했더라도 관리 주체가 위법하게 단전·단수를 하게 되면 구분소유자가 입은 손해를 배상해야 한다.

이 사건 아파트 관리규약 제77조에서는 독촉장 발송 후에도 관리비 등을 연체하는 경우는 ①단수 · 단전 등의 조치를 취할 수 있다고 규정하고 있는 점, ②피신청인은 2011. 5. 경부터 현재까지 관리비를 연체하고 있고 연체금액이 2,520,870원에 이르는 점, ③신청인은 2011. 5. 경부터 매월 1회에 걸쳐 독촉장(관리비 미납시 단수, 단전 조치를 취할 수 있다는 내용이 포함되어 있음)을 발송하였고, 피신청인을 상대로 지급명령을 받았음에도 피신청인은 계속하여 관리비를 연체하고 있는 점, ④이 사건 아파트에 대한 단전 · 단수 조치를 취하지 않을 경우 집합건물의 특성상 피신청인 사용하는 전기 및 상수도 사용료를 아파트의 구분소유자들이 계속 부담하게 되는 점 등에 비추어 보면, 신청인이 단전 · 단수 조치를 취할 피보전권리가 있다고 할 것이고, 신청인의 단전 · 단수 조치에 대한 피신청인의 방해금지를 구할 보전의 필요성도 인정된다.

–대구지방법원 2012. 5. 21. 자 2012카합186 결정 요약–

관리 주체의 위법한 단전 · 단수 및 엘리베이터 운행정지 조치 등으로 건물의 구분소유자가 그 건물을 사용 · 수익하지 못했다면, 그 구분소유자로서는 그 기간 동안 발생한 관리비채무를 부담하지 않을 뿐 아니라(대법원 2006. 6. 29. 선고 2004다3598 판결), 사용 · 수익하지 못함으로 인하여 발생한 임대료 상당의 손해에서 공용부분 관리비를 공제한 금원을 배상할 책임이 있다.

–서울고등법원 2013. 5. 8. 선고 2012나53491 판결 요약

CHAPTER 8

임대차 기간

1 임대차 기간에 대한 규정

경제적 약자인 임차인을 보호하기 위하여 민법에 대한 특칙으로서 주택임대차보호법과 상가건물 임대차보호법이 제정되었다. 법의 취지에도 불구하고 일부 몰지각한 임대인은 우월적 지위를 이용한 소위 '갑질'을 하고 있어 이를 방지하고자 두 법을 강행규정으로 제정하였다.

1. 계약 자유의 원칙

민법은 계약 체결의 자유, 상대방 선택의 자유, 내용 결정의 자유, 방식의 자유 등 계약자유의 원칙을 가지고 있다. 하지만 자본주의가 성숙하고 경제가 발전함에 따라 불평등이 심화되고 있고 그 기능이 한계에 이르게 됨으로써 실질적인 평등과 공정성을 해치는 형식적인 계약의 자유는 제한할 수밖에 없게 되었다. 마찬가지로 주택임대차보호법과 상가건물 임대차보호법에서도 법에 위반된 약정으로서 임차인에게 불리한 내용을 제한하고 있다.

2. 경제적 약자인 임차인 보호

민법에서는 제103조 반사회질서의 법률행위 "선량한 풍속 기타 사회질서에 위반한 사항을 내용으로 하는 법률행위는 무효로 한다."는 내용을 담는 등 여러 가지 제한을 두고 있고, 주택임대차보호법과 상가건물 임대차보호법에서는 각각 제10조와 제15조에서 같은 내용으로 "이 법의 규정에 위반된 약정으로서 임차인에게 불리한 것은 효력이 없다."고 하였다.

임대인과 임차인이 어떠한 약정을 하더라도 그것은 자유지만 주택임대차보호법과 상가건물 임대차보호법에 위반하여 임차인에게 불리한 것은 무효로 하여 상대적으로 약자인 임차인을 보호하려는 입법 취지를 읽을 수 있다. 중요한 강행규정의 내용으로서는 임대차 기간, 임차권 등기명령, 묵시적갱신, 임차인의 부속물매수청구권, 임대료 인상한도 등이 있다.

2 임차인의 임대차 기간

임차인의 존속기간은 주택과 상가의 두 가지로 나눌 수 있다. 주택의 임대차 계약을 할 때 기간을 정하지 않았거나 2년 미만으로 계약했을 때는 그 기간을 2년으로 본다. 다만, 임차인은 2년 미만으로 정한 기간이 유효함을 주장할 수 있다. 예를 들어 임대인 갑과 임차인 을이 주택을 1년으로 임대차 계약을 하면 임차인 을은 서명 계약한 1년으로 주장할 수도 있고 주택임대차보호법에 따라 2년으로 주장할 수도 있다. 그러나 임대인 갑은 그 기간을 선택할 수 없다.

주택임대차보호법 제4조 제1항은 같은 법 제10조의 취지에 비추어 보면 임차인의 보호를 위한 규정이므로, 이 규정에 위반되는 당사자의 약정을 모두 무효라고 할 것은 아니고 규정에 위반하는 약정이라도 임차인에게 불리하지 아니한 것은 유효하다고 풀이함이 상당한 바, 임대차 기간을 2년 미만으로 정한 임대차의 임차인이 스스로 약정임대차 기간이 만료되었음을 이유로 임차보증금의 반환을 구하는 경우는 약정이 임차인에게 불리하다고 할 수 없으므로, 같은 법 제3조 제1항 소정의 대항요건(주택인도와 주민등록전입신고)과 임대차 계약증서상의 확정일자를 갖춘 임차인으로서는 주택에 관한 저당권자의 신청에 의한 임의경매 절차에서 2년 미만의 임대차 기간이 만료되어 임대차가 종료되었음을 이유로 그 임차보증금에 관하여 우선변제를 청구할 수 있다.

-대법원 1995. 5. 26. 선고 95다13258 판결 요약

주택임대차보호법 제4조 제1항은 같은 법 제10조의 취지에 비추어 보면 임차인의 보호를 위하여 최소한 2년간의 임대차 기간을 보장하여 주려는 규정이므로, 규정에 위반되는 당사자의 약정을 모두 무효가 되는 것은 아니고, 규정을 위반하는 약정이라도 임차인에게 불리하지 않은 것은 유효하다.

그리고 주택과 달리 상가건물은 임대차 계약을 할 때 기간을 정하지 않거나 1년 미만으로 정한 임대차는 기간을 1년으로 본다. 다만, 임차인은 1년 미만으로 정한 기간이 유효함을 주장할 수 있다.

| Q&A 1 |

임대인이 계약 기간 이전에 나가라고 할 경우

Q 주거용 오피스텔을 한 채 소유하고 있는 갑은 임차인 을과 임대차 기간 1년으로 임대차 계약을 하고 6개월 정도 살고 있었다. 어느 날 집주인 갑은 임차인 을에게 "우리 아들이 여기서 살아야 하니, 계약기간이 끝나는 6개월 후에는 나가야 한다."고 했다. 임차인 을은 나가야 할까?

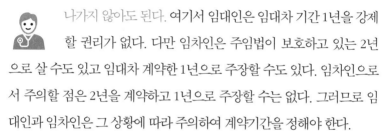 나가지 않아도 된다. 여기서 임대인은 임대차 기간 1년을 강제할 권리가 없다. 다만 임차인은 주임법이 보호하고 있는 2년으로 살 수도 있고 임대차 계약한 1년으로 주장할 수도 있다. 임차인으로서 주의할 점은 2년을 계약하고 1년으로 주장할 수는 없다. 그러므로 임대인과 임차인은 그 상황에 따라 주의하여 계약기간을 정해야 한다.

〔주택임대차보호법〕 제4조 「임대차 기간 등」
① 기간을 정하지 아니하거나 2년 미만으로 정한 임대차는 그 기간을 2년으로 본다. 다만, 임차인은 2년 미만으로 정한 기간이 유효함을 주장할 수 있다.
② 임대차 기간이 끝난 경우도 보증금을 반환받을 때까지는 임대차관계가 존속되는 것으로 본다.

〔주택임대차보호법〕 제10조 「강행규정」
이 법에 위반된 약정으로서 임차인에게 불리한 것은 그 효력이 없다.

〔상가건물 임대차보호법〕 제9조 「임대차 기간 등」
① 기간을 정하지 아니하거나 기간을 1년 미만으로 정한 임대차는 그 기간을 1년으로 본다. 다만, 임차인은 1년 미만으로 정한 기간이 유효함을 주장할 수 있다.
② 임대차가 종료한 경우도 임차인이 보증금을 돌려받을 때까지는 임대차관계는 존속하는 것으로 본다.

〔상가건물 임대차보호법〕 제15조 「강행규정」
이 법의 규정에 위반된 약정으로서 임차인에게 불리한 것은 그 효력이 없다.

| Q&A 2 |

신규 임대인에게 계약갱신요구권

Q A는 마포에서 상가를 2010년 4월 1일 보증금, 1000만 원 월차임 100만 원에 임대차 기간을 2년으로 계약을 하였다. 그리고 임대차 기간 만료일인 2012년 4월 1일을 경과하여 묵시적갱신이 되었다. 그러던 중 2013년 4월 1일 매매로 임대인이 변경되고, 임차인은 신규 매수인과 새로운 임대차 계약을 체결하였다. 임차인은 신규 임대인과 계약일인 2013년 4월 1일부터 5년 동안 계약갱신요구를 할 수 있을까?

아니다. 2010년 4월 1일부터 5년이다. 상가건물 임대차보호법 제3조 제2항에 따르면 이 법의 적용대상이 되는 건물을 임차한 임차인이 대항력을 갖춘 경우에 한하여, 임차건물이 양도되는 경우에 있어서 임대인의 지위가 양수인에게 승계되도록 하고 있다.

그리고 상가건물 임대차보호법에서 "임차인은 임대차 기간 만료되기 6개월 전부터 1개월 전까지 사이에 계약갱신을 요구할 수 있다."라고 규정되어 있고, 계약갱신 요구는 최초의 임대차 기간을 포함한 전체 임대차 기간이 5년을 초과하지 아니하는 범위에서만 주장할 수 있다.

그러나 주의할 점은 월차임을 3회 이상 연체한 사실이 있거나 임대인의 동의 없이 상가의 전부 또는 일부를 전대한 경우 등에는 상가 소유자가 계약갱신을 거절할 수 있다.

| Q&A 3 |

임대차 기간의 특약

Q 목동에서 1층 구분상가를 소유하고 식당을 운영하는 K는 개인 사정으로 해외에 2년간 다녀와야 했다. 해외에 다녀와서 다시 식당을 하고자 하는 K는 임대차 기간을 2년으로 임차인 L과 임대차 계약을 하고 특약으로 "임대차 기간이 만료될 때는 이유 여하를 불문하고 무조건 명도한다."고 계약서에 기재하였다. 이 경우 임차인 L은 2년의 계약기간이 만료되었을 때 계약갱신을 요구할 수 없을까?

계약갱신을 요구할 수 있다. 상가건물임대차보호법 제10조 제1항에 따라 임차인이 만료되기 6개월 전부터 1개월 전까지 사이에 계약갱신을 요구할 경우 정당한 사유 없이 거절하지 못하며, 이 규정은 편면적 강행규정으로 임차인에게 불리한 것은 효력이 없으므로 임차인 L씨는 앞으로 3년을 더 계약갱신 요구를 할 수 있다.

| Q&A 4 |

임대차 계약기간 만료 전에 해지하고 싶은 임차인

Q 분식점을 하려는 A는 건물상가 1칸을 보증금 1억 원 월차임 400만 원으로 1년간 임차했다. 하지만 영업을 시작한 지 6개월 만에 개인 사정으로 장사를 계속하지 못하게 됐다. 그래서 건물주에게 계약해지를 요청했지만 건물주는 남은 기간까지 장사를 계속하든지 남은 기간의 월세를 모두 지불하면 보증금을 주겠다고 한다. 임대인의 요구는 정당할까?

 정당하다. 상가건물 임대차보호법 제9조 제1항은 "기간의 정함이 없거나 기간을 1년 미만으로 정한 임대차는 그 기간을 1년으로 본다. 다만, 임차인은 1년 미만으로 정한 기간이 유효함을 주장할 수 있다."고 규정하여, 최소 1년의 임대차 기간을 보장해주고 있는데 이 규정도 임차인에게 임의로 계약을 해지할 수 있는 계약해지권을 부여하고 있는 것은 아니다.

한편 만약 임차인이 계약갱신 요구할 수 있는 5년을 초과하고 환산보증금이 일정 금액(서울의 경우 4억 원)을 초과한 경우 임대차 기간을 정하지 않았다면 민법에 따라 임차인이 계약을 해지할 수 있다. 민법 제635조는 "토지, 건물 기타 공작물에 관하여 임대차 기간이 약정이 없는 때는 당사자가 언제든지 계약해지의 통고를 할 수 있고, 임대인이 통고한 경우는 임차인이 통고를 받은 날로부터 6개월, 임차인이 통고한 경우는 임대인이 통고를 받은 날로부터 1개월의 기간의 경과하면 해지의 효력이 생긴다."고 규정하고 있으며, 민법 제636조는 "임대차 기간의 약정이 있는 경우도 당사자 일방 또는 쌍방이 그 기간 내에 해지할 권리를 보류한 때는 민법 제635조를 준용한다."고 규정하고 있다.

따라서 위와 같이 임대차 계약기간을 약정하면서 특별히 해지권을 유보한 것이 아니고 임차인의 개인적 사정으로 계약만료 기간 전에 계약을 해지하고자 하는 경우는 임차인이 일방적으로 계약을 해지할 수는 없고, 당초의 계약 내용대로 이행하거나 남은 월세를 다 주든지 아니면 남은 월세의 어느 정도를 주고 합의 해지를 해야 한다.

| Q&A 5 |

임대차 기간 만료 전에 임차인의 해지 요청

Q 보증금 1억 원, 월차임 100만 원에 계약기간을 5년으로 계약을 체결하고 미용실을 운영하던 임차인 K는 2년이 지난 시점에서 계약을 해지하고 싶었다. 본인의 인건비는커녕 월세도 10개월째 밀렸다. 이에 임차인 K는 집주인에게 계약을 해지할 것을 요청하였으나 집주인은 임차인을 구해서 나가라고 했다. 부동산에 매물등록을 한 지가 6개월이 지났지만 불경기여서 보러 오는 사람이 아무도 없었다. 이렇게 되면 앞으로 3년 동안 손해는 눈덩이처럼 불어날 것 같다. 뭔가 다른 방법은 없을까?

임대차 기간을 5년으로 약정했고 만기 이전이므로 달리 방법이 없다. 집주인에게 6개월 치 월세를 더 주고 나가는 것으로 협의해 보는 것도 피해를 줄이는 방법의 하나이며, 또 월세 감액에 대한 조정신청을 청구하는 것도 고려해야 한다.

상가건물 임대차보호법의 적용대상이 되는 환산보증금액(서울 4억 원) 이하로 계약한다면 굳이 장기간으로 계약할 필요는 없다. 최초 1년으로 계약하면 중간에 계약해제할 수도 있고 법의 보호를 받아 5년까지는 계약연장이 가능하기 때문이다.

③ 차임의 연체

임차인이 특히 주의할 점은 월세 즉 차임을 연체하면 안 된다. 주택은 임차인의 차임연체액이 2기의 차임액에 달할 때는 임대인은 계약을 해지할 수 있고, 상가는 차임연체액이 3기일 때 임대인은 계약을 해지할 수 있다. (민법 제640조, 상임법 제10조의 8)

그런데 문제는 차임연체액이 2기에 달할 것이란 어떤 의미인지 제대로 이해하지 못하는 경우가 많다는 것이다. 여기서 '기'란 차임을 주는 간격인데 대부분 월 단위로 정해진다. 따라서 차임 연체액이 2개월에 이르면 해지할 수 있다는 것인데, 그 2개월은 다시 연속해서 2개월인지 통틀어서 2개월인지 여부가 문제가 되지만 통틀어서 2개월분에 이르면 해지사유가 된다고 볼 것이다.

가. 상가건물 임대차보호법에서 정한 임대인의 갱신요구거절권은 계약해지권과 행사 시기, 효과 등이 서로 다를 뿐만 아니라, 상가건물 임대차보호법 제10조 제1항이 민법 제640조에서 정한 계약해지에 관하여 별도로 규정하고 있지 않기 때문 상가건물 임대차보호법 제10조 제1항 제1호가 민법 제640조에 대한 특례에 해당한다고 할 수 없다.

그러므로 상가건물 임대차보호법의 적용을 받는 상가건물의 임대차에도 민법 제640조가 적용되고, 상가건물의 임대인이라도 임차인의 차임 연체액이 2기의 차임액에 이르는 때는 임대차 계약을 해지할 수 있다. 그리고 같은 이유에서 민법 제640조와 동일한 내용을 정한 약정이 상가건물 임대차보호법의 규정에 위반되고 임차인에게 불리한 것으로서 법 제15조에 의하여 효력이 없다고 할 수 없다.

나. 갱신 전후 상가건물 임대차 계약의 내용과 성질, 임대인과 임차인 사이의 형평, 상가건물 임대차보호법 제10조와 민법 제640조의 입법 취지 등을 종합하여 보면, 상가건물의 임차인이 갱신 전부터 차임을 연체하기 시작하여 갱신 후에 차임연체액이 2기의 차임액에 이른 경우도 임대차 계약의 해지 사유인 '임차인의 차임연체액이 2기의 차임액에 달하는 때'에 해당하므로, 이러한 경우 특별한 사장이 없는 한 임대인은 2기 이상의 차임연체를 이유로 갱신된 임대차 계약을 해지할 수 있다.

－대법원 2014. 7. 24. 선고 2012다28486 판결 요약

| 관련법 |

〔민법〕제640조 「차임연체와 해지」
건물 기타 공작물의 임대차에는 임차인의 차임연체액이 2기의 차임액에 달하는 때는 임대인은 계약을 해지할 수 있다.

〔민법〕제641조 「동전」
건물 기타 공작물의 소유 또는 식목, 채염, 목축을 목적으로 한 토지 임대차의 경우도 전조의 규정을 적용한다.

〔상가건물 임대차보호법〕제10조 「계약갱신 요구 등」
① 임대인은 임차인이 임대차 기간이 만료되기 6개월 전부터 1개월 사이에 계약갱신을 요구할 경우 정당한 사유 없이 거절하지 못한다. 다만, 다음 각 호의 어느 하나의 경우는 그러하지 아니하다.
1. 임차인이 3기의 차임액에 해당하는 금액에 이르도록 차임을 연체한 사실이 있는 경우

〔상가건물 임대차보호법〕제10조의8 「차임연체와 해지」
임차인의 차임연체액이 3기의 차임액에 달하는 때는 임대인은 계약을 해지할 수 있다.

차임연체액이 2기의 차임액이란 예를 들면, 5·6월분 차임을 연속해서 연체한 경우뿐만 아니라, 5월분 연체 후 6·7·8월분은 내다가 다시 9월분을 연체한 경우도 포함된다. 또한, 여러 달에 걸쳐 조금씩 연체한 금액의 합계가 2개월분에 이르러도 마찬가지이다. 그러나 매달 며칠씩 연체하여 지급했다면 연체기간이 2개월에 이르러도 해지 당시 연체액의 합계가 2개월 치에 이르지 못했다면 해지할 수 없다고 본다.

또한, 2개월분 이상을 연체했다 해도 해지통지가 임차인에게 도달하기 전에 연체액을 다 갚았거나 2개월치 이하가 되도록 일부를 갚았다면 해지하기 어려워진다. 따라서 임대인으로서는 확실하게 임대차 계약을 해지하려면 임차인이 2개월분을 연체하면 그 돈을 갚기 전에 신속히 해지

통지(내용증명우편)를 보내야 한다. 해지통지가 임차인에게 도달한 뒤에는 임차인이 연체차임을 갚거나 공탁하여도 유효하게 해지된다. 차임연체로 해지통지를 할 때는 상당한 기간을 정해 이행을 최고할 필요가 없다는 점이 특색이다.

민법 규정 및 상임법의 관련 규정은 강행 규정이어서 임차인에게 불리한 약정을 하는 것은 무효이므로, 1기의 차임만 해지할 수 있다는 약정은 무효다. 한편 임대인의 지위가 승계된 경우, 이미 발생한 연체차임채권은 채권양도의 요건을 갖추지 않으면 승계되지 않고, 승계인이 해지하려면 승계 후 새로 연체차임액이 2기 이상에 달해야 한다.

4 너무한 임대인

| Q&A 1 |

계약기간 만료 후에도 임대인이 보증금을 주지 않을 때

Q 김밥가게를 운영하는 K는 보증금 2,000만 원, 월차임 100만 원에 임대차 기간 2년으로 장사를 하다가 계약기간이 만료되었다. 장사가 안 돼 계속 가게를 유지해 봤자 손해만 커질 것 같아서 권리금을 포기하기로 하고 건물주 L에게 보증금 반환을 청구하였다. 그런데 건물주 L은 가게가 나가지 않는다고 알아서 빼 나가라고 한다. 나가지도 못하고 울며 겨자 먹기로 계속 김밥가게를 운영하는 임차인 K는 월차임 100만 원을 계속 지급해야 할까?

영업을 한다면 월차임을 지급해야 한다. 임대차 기간이 종료되어 임차인이 임대인에게 보증금 반환을 청구할 경우 임차인이 점유하고 있는 상가 명도를 동시이행해야 한다. 즉 임차인이 임대차 기간이 만료되어 보증금 반환을 청구하였는데 건물주가 보증금을 반환해주지 않아 계속 상가를 점유하여 영업하는 경우는 사용기간에 대하여 부당이득으로 월 임차료 상당액을 임대인에게 지급해야 한다. 따라서 보증금 반환을 청구할 경우 임차인은 먼저 임차목적물을 명도해야 한다.

하지만 임차인이 임대차 계약 종료 이후에도 동시이행의 항변권을 행사하는 방법으로 목적물의 반환을 거부하기 위하여 임대차건물 부분을 계속 점유하기는 하였으나 이를 임차인이 임대차 계약상의 본래 목적에 따라 사용·수익하지 않아 실질적인 이득을 얻은 바 없는 경우는 그로 인하여 임대인에게 손해가 발생하였다고 해도 임차인의 부당이득 반환 의무는 성립되지 않는다. 즉 임대차 기간 만료 후 점포를 명도하지는 않았지만, 영업을 하지 않아 이득을 취한 바가 없다면 부당이득을 취한 바가 없어 월 임차료 상당액을 지급할 의무가 없고 임차보증금에서 공제당하지 않을 것이다.

| 관련 판례 |

가. 법률상의 원인 없이 이득하였음을 이유로 한 부당이득의 반환에 있어 이득이라 함은 실질적인 이익을 의미하므로, 임차인이 임대차 계약관계가 소멸된 이후에도 임차목적물을 계속 점유하기는 하였으나 이를 본래의 임대차 계약상의 목적에 따라 사용·수익하지 아니하여 실질적인

이득을 얻은 바 없는 경우는 그로 인하여 임대인에게 손해가 발생하였다 하더라도 임차인의 부당이득 반환의무는 성립되지 않는다.

나. 임대차 계약의 종료에 의하여 발생된 임차인의 목적물반환의무와 임대인의 연체차임을 공제한 나머지 보증금의 반환의무는 동시이행의 관계에 있으므로, 임대차 계약 종료 후에도 임차인이 동시이행의 항변권을 행사하여 임차건물을 계속 점유하여 온 것이라면, 임대인이 임차인에게 보증금반환의무를 이행하였다거나 현실적인 이행의 제공을 하여 임차인의 건물명도의무가 지체에 빠지는 등의 사유로 동시이행의 항변권을 상실하지 않는 이상 임차인의 건물에 대한 점유는 불법점유라고 할 수 없으며, 따라서 임차인으로서는 이에 대한 손해배상 의무도 없다.

－대법원 1998. 5. 29. 선고 98다6497 판결 요약

채권적 전세권에 있어서는 그 건물의 시가의 절반 상당 정도의 금액이 전세금으로 일시에 교부되고 그 전세금의 이자는 그 임대료와 상계되고 있음이 특단의 사정이 없는 한 인정 시행되어 오고 있고 당사자 일방이 목적물 명도채무와 다른 일방의 전세금반환채무는 특단의 사정이 없는 한 동시이행 관계에 있으므로 전세계약기간 종료 후 전세금을 반환치 않고 있는 동안의 본건 건물부분의 점유를 불법점유라 할 수 없고 점유사용에 따른 임료상당액과 전세금에 대한 이자상당액은 서로 대가 관계에 있다고 볼 수 있다.

－대법원 1976. 10. 26. 선고 76다1184 판결 요약

특약사항을 이행하지 않은 임대인

Q 김해에서 뼈다귀해장국집을 하려는 K는 상가건물 1층을 임차보증
금 3,000만 원, 월차임 100만 원에 건물주 A와 임대차 계약을 했
다. 바로 전에 여기서 식당을 했던 전 임차인이 영업 부진으로 영업을 중
단하고 있던 터라 계약서의 특약사항으로 "허가사항의 문제 발생 시에는
임대인이 책임을 진다."고 했다. 한편 임차인 K가 영업신고를 하려고 했
지만 김해시청은 전 임차인이 폐업신고를 하지 않아 K의 영업신고는 불
가능하다고 했다. 전 임차인과 건물주 A는 소송 중이어서 단기간 내에 전
임차인이 폐업신고를 해 주지 않을 듯하다. 여기서 임차인 K는 계약을
해지할 수 있을까?

해지할 수 있다. 일반음식점 영업을 위한 점포임대차 계약에
서 임대인이 전 임차인의 폐업신고 이행 등 영업신고에 관한
문제를 해결하여 줄 것을 특약사항으로 정한 경우, 임대인이 임차인에게
점포를 인도하여 임차인으로 하여금 영업준비를 하게 했다고 하더라도
전 임차인이 폐업신고를 하지 않아 임차인이 영업신고를 하지 못한다면
임차인은 임대인의 특약사항 불이행을 이유로 임대차 계약을 해지할 수
있다.(부산고법 2006. 8. 25. 선고 2005나17792 판결 확정)

임차인에 불리한 특약

Q 보증금 2,000만 원, 월차임 50만 원에 상가를 임차하여 속옷가게를 운영하는 A는 1년의 임대차 기간 만료일이 1개월쯤 남을 무렵 건물주인에게 계약이 끝나는 한 달 뒤에 나가겠으니 보증금을 돌려달라고 했다. 그런데 임대인은 계약서의 "임대인과 임차인은 계약을 해지하고자 할 때는 3개월 전에 통보해야 한다."는 특약사항을 내세워 3개월 간의 월세를 내라고 하는 것이다. 임차인은 1개월 뒤의 임대차 기간 만료일로 계약해지를 주장할 수 있을까?

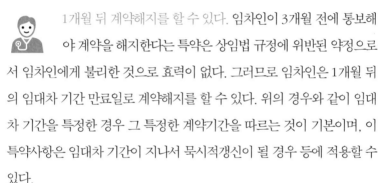 1개월 뒤 계약해지를 할 수 있다. 임차인이 3개월 전에 통보해야 계약을 해지한다는 특약은 상임법 규정에 위반된 약정으로서 임차인에게 불리한 것으로 효력이 없다. 그러므로 임차인은 1개월 뒤의 임대차 기간 만료일로 계약해지를 할 수 있다. 위의 경우와 같이 임대차 기간을 특정한 경우 그 특정한 계약기간을 따르는 것이 기본이며, 이 특약사항은 임대차 기간이 지나서 묵시적갱신이 될 경우 등에 적용할 수 있다.

임대차 기간에 관한 우리 민법 및 상가건물 임대차보호법 등은 주로 임차인을 보호하는 방향으로 규정되고 있다. 민법 635조에서처럼 존속기간을 정하지 않은 경우도 임차인이 해지를 통고한 경우는 1개월이 경과하면 해지의 효력이 생긴다. 만약 계약기간을 정하지 않고 "임대인 임차인이 계약을 해지하고자 할 때는 3개월 전에 통보해야 한다."고 특약을 했더라도 민법 652조는 "민법 635조 등의 규정에 위반한 약정으로 임차

인이나 전차인에게 불리한 것은 그 효력이 없다."고 되어 있기 때문에 특약보다 민법이 우선된다.

임차인도 모르게 임대인이 바뀔 때

Q K는 명동에서 옷가게를 운영하기 위해 상가건물 1층을 보증금 1억 원, 월차임 200만 원, 임대차 기간 2년으로 임차하여 사업자등록을 하고 영업을 하였다. 지역 유지이고 명망이 높은 임대인 L은 어느 날 건물을 팔았다고 신규 임대인 B를 데려왔다. 신규 임대인 B와 대화를 나누어 본 임차인 K는 신규 임대인 B와 계약관계를 유지하고 싶지 않다. 계약기간이 1년이나 남았는데 계약을 해지하고 임대인 L에게 임차보증금을 반환받을 수 있을까?

계약해지하고 임대인 L에게 보증금을 반환받을 수 있다. 임대차 계약 기간 중에 건물의 소유자인 임대인이 임차목적물을 임차인에게 아무런 통보 없이 제삼자에게 매도하면, 임차인은 소유권 변동을 이유로 하여 임대차 계약을 해지할 수 있다. 임차인이 원하지 않으면 임대차의 승계를 임차인에게 강요할 수 없는 것이어서 스스로 임대차를 종료시킬 수 있어야 한다는 공평의 원칙 및 신의성실의 원칙에 따라 임차인이 곧 이의를 제기함으로써 승계되는 임대차관계의 구속을 면할 수 있다. 그러므로 임차인 K는 임차목적물의 소유권이 L에게서 B에게로 이전되면 즉시 이의를 제기하여 임대차 계약을 해지하고 임대인 L에게 임차보증금반환을 청구할 수 있다.

임대차 계약에 있어 임대인 지위의 양도는 임대인의 의무의 이전을 수반하는 것이지만 임대인의 의무는 임대인이 누구인지에 따라 이행 방법이 특별히 달라지는 것은 아니고, 목적물의 소유자의 지위에서 거의 완전히 이행할 수 있으며, 임차인의 입장에서 보아도 신 소유자에게 그 의무의 승계를 인정하는 것이 오히려 임차인에게 훨씬 유리할 수도 있으므로 임대인과 신 소유자와의 계약만으로써 지위의 양도를 할 수 있다. 다만, 이 경우에 임차인이 원하지 않으면 임대차의 승계를 임차인에게 강요할 수는 없는 것이어서 스스로 임대차를 종료시킬 수 있어야 한다는 공평의 원칙 및 신의성실의 원칙에 따라 임차인이 곧 이의를 제기함으로써 승계되는 임대차 관계의 구속을 면할 수 있고, 임대인과의 임대차 관계도 해지할 수 있다고 보아야 한다.

–대법원 1998. 9. 2. 자 98마100 결정 요약

PART 2

재계약 시점 전후의 상황

CHAPTER 1

묵시적갱신

1 계약 기간 만료 시 특별한 의사표시가 없으면 계약 존속

주택 또는 상가를 임대차 한 후 임대차 기간이 만료되고 갱신을 진행할 때 약정에 의한 갱신과 묵시적갱신이 있다. 약정에 의한 갱신은 임대차 기간 만료 후 당사자 간의 합의에 따라 임대차를 갱신하는 경우다. 그리고 묵시적갱신은 임대차 기간이 만료됐지만 당사자 사이에 계약해지와 관련된 특별한 의사표시가 없는 경우에 현 임대차 관계를 존속시키는 것을 말한다.

묵시적갱신은 주택임대차보호법의 적용을 받는 경우와 환산보증금이 대통령령으로 정하는 보증금액(서울의 경우 4억 원) 이하일 때의 상가임대차보호법 적용을 받는 경우, 그 외 민법의 적용을 받는 경우 등으로 나누어 볼 수 있다.

2 주택의 묵시적갱신

1. 계약 만료 1개월 전까지 의사표시를 하지 않으면 묵시적갱신

임대인이 임대차 기간 만료 6개월 전부터 1개월 전까지 기간에 임차인

204

에 대하여 갱신 거절의 통지를 하지 않거나 계약조건을 변경하지 않으면 갱신하지 않는다는 뜻의 통지를 하지 않은 경우는 기간이 끝난 때에 전 임대차와 동일한 조건으로 다시 임대차한 것으로 본다. 그리고 임차인은 임대차 기간이 끝나기 1개월 전까지 임대인에게 계약 종료 통지를 하지 않아야 한다. 즉 임대인 또는 임차인이 임대차 기간이 만료될 때 재계약 의 의사가 없을 때는 적어도 1개월 전에 상대방에게 통보해야 하는 것이다.

이렇게 임대차 계약기간 만료 후 당사자 사이에 계약서를 다시 작성하 는 등의 행위가 없더라도 임대차 기간은 연장되어 계약이 유효하게 지속 되는 것을 묵시적갱신이라고 한다.

그런데 만약 임차인이 2기의 차임액에 달하도록 연체하거나 그 밖에 임차인으로서 의무를 현저히 위반한 임차인에 대하여는 묵시적갱신이 적용되지 않고 임대인은 계약을 해지할 수 있다.

2. 묵시적갱신은 이전 임대차와 동일한 조건

묵시적갱신이 되면 갱신되는 임대차는 이전의 임대차와 동일한 조건 으로 본다. 다만, 임대차의 존속기간은 정한 것이 없는 것으로 보기 때 문에 기간은 2년이 된다. 묵시적갱신이 되어 존속기간이 2년이 되면 오 히려 임차인에게 불리할 수도 있으므로 임차인은 언제든지 임대인에 대 하여 계약해지의 통지를 할 수 있고, 임대인이 그 통지를 받은 날로부터 3개월이 경과하면 임대차는 소멸한다. 반면 임대인은 묵시적갱신이 된 후 계약해지의 통고를 해도 아무런 법적 효력이 없다.

여기서 3가지의 실례를 예상할 수 있다. 임차인이 주택을 임차할 때 임대차 기간을 일반적으로 2년으로 하는 경우와 임대차 기간을 1년 또는 3년 등으로 하는 경우 묵시적갱신이 어떻게 적용되는지를 검토해 볼 수 있다.

| Q&A 1 |

2년 미만의 주택 임대차 계약

Q 임차인 C는 주택을 1년으로 계약 및 임차하여 1년이 지나고 다시 6개월이 지났다. 그러던 어느 날 집주인이 계약하고 2년이 되는 날에 집을 비워 달라고 했다. 집주인은 "2년 미만의 임대차는 그 기간을 2년으로 본다."는 주택임대차보호법 제4조를 내세웠다. 하지만 C는 묵시적 갱신의 임대차 존속기간은 2년으로 알고 있었다. 그래서 C는 최초 임대차 기간인 1년과 묵시적갱신의 2년을 합하여 총 3년을 살 수 있다고 생각하고 있었다. 그렇게 보면 집주인의 말대로 앞으로 6개월 후가 아닌 1년 6개월 후에 나가도 되는 것이 아닐까?

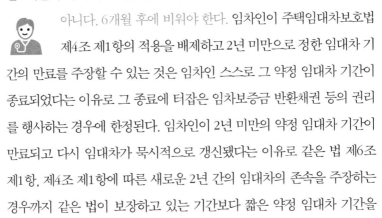

아니다. 6개월 후에 비워야 한다. 임차인이 주택임대차보호법 제4조 제1항의 적용을 배제하고 2년 미만으로 정한 임대차 기간의 만료를 주장할 수 있는 것은 임차인 스스로 그 약정 임대차 기간이 종료되었다는 이유로 그 종료에 터잡은 임차보증금 반환채권 등의 권리를 행사하는 경우에 한정된다. 임차인이 2년 미만의 약정 임대차 기간이 만료되고 다시 임대차가 묵시적으로 갱신됐다는 이유로 같은 법 제6조 제1항, 제4조 제1항에 따른 새로운 2년 간의 임대차의 존속을 주장하는 경우까지 같은 법이 보장하고 있는 기간보다 짧은 약정 임대차 기간을

주장할 수는 없다.(대법원 1996. 4. 26. 선고 96다5551, 5568판결)

그러므로 임차인 C는 2년 미만의 임대차를 2년으로 보는 주임법에 의하여 최초의 임차일로부터 2년이 경과되면 임대차 기간이 만료되고, C의 주장처럼 3년(최초 임대차 기간 1년＋묵시적갱신 2년)으로 임대차 기간을 할 수는 없다.

| Q&A 2 |

2년 이상의 주택 임대차 계약

Q 임차인 D는 임대차 기간 3년으로 아파트를 전세계약 후 거주하다가 3년의 기간이 만료되고 묵시적갱신이 되어 1년을 더 살고 있었다. 그러던 어느 날 집주인은 앞으로 1년을 더 살고 집을 비우라고 했다. 임차인 D는 묵시적갱신이 되면 전 임대차와 동일한 조건으로 다시 임대차하는 것으로, 즉 최초 임대차 기간 3년＋묵시적갱신 3년으로서 총 6년을 임대차 할 수 있을 것으로 생각했다. 그러므로 앞으로도 2년을 더 거주할 수 있지 않을까?

3년＋2년으로 향후 1년을 더 거주할 수 있다. 주택임대차보호법의 제6조 제1항에서는 묵시적갱신에 대해서 그 기간이 끝난 때에 전 임대차와 동일한 조건으로 다시 임대차한 것으로 보고 있지만 임대차 기간에 대해서는 제2항에서 "임대차의 존속기간은 2년으로 본다."고 하였다. 따라서 묵시적갱신이 된 경우는 기간을 2년으로 보는 것이 알맞다.

묵시적갱신의 반복

Q 묵시적갱신으로 2년을 더 살고 또 묵시적갱신이 된 경우 임차인은
다시 2년을 주장하여 거주할 수 있을까?

다시 2년을 더 거주할 수 있다. 묵시적갱신이 계속하여 2회 이
상 된 경우도 임차인은 임대인에 대하여 2년간의 임대차 기간
을 주장할 수 있다. 또한, 임차인은 묵시적으로 갱신이 된 2년 기간 중 언
제든지 계약해지를 통지할 수 있고 임대인이 그 통지를 받은 날부터 3개
월이 지나면 효력이 발생한다.

| 관련법 |

[주택임대차보호법] 제6조「계약의 갱신」
① 임대인이 임대차 기간이 끝나기 6개월 전부터 1개월 전까지의 기간에 임차인에
게 갱신거절의 통지를 아니하거나 계약조건을 변경하지 아니하면 갱신하지 아니
한다는 뜻의 통지를 하지 않은 경우는 그 기간이 끝난 때에 전 임대차와 동일한 조
건으로 다시 임대차한 것으로 본다. 임차인이 임대차 기간이 끝나기 1개월 전까지
통지하지 않은 경우도 또한 같다.
② 제1항의 경우 임대차의 존속기간은 2년으로 본다.
③ 2기의 차임액에 달하도록 연체하거나 그 밖에 임차인으로서의 의무를 현저히
위반한 임차인에 대하여는 제1항을 적용하지 아니한다.

[주택임대차보호법] 제6조의2「묵시적갱신의 경우 계약의 해지」
① 제6조 제1항에 따라 계약이 갱신된 경우 같은 조 제2항에도 불구하고 임차인은
언제든지 임대인에게 계약해지를 통지할 수 있다.
② 제1항에 따른 해지는 임대인이 그 통지를 받은 날부터 3개월이 지나면 그 효력
이 발생한다.

3 상가건물의 묵시적갱신

1. 보증금액을 초과하지 않는 상가로 한정

상가건물에서 묵시적갱신은 대통령령으로 정하는 보증금액을 초과하지 않는 상가에 한하며, 임대인이 임대차 기간 만료 6개월에서 1개월 이전에 임차인에 대하여 갱신거절의 통지 또는 월차임 조정 등 조건의 변경에 대해 통지를 하지 않았어야 한다. 그런데 주택과 달리 주의할 것은 임차인이 기간 만료 전 1개월 이내에 임대인에게 갱신거절의 통지 등을 하지 않았어도 묵시적갱신이 이루어지는 것은 아니라는 점이다. 즉, 상임법상 임차인에 관한 묵시적갱신의 사유는 존재하지 않는다.

〈상가건물임대차보호법의 적용대상 보증금액 [보증금＋월세×100]〉

구분	보증금액(2014년 1월 1일부터)
서울특별시	4억 원 이하
수도권정비계획법에 따른 과밀억제권역	3억 원 이하
광역시(인천 제외) 및 안산, 용인, 김포, 광주시 등	2억 4,000만 원 이하
그 밖의 지역	1억 8,000만 원 이하

2. 상가의 묵시적갱신은 1년

갱신되는 임대차는 이전 임대차와 동일한 조건인 것으로 본다. 다만, 임대차의 존속기간은 주택의 묵시적갱신 기간과 달리 1년으로 본다.

묵시적으로 갱신되는 임대차 기간을 획일적으로 1년으로 하면 오히려 임차인에게 불리할 수도 있으므로 임차인은 언제든지 임대인에 대하여 계약해지의 통지를 할 수 있다. 그리고 임대인이 통지를 받은 날부터 3개월이 경과하면 효력이 발생한다. 즉 임차인이 계약해지의 통고를 하면 3개월 후 계약이 해지된다.

| Q&A 1 |

묵시적 갱신의 적용

Q 서울에서 미용실을 하고 있는 임차인 김 씨는 2년 전 2013년 7월 31일 보증금 1,000만 원, 월차임 60만 원에 2년으로 임대차 계약을 했다. 계약기간이 만료되기 전 2015년 7월 10일 임대인이 찾아와 월세를 올리겠다고 했다. 임차인은 월세를 올려주어야 할까?

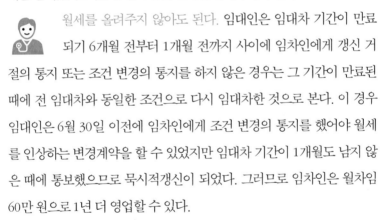 월세를 올려주지 않아도 된다. 임대인은 임대차 기간이 만료되기 6개월 전부터 1개월 전까지 사이에 임차인에게 갱신 거절의 통지 또는 조건 변경의 통지를 하지 않은 경우는 그 기간이 만료된 때에 전 임대차와 동일한 조건으로 다시 임대차한 것으로 본다. 이 경우 임대인은 6월 30일 이전에 임차인에게 조건 변경의 통지를 했어야 월세를 인상하는 변경계약을 할 수 있었지만 임대차 기간이 1개월도 남지 않은 때에 통보했으므로 묵시적 갱신이 되었다. 그러므로 임차인은 월차임 60만 원으로 1년 더 영업할 수 있다.

〔상가건물 임대차보호법〕제10조「계약갱신 요구 등」

④ 임대인이 제1항의 기간 이내에 임차인에게 갱신 거절의 통지 또는 조건 변경의
통지를 하지 아니한 경우는 그 기간이 만료된 때에 전 임대차와 동일한 조건으로
다시 임대차한 것으로 본다. 이 경우에 임대차의 존속기간은 1년으로 본다.

⑤ 제4항의 경우 임차인은 언제든지 임대인에게 계약해지의 통고를 할 수 있고, 임
대인이 통고를 받은 날부터 3개월이 지나면 효력이 발생한다.

| Q&A 2 |

묵시적갱신 명의변경

Q 임차인 A는 상가를 임차하여 영업을 하던 중 임대차 기간이 종료
되고 묵시적갱신이 되었다. 그러다가 개인적인 사정이 생겨 임차
인 명의를 다른 사람으로 명의변경을 하려고 한다. 이때 임대인이 거절
하는데 명의변경 할 수 있는 방법이 있을까?

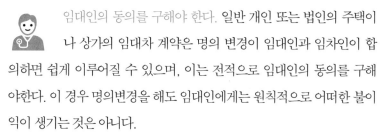 임대인의 동의를 구해야 한다. 일반 개인 또는 법인의 주택이
나 상가의 임대차 계약은 명의 변경이 임대인과 임차인이 합
의하면 쉽게 이루어질 수 있으며, 이는 전적으로 임대인의 동의를 구해
야한다. 이 경우 명의변경을 해도 임대인에게는 원칙적으로 어떠한 불이
익이 생기는 것은 아니다.

다만, 현 임차인의 채권자들이 채권회수를 위하여 보증금에 보전처분
으로서 가압류가 들어올 징조가 보여 임차인이 이에 대한 법령상 회피를
하려고 임차인 명의변경을 한 경우, 그러한 내용을 알고도 명의변경을
하였다면 임대인, 임차인, 새로 명의를 받게 되는 자는 형법상 강제집행

면탈죄(형법 제327조)의 적용을 받아 3년 이하의 징역 또는 1,000만 원 이하의 벌금에 처할 수도 있다. 민사상으로는 사해행위에 해당하여 제삼자 명의로의 임대차 계약이 취소될 수 있다. 이러한 경우가 아니라면, 임대인과 합의를 도출하는 것이 바람직하다

4 일반적 임대차 계약의 묵시적갱신

1. 상가의 환산보증금이 일정 금액을 초과할 경우

상가 중에서 환산보증금이 일정금액(서울 4억 원)을 초과하는 경우는 상가임대차 보호법의 묵시적갱신 조항을 적용할 수 없다. 이때는 민법의 적용을 받아 임대차 기간이 만료된 뒤 임차인이 임차물의 사용·수익을 계속하는 것에 대해 임대인이 상당한 기간 내에 이의를 하지 않으면 묵시적갱신이 된다.

2. 임대차 기간 및 조건

임대차의 조건은 이전 임대차와 동일하다. 다만, 존속기간은 정하지 않은 것으로 보기 때문에 각 당사자는 언제든지 임대차의 해지를 통고할 수 있고, 임대인이 해지를 통고한 경우는 6개월, 임차인이 통고한 경우는 1개월이 지나면 임대차는 소멸한다.

계약해지 의사 전달하고 효력 발생 기간

Q 서울의 환산보증금 4억 원을 초과하는 임대차 계약에 있어서 묵시
적갱신이 될 경우 기간의 정함이 없는 계약이 되어 임대인이 계약
해지 의사를 전달하고 6개월이 지나면 계약해지 효력이 발생할까?

그렇다. 주택임대차보호법이나 상가건물 임대차보호법의 보
호를 받지 않는 일반적 임대차 계약인 경우 임차인이 임대차
기간이 만료한 후에도 계속해서 사용·수익한 경우에 임대인이 상당한
기간 내에 이의를 제기하지 않으면 전과 동일한 조건으로 다시 임대차한
것으로 본다. 이 경우 계약해지는 임대인이 해지 통보하는 경우 6개월,
임차인이 해지 통보하는 경우 1개월이 경과하면 해지 효력이 생긴다.

그러나 주택임대차보호법에 의한 주택의 경우 임차인은 2년의 임차기
간을 보장받을 수 있다. 한편 임차인은 2년 이내라 하더라도 언제든지 계
약해지를 통지할 수 있고 임대인이 그 통지를 받은 날부터 3개월이 지나
면 그 효력이 발생한다.

또한 상가건물 임대차보호법에 적용을 받는 상가는 묵시적갱신이 되
면 임대차의 존속기간은 1년으로 보며 이 경우 임차인은 언제든지 임대
인에게 계약해지의 통고를 할 수 있고, 임대인이 통고를 받은 날부터 3개
월이 지나면 효력이 발생한다.

| 관련법 |

〔민법〕 제635조 「기간의 약정이 없는 임대차의 해지통고」

① 임대차 기간의 약정이 없는 때는 당사자는 언제든지 계약해지의 통고를 할 수 있다.

② 상대방이 전항의 통고를 받은 날로부터 다음 각 호의 기간이 경과하면 해지의 효력이 생긴다.

1. 토지, 건물 기타 공작물에 대하여는 임대인이 해지를 통고한 경우는 6개월, 임차인이 해지를 통고한 경우는 1개월

2. 동산에 대하여는 5일

〔민법〕 제639조 「묵시의 갱신」

① 임대차 기간이 만료한 후 임차인이 임차물의 사용, 수익을 계속하는 경우에 임대인이 상당한 기간 내에 이의를 하지 아니한 때는 전임대차와 동일한 조건으로 다시 임대차한 것으로 본다. 그러나 당사자는 제635조의 규정에 의하여 해지의 통고를 할 수 있다.

3. 묵시적갱신의 비교

(1) 목적물 종류별 비교

구분	내 용
주임법의 주택	• 임대인이 임대차 기간 만료 6개월 전부터 1개월 전까지 계약해지나 변경을 통보하지 않고, 임차인은 1개월 전까지 그와 같은 통지를 하지 않아야 한다.
상임법의 상가	• 임대인이 임대차 기간 만료 6개월 전부터 1개월 전까지 계약해지나 변경을 통보하지 않아야 한다.
일반적 임차계약 (민법)	• 계약 만료 후 임대인이 이의를 하지 않아야 한다. • 계약 만기일 내에 임대인이 해지 통지를 하게 되면 묵시적갱신이 안 된다.

(2) 기간 및 중도해지

구분	내 용
주임법의 주택	• 2년으로 본다. • 임차인이 임대인에 계약해지의 통고를 할 수 있고, 임대인이 그 통지를 받은 날부터 3개월이 경과하면 소멸한다. • 임대인은 2년 이내에 계약해지 할 수 없다.
상임법의 상가	• 1년으로 본다. • 임차인이 임대인에 계약해지의 통고를 할 수 있고, 임대인이 그 통지를 받은 날부터 3개월이 경과하면 소멸한다. • 임대인은 1년 이내에 계약해지 할 수 없다.
일반적 임차계약(민법)	• 전 임대차와 동일하다. • 토지 건물 기타 공작물에 대하여 ① 임대인이 해지를 통고하고 임차인이 통고를 받은 날로부터 6개월이 경과하면 해지의 효력이 생긴다. ② 임차인이 해지를 통고하고 임대인이 통고를 받은 날로부터 1개월이 경과하면 해지의 효력이 생긴다.

5 묵시적갱신의 기타 적용

1. 묵시적갱신 후 계약해지 시 중개수수료

주택이나 상가를 임대한 후 임대차 기간이 만료하고 묵시적갱신 상태에서 임차인은 언제든지 임대인에게 계약해지의 통고를 할 수 있고, 임대인이 통고를 받은 날부터 3개월이 지나면 효력이 발생한다. 그런데 비록 임차인의 사정으로 계약을 해지하지만 새로운 임대차 계약에 대한 임대인 측 중개수수료는 임대인이 부담하는 것을 원칙으로 한다.

임차인이 부담하는 경우라면 임대인에 대한 손해배상적 성격이 강하지만 묵시적갱신의 경우 당초의 임대차 기간은 지킨 후 계약연장 차원에서 보는 시각이 강하므로 임대인의 피해는 없다. 국토해양부에서도 임대차 계약 만료 후 자동 연장되어 계약기간이 경과되지 않고 이사를 할 경우에 중개수수료의 부담은 '중개의뢰인인 임대인과 새로운 임차인 쌍방이 부담하는 것이 원칙'이라고 유권해석을 하고 있다.

| 관련 판례 |

1년을 약정한 임차인이 잔여기간 3개월을 남기고 나갈 경우에 임대인이 새 임차인과 임차계약을 맺으면서 지출한 중개수수료는 임차인이 부담하기로 하는 특별한 약정이 없는 한, 임차인이 부담할 성질의 것이 아니므로 임대인은 임차인이 약정한 임대차 기간이 종료되기 전에 계약관계의 청산을 요구하였기 때문에 중개수수료를 부담하여야 한다고 주장하나, 임차인과의 임대차 계약이 정상적으로 종료된 경우도 임대인은 어차피 새로운 임차인과 임대차 계약 체결을 위하여 중개수수료를 지불하여야 하므로, 임차인이 중개수수료를 부담하여야 한다고 볼 수 없다.

―서울 지방법원 민사9부 1998. 7. 1. 선고 97나55316 판결 요약

2. 상가의 계약갱신 요구 5년과 묵시적갱신

상가에서 임차인의 계약갱신요구권은 임차인이 임대차 기간이 만료되기 6개월 전부터 1개월 전까지 계약의 갱신을 요구하면 그 단서에서 정하는 사유가 없는 한 임대인이 갱신을 거절할 수 없는 것을 내용으로 하면서 임차인의 주도로 임대차 계약의 갱신을 달성하려는 것이다. 이에 비하여 묵시적갱신은 임대인이 위와 같은 기간 내에 갱신거절의 통지 또

는 조건변경의 통지를 하지 않으면 임대차 기간이 만료된 때에 임대차의 갱신을 의제하는 것으로서, 기간의 만료로 인한 임대차관계의 종료에 임대인의 적극적인 조치를 요구한다. 이와 같이 이들 두 법 조항상의 각 임대차갱신 제도는 그 취지와 내용을 서로 달리하는 것이므로, 임차인의 갱신요구권에 관하여 전체 임대차 기간을 5년으로 제한하는 규정은 묵시적갱신에 대하여는 적용되지 않는다.

| Q&A |

5년의 임차기간 후의 묵시적갱신

Q 임대인 갑과 임차인 을은 2010년 2월 1일에 보증금 5,000만 원, 월차임 200만 원으로 임대차 계약을 했고, 3년이 되는 2013년 2월 1일에 월차임을 250만 원으로 인상했다. 그리고 최초 계약한 지 5년이 되는 2015년 2월 1일에 임대인 갑은 임차인 을에게 가게를 비워 달라고 요구하였다. 임대차 기간이 만료되기 6개월 전부터 1개월 전까지 사이에 계약 갱신 거절에 대한 아무런 조치를 취하진 않은 임대인은 "임대차 기간이 5년을 초과하지 않는 범위에서만 임차인이 계약갱신요구권을 행사할 수 있다."고 하며 임차인에게 나갈 것을 요구한 것이다. 임차인은 5년은 지났지만 묵시적갱신을 주장하여 1년 더 영업을 할 수 있을까?

할 수 있다. 임차인의 계약갱신요구권은 최초의 임대차 기간을 포함한 전체 임대차 기간이 5년을 초과하지 않는 범위에서만 행사할 수 있으며, 그 취지와 내용이 묵시적갱신과는 서로 다르다. 그러므로 임차인의 갱신요구권에 관하여 전체 임대차 기간을 5년으로 제한하는 규정은 묵시적갱신에 대하여는 적용되지 않는다.

구 상가건물 임대차보호법(2009. 1. 30. 법률 제9361호로 개정되기 전의 것) 제10조 제1항에서 정하는 임차인의 계약갱신요구권은 임차인이 임대차 기간이 만료되기 6개월 전부터 1개월 전까지 사이에 계약의 갱신을 요구하면 그 단서에서 정하는 사유가 없는 한 임대인이 그 갱신을 거절할 수 없는 것을 내용으로 하여서 임차인의 주도로 임대차 계약의 갱신을 달성하려는 것이다. 이에 비하여 같은 조 제4항은 임대인이 같은 기간 내에 갱신거절의 통지 또는 조건변경의 통지를 하지 않으면 임대차 기간이 만료된 때에 임대차의 갱신을 의제하는 것으로서, 기간 만료로 인한 임대차관계의 종료에 임대인의 적극적인 조치를 요구한다. 이와 같이 이들 두 법 조항상의 각 임대차갱신제도는 그 취지와 내용을 서로 달리하는 것이므로, 임차인의 갱신요구권에 관하여 전체 임대차 기간을 5년으로 제한하는 같은 조 제2항의 규정은 같은 조 제4항에서 정하는 법정갱신에 대하여는 적용되지 않는다.

−대법원 2010. 6. 10. 선고 2009다64307 판결 요약

218

CHAPTER 2

임대차와 전대차

1 전대차

　상가나 주택을 임차한 세입자가 일부분 또는 전부를 다시 제삼자에게 임대하기도 하는데 흔히 전전세라고 부른다. 일상생활에는 여러 형태의 계약관계로 거주하거나 영업을 하곤 한다. 집주인으로서 또는 전차인으로서 할 수 있는 것과 해야 할 것을 여러 가지 경우로 나누어 정리해 본다.

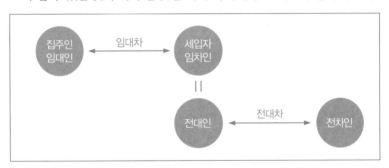

　임대차는 임대인(집주인)과 임차인(세입자)과의 계약이다. 그리고 전대차는 임차인이 다시 임대인이 되어 다른 사람(전차인)에게 임대하는 것을 말한다. 즉 임차인과 전대인은 같은 사람이다. 임차권의 전대가 있게 되면, 종전의 임차인은 임대차 관계를 유지하여 계속해서 임차인의 지위를 갖는다. 다만, 전차인에 대한 관계에서는 임대인의 지위에서 각종 권리와 의무를 부담한다.

　민법에서는 원칙적으로 임차권의 양도 및 임차물의 전대를 금하고, 임대인의 동의가 있는 경우만 유효하게 양도 또는 전대할 수 있는 것으로 하고 있다. 임차인이 임대인의 동의 없이 그의 임차권을 양도하거나 전대한 때는 임대인은 임대차 계약을 해지할 수 있다.

다만, 임차인이 건물 일부분을 제삼자에게 사용하게 하는 경우는 임대인의 동의가 필요하지 않다. 예를 들면, 상가건물을 임차하여 슈퍼마켓을 운영하던 중 주인의 허락 없이 가게의 일부분을 다른 사람에게 떡볶이 코너로 운영할 수 있도록 세를 주거나, 또는 방 3개짜리 주택을 임대차 계약하고 살던 중 집주인의 허락 없이 방 1개를 임차인의 친구에게 월세를 주는 것을 말한다. 하지만 상가건물에서 일부를 전대한 경우 임차인이 5년 이내에서 계약갱신요구권이 있음에도 불구하고 임대인이 계약갱신을 거절할 수 있다.

│ 관련법 │

〔민법〕 제629조 「임차권의 양도, 전대의 제한」
① 임차인은 임대인의 동의 없이 그 권리를 양도하거나 임차물을 전대하지 못한다.
② 임차인이 전항의 규정에 위반한 때는 임대인은 계약을 해지할 수 있다.

〔민법〕 제632조 「임차건물의 소분분을 타인에게 사용케 하는 경우」
전3조의 규정은 건물의 임차인이 그 건물의 소부분을 타인에게 사용하게 하는 경우에 적용하지 아니한다.

〔상가건물 임대차보호법〕 제10조 「계약갱신 요구 등」
① 임대인은 임차인이 임대차 기간이 만료되기 6개월 전부터 1개월 전까지 사이에 계약갱신을 요구할 경우 정당한 사유 없이 거절하지 못한다. 다만, 다음 각 호의 어느 하나의 경우는 그러하지 아니하다.
4. 임차인이 임대인의 동의 없이 목적 건물의 전부 또는 일부를 전대한 경우

2 무단 전대

1. 일반적인 무단 전대

임차인은 원칙적으로 전차인을 위하여 임대인의 동의를 받아줄 의무가 있다. 임대인의 동의가 없는 전차인의 점유는 임대인에 대한 관계에서 불법점유가 된다. 따라서 임대인은 임차인과의 임대차 계약으로 임차인에게 임대목적물을 반환할 것을 청구할 수 있다. 참고로 임대인은 직접 계약 당사자가 아닌 전차인에게 임대목적물을 인도할 것을 청구하지는 못한다.

임대인은 임차인의 무단 전대를 이유로 임대차 계약을 해지할 수 있다. 그러나 임대차 계약을 해지하기 전까지 임대차는 유효하므로 임차인은 임차인으로서의 지위를 유지한다.

2. 특별한 사정의 무단 전대

A는 S학교법인과 임대차 계약을 하고 가구점을 운영하였다. 그러던 중 부부 사이인 B와 이혼하면서 임대인의 동의 없이 B 씨에게 임차권을 양도하였다. B 씨는 혼자서 여전히 동일한 가구점을 운영하였고 그 뒤 A 씨와 B 씨는 재혼을 하여 가구점을 운영하였다. 임대인인 S학교법인은 민법 제629조의 임차권의 양도, 전대의 제한을 근거로 해지권을 행사할 수 있을까?

실질적으로 임대인 S학교법인의 인적 신뢰나 경제적 이익을 해치는 것도 아니고, 이와 같은 경우는 임대차 관계를 계속하기 어려운 배신적 행위라고 인정할 수 있는 특별한 사정이 있는 경우도 아니므로, S학교법인은 계약해지권이 발생하지 않고 B 씨는 임차권의 양수나 이에 터잡은 사용 · 수익을 임대인에게 주장할 수 있다고 보는 것이 옳다.

가. 민법 제629조는 임차인은 임대인의 동의 없이 그 권리를 양도하거나 전대하지 못하고, 임차인이 이에 위반한 때는 임대인은 계약을 해지할 수 있다고 규정하고 있는 바 이는 민법상의 임대차 계약은 원래 당사자의 개인적 신뢰를 기초로 하는 계속적 법률 관계라는 것을 고려하여 임대인의 인적 신뢰나 경제적 이익을 보호하여 이를 해치지 않게 하고자 함에 있으며, 임차인이 임대인의 승낙 없이 제삼자에게 임차물을 사용 · 수익시키는 것은 임대인에게 임대차 관계를 계속시키기 어려운 배신적 행위가 될 수 있는 것이기 때문에 임대인에게 일방적으로 임대차 관계를 종지시킬 수 있도록 하고자 함에 있다.

나. 임차인이 임대인으로부터 별도의 승낙을 얻은 바 없이 제삼자에게 임차물을 사용 · 수익하도록 한 경우에 있어서도 임차인의 당해 행위가 임대인에 대한 배신적 행위라고 인정할 수 없는 특별한 사정이 있는 경우는 이 법조항에 의한 해지권은 발생하지 않는다.

－대법원 1993.4.27. 선고 92다45308 판결 요약

3. 일부분 무단 전대

마포에서 면적이 약 150㎡인 슈퍼마켓을 운영하는 임차인은 한쪽 코너에 약 10㎡의 정육점을 들였다. 전체 면적의 일부분이라서 집주인의 동의를 받지 않았다. 이 사실을 안 집주인이 본인의 동의 없이 재임대를

했다는 이유로 임대차 계약을 해지하겠다고 했다.

  이렇듯 임차 계약한 건물에서 일부분을 재임대하는 경우는 임대인의 동의를 받지 않아도 된다. 그러나 계약기간 동안 계약해지를 할 수 없을 뿐이며, 계약기간이 만료된 후 재계약 할 때는 일부분 재임대를 이유로 임대인이 이를 문제 삼아 계약갱신을 거절할 수 있다.

4. 전세권자의 무단 전대

  등기사항증명서에 전세권 설정을 한 전세권자는 임대인의 동의 없이도 재임대를 할 수 있을 뿐만 아니라 전세권을 양도하는 것도 가능하다.

| 관련법 |

〔민법〕 제306조 「전세권의 양도, 임대 등」
전세권자는 전세권을 타인에게 양도 또는 담보로 제공할 수 있고 그 존속기간내에서 그 목적물을 타인에게 전전세 또는 임대할 수 있다. 그러나 설정행위로 이를 금지한 때는 그러하지 아니하다.

【 을 구 】				(소유권 이외의 권리에 관한 사항)
순위번호	등기 목적	접수	등기 원인	권리자 및 기타 사항

1	전세권 설정	2015년 1월 5일 제3005호	2015년 1월 4일 설정계약	전세금 5,000,000원
				범 위 건물전부
				존속기간 2014년 1월 5일부터
				    2016년 1월 4일까지
				전세권자 최병석 720000-1000000
				    서울특별시 마포구 성산동 100

1-1	1번 전세권	전전대	2015년 1월 5일 제3005호	전세금 5,000,000원
				범 위 건물전부
				존속기간 2015년 1월 5일부터
				    2016년 1월 2일까지
				전세권자 서정훈 720000-1000000
				    서울특별시 마포구 성산동 100

전세권 설정 사례

3 적법한 전대

1. 임대인의 동의가 있는 경우

임대인의 동의가 있으면 하나의 임대목적물에 두 개의 유효한 임대차 계약이 존재하게 된다. 임대인과 임차인 사이의 임대차 계약과 전대인과 전차인 사이의 전대차계약이다.

하나의 임대목적물에 두 개의 유효한 계약이 있으므로 전차인이 누구에게 차임을 지급할 것인지, 계약만료 후 임대인은 누구에게 보증금을 지급할 것인지 그리고 상가의 전차인도 임차인처럼 5년간 보장 받을 수 있는지 등 검토할 사항이 많다.

2. 임차인의 차임지급 의무

전대차에도 불구하고 임대인과 임차인 간의 임대차관계는 유효하다. 따라서 임차인은 여전히 임대인에게 차임을 지급하여야 하며 임대인은 임대목적물의 수선의무를 갖는다.

3. 전차인의 차임지급 의무

임대인과 전차인 간은 직접적인 계약 당사자가 아니지만, 전차인은 임대인에게 직접 의무를 부담한다. 하지만 전차인은 임대인에게 직접 권리를 갖는 것은 아니고 전차인은 전대인에 대한 차임의 지급으로서 임대인에게 대항하지 못한다. 즉 전차인이 차임지급 시기 전에 임차인에게 차임을 지급하고 임차인이 인대인에게 차임을 지급하지 않았다면 전차인은 임대인에게 차임을 이중으로 지급해야 한다.

그러나 차임지급 시기 이후에 전차인이 임차인에게 지급한 차임으로 임대인에게 대항할 수 있다. 즉 전차인이 차임지급 시기 이후에 임차인에게 차임을 지급하였다면 전차인은 임대인에게 차임을 이중으로 지급하지 않아도 된다.

전차인이 임대인에게 직접 차임을 지급한 때는 그 한도 내에서 임차인에 대한 차임채무를 면하며 임대차와 전대차가 동시에 종료한 경우라면 전차인이 임대인에게 목적물을 반환함으로써 임차인에 대한 반환의무는 면하게 된다.

| 관련법 |

〔민법〕제630조 「전대의 효과」
① 임차인이 임대인의 동의를 얻어 임차물을 전대한 때는 전차인은 직접 임대인에 대하여 의무를 부담한다. 이 경우에 전차인은 전대인에 대한 차임의 지급으로써 임대인에게 대항하지 못한다.
② 전항의 규정은 임대인의 임차인에 대한 권리행사에 영향을 미치지 아니한다.

4. 임대인과 임차인의 합의로 계약 종료

전대차는 임대차를 전제로 하여 성립한 것이므로 그 기초인 임대차가 소멸하면 전대차도 소멸함이 원칙이다. 그러나 임대인의 동의를 얻어서 전대한 경우 전차인의 보호를 위해 임대인과 임차인의 합의로 임대차 계약을 종료한 때도 전차인의 권리는 소멸하지 않는다.

상가건물 임대차보호법의 한도금액(서울 4억 원)을 초과하고 임차인의 계약갱신요구권 5년을 초과했을 때 임대인이 임대차 계약을 해지하는 경우 임대인은 그 사유를 미리 전차인에게 통지하고 6개월이 지나면 전대차 계약도 해지되는 효과가 생긴다.

| 관련법 |

〔민법〕제631조 「전차인의 권리의 확정」
임차인이 임대인의 동의를 얻어 임차물을 전대한 경우는 임대인과 임차인의 합의로 계약을 종료한 때도 전차인의 권리는 소멸하지 아니한다.

〔민법〕제635조 「기간의 약정없는 임대차의 해지통고」
① 임대차 기간의 약정이 없는 때는 당사자는 언제든지 계약해지의 통고를 할 수 있다.
② 상대방이 전항의 통고를 받은 날로부터 다음 각호의 기간이 경과하면 해지의 효력이 생긴다.
1. 토지, 건물 기타 공작물에 대하여는 임대인이 해지를 통고한 경우는 6개월, 임차인이 해지를 통고한 경우는 1개월

〔민법〕제638조 「해지통고의 전차인에 대한 통지」
① 임대차약정이 해지의 통고로 인하여 종료된 경우에 그 임대물이 적법하게 전대되었을 때는 임대인은 전차인에 대하여 그 사유를 통지하지 아니하면 해지로써 전차인에게 대항하지 못한다.
② 전차인이 전항의 통지를 받은 때는 제635조 제2항의 규정을 적용한다.

---

5. 임대인의 전차인에 대한 보증금 지급

임대차 기간 만료 후 임대인은 계약 당사자인 임차인에게 보증금을 돌려주어야 하지만 임대인이 전차인에게 보증금을 주어야 하는 것은 아니다. 하지만 전대차계약이 아닌 임차권양도계약으로 임차인이 바뀐 것이라면 임대인은 신규 임차인에게 임대차 기간 만료 후 보증금을 돌려줘야 한다.

건물소유자가 임차인에 대하여 전대승낙을 하였다 하더라도 그러한 사실만으로 전차인에게 전차보증금을 반환할 의무를 부담하는 것은 아니다.

—서울고법 1982. 6. 22. 선고 81나3579 제10민사부 판결 확정 요약

| Q&A 1 |

영업양도의 보증금 반환 당사자

Q 의류판매대리점 영업을 하던 A는 집주인 C의 동의를 받아 B에게 의류판매대리점 영업을 양도하였다. 집주인 C와 직접 계약서를 작성하지 않은 양수인 B는 임대차 기간 만료 후 집주인 C에게 보증금의 반환을 요청하였다. 여기서 집주인 C는 B에게 보증금을 지급해야 할까?

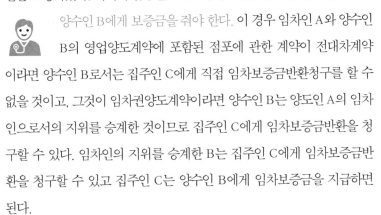

양수인 B에게 보증금을 줘야 한다. 이 경우 임차인 A와 양수인 B의 영업양도계약에 포함된 점포에 관한 계약이 전대차계약이라면 양수인 B로서는 집주인 C에게 직접 임차보증금반환청구를 할 수 없을 것이고, 그것이 임차권양도계약이라면 양수인 B는 양도인 A의 임차인으로서의 지위를 승계한 것이므로 집주인 C에게 임차보증금반환을 청구할 수 있다. 임차인의 지위를 승계한 B는 집주인 C에게 임차보증금반환을 청구할 수 있고 집주인 C는 양수인 B에게 임차보증금을 지급하면 된다.

| 관련 판례 |

의류판매대리점 영업을 하던 점포 임차인이 그 영업을 양도하면서 점

포도 넘겨주기로 한 계약이 영업양도계약에 부수하여 이루어졌고, 임대차 계약서 양식이 아니라 매매 계약서 양식을 이용하여 계약을 체결하였으며, 양수인과 임차인이 함께 임대인을 찾아가 영업양수인과 새로운 임대차 계약을 체결하여 줄 것을 요구하였고, 영업을 양도한 이후 점포에 관한 임차권의 권리관계에서 임차인의 지위를 유지시켜야 할 이익을 인정할 수 없다면 양수인과 임차인 사이에서 이 점포를 넘겨주기로 한 계약은 전대차계약이 아니라 임차권의 양도계약이다.

–대법원 2001. 9. 28. 선고 2001다10960 판결 요약

| Q&A 2 |

일방적 임차권양도의 보증금 반환 당사자

Q A는 B에게 1층 상가를 임대하면서 임대물의 전부 또는 일부분을 타인에게 사용하게 할 수 없도록 특약했다. 어느 날 임차인 B는 해당 상가의 임차보증금반환채권을 제삼자인 C에게 양도하고 그 양도 사실을 집주인 A에게 내용증명 우편으로 통지했다. 이때 상가의 임대차 기간이 만료된 뒤에 집주인 A는 누구에게 임차보증금을 반환해야 할까?

 임차보증금반환채권을 양수인에게 반환해야 한다. 임차보증금반환청구채권은 임차목적물의 사용·수익을 포함한 임차인의 권리 중 하나이다. 비록 특약으로 임차권의 양도를 제한하고 있으나 계약이 종료된 후 임차보증금의 반환을 청구할 수 있는 임차보증금반환채권만을 양도하는 것까지 제한되는 것은 아니다. 따라서 집주인 A는 이 상가의 임대차 계약이 종료된 후 임차보증금반환채권 양수인 C에게 임차

보증금을 반환해야 한다.

임차인과 임대인 간의 약정에 의하여 임차권의 양도가 금지되어 있다 하더라도 그러한 사정만으로 임대차 계약에 따른 임차보증금반환채권의 양도까지 금지되는 것은 아니므로, 임차인 B가 양수인 C에게 임차목적물에 대한 임차권뿐만 아니라 임차보증금반환채권을 양도하고, 임대인 A에게 임차보증금반환채권이 C에게 양도되었다는 통지를 한 이상, 그 뒤 A와 B 간의 임대차 계약이 종료되는 경우, C는 임차보증금반환채권의 양수인으로서 A가 B와 C 간의 임차권양도에 동의하였는지 여부에 상관없이 A에 게 임차보증금의 반환을 요구할 수 있다.

6. 전차인의 계약갱신 요구

상가건물 임대차보호법에서 환산보증금액 관계없이 임차인은 5년을 초과하지 않는 범위에서 계약갱신요구권을 가지며 전차인도 임차인의 범위 내에서 보호를 받는다.

| Q&A |

계약갱신요구

Q 상가건물을 소유하고 있는 갑은 식당을 운영하고자 하는 B와 임대 기간 2년으로 임대차 계약을 하였다. 임대차 기간이 1년쯤 지났을 때 영업 실적이 좋지 않던 임차인 을은 주인과 동의하고 병과 전대차 계약을 하고 병이 계속해서 식당을 운영했다. 그리고 1년이 지나 임대차 기간 2년이 될 무렵 상가건물 주인 갑은 병에게 나가라고 요구했다. 병은 나

가야 할까?

 나가지 않아도 된다. 임차인이 최초 계약 후 1년이 경과하고 전대차계약을 했다면 전차인은 앞으로 4년간만 계약갱신요구를 할 수 있다. 임차인이 앞서서 1년을 사용 수익하였으므로 전차인은 임차인의 계약갱신요구권 5년 중 4년만 보장되는 것이다.

> **| 관련법 |**
>
> 〔상가건물 임대차보호법〕제13조 「전대차관계의 대한 적용 등」
> ② 임대인의 동의를 받고 전대차계약을 체결한 전차인은 임차인의 계약갱신요구권 행사기간 이내에 임차인을 대위하여 임대인에게 계약갱신요구권을 행사할 수 있다.

7. 전차인의 전입신고

전차인이 전입신고를 하면 적법한 대항력을 갖게 된다.

| Q&A |

전차인의 법적 보호

Q 직장인 D는 마포에서 원룸을 보증금 500만 원에 월세 50만 원의 월세로 살고 있었다. 어느 날 D는 개인 사정 때문에 살고 있던 원룸을 다시 세를 놓기로 하고 E에게 보증금 500만 원에 월세 40만 원으로 재임대했다. 물론 집주인의 동의도 받았다. E는 법적으로 보호 받을 수 있을까?

적법한 대항력을 취득한 것이다. 전차인 E는 주택을 인도받고 전입신고를 하면 주택임대차보호법의 적용을 받는다. 즉 E는 대항력을 취득하게 되어 임대인이 바뀌더라도 기존 계약을 주장하여 계약 만료일까지 거주할 수 있다.

| 관련 판례 |

주택임차인이 임차주택을 직접 점유하여 거주하지 않고 그곳에 주민등록을 하지 않은 경우라 하더라도, 임대인의 승낙을 받아 임차주택을 전대하고 그 전차인이 주택을 인도받아 자신의 주민등록을 마친 때는, 이로써 당해 주택이 임대차의 목적이 되어 있다는 사실이 충분히 공시될 수 있으므로, 임차인은 주택임대차보호법에 정한 대항요건을 적법하게 갖추었다고 볼 것이다.

-대법원 2007.11.29. 선고 2005다64255 판결 요약

8. 전대차에서 임차인의 우선변제권

전차인은 제삼자에 대한 대항력 및 우선변제권에 대한 권리가 상가건물 임대차보호법에 규정되어 있지 않아 확정일자 부여 대상이 아니다. 만일 관할 세무서 업무처리 과정에서 전차인과 임차인을 구별하지 못하여 확정일자를 부여한 경우도 전차인은 대항력이 없으므로 우선변제권이 없다. 다만, 전차인은 전대인이 임차인으로서 사업자등록 및 확정일자를 부여받아 우선변제권을 취득한 경우 임차인의 임대보증금에 대하여 민법 규정의 채권자 대위권을 행사하여 임차보증금이 변제를 받을 수 있다.

전차인의 보증금 청구

Q 다음과 같은 순서로 임대차 계약과 전대차계약이 이루어졌고 임대인 갑이 대출금의 원리금을 상환하지 않아서 경매가 진행됐다. 전차인 병은 경매의 낙찰자인 정에게 계약기간 만료 후 보증금 1억 원을 청구할 수 있을까?

– 경과

1. 2011년 2월 1일 '갑'으로 소유권 이전

2. 2012년 2월 1일 임대인 갑과 임차인 을의 보증금 1억 원의 임대차
계약

을의 주택 인도 및 전입신고

3. 2012년 8월 1일 임차인 을과 전차인 병의 보증금 1억 원의 전대차
계약(임대인 갑의 동의)

임차인 을의 주민등록을 퇴거

전차인 병의 주민등록 전입

4. 2013년 2월 1일 K은행 근저당권 설정

5. 2013년 8월 1일 경매 및 1억 5,000만 원에 '정'이 낙찰

 청구할 수 있다. 전대인(임차인) 자신이 주택임대차보호법의 대항요건을 갖춘 경우 임차인으로부터 적법하게 전차한 전차인에게도 주택임대차보호법의 대항력이 인정된다. 임차인 을은 K은행의 근저당설정보다 선순위로 대항력을 확보하였고, 대항력을 갖춘 임차인 을로부터 적법하게 전차를 한 전차인 병 또한 대항력을 갖추게 되어 경매의

매수인인 정에게 임대차 기간 만료 후 보증금을 청구할 수 있다.

주택임대차보호법 제3조 제1항에 의한 대항력을 갖춘 주택임차인이 임대인의 동의를 얻어 적법하게 임차권을 양도하거나 전대한 경우, 양수인이나 전차인에게 점유가 승계되고 주민등록이 단절된 것으로 볼 수 없을 정도의 기간 내에 전입신고가 이루어졌다면 비록 이 임차권의 양도나 전대에 의하여 임차권의 공시방법인 점유와 주민등록이 변경되었다 하더라도 원래의 임차인이 갖는 임차권의 대항력은 소멸되지 아니하고 동일성을 유지한 채로 존속한다고 보아야 한다. 이러한 경우 임차권 양도에 의하여 임차권은 동일성을 유지하면서 양수인에게 이전되고 원래의 임차인은 임대차관계에서 탈퇴하므로 임차권 양수인은 원래의 임차인이 주택임대차보호법 제3조의2 제2항 및 같은 법 제8조 제1항에 의하여 가지는 우선변제권을 행사할 수 있고, 전차인은 원래의 임차인이 주택임대차보호법 제3조의2 제2항 및 같은 법 제8조 제1항에 의하여 가지는 우선변제권을 대위 행사할 수 있다.

-대법원 2010. 6. 10. 선고 2009다101275 판결 요약

| Q&A 2 |

전대차에서 임차인의 우선변제권

Q　B는 강남에서 보증금 3,000만 원에 월차임 200만 원으로 상가를 임차하여 사업자등록을 하고 확정일자를 받았다. 영업하던 중 개인

적 사정으로 건물주 A의 동의를 얻어 C에게 상가를 전대하였다. C도 사업자등록을 하고 영업을 하였고, 그 뒤 이 상가가 경매가 진행되었는데 B씨는 우선변제권을 행사하여 배당받을 수 있을까?

 배당받을 수 있다. 상가건물 임대차보호법의 대항력과 우선변제권이 있는 임차인 B가 집주인 A의 동의를 얻어 적법하게 C에게 전대하고 C 또한 사업자등록을 하였다면, 임차인 B는 대항력과 우선변제권을 계속 유지한다.

하지만 만일에 전차인 C가 그 명의로 사업자등록을 하지 않은 경우에 임차인 B는 대항력과 우선변제권이 없게 되어 배당받을 수 없게 된다. 그리고 전차인 C는 사업자등록을 하더라도 본인은 대항력이 없다.

| 관련 판례 |

가. 상가건물의 임차인이 임대차보증금 반환채권에 대하여 상가건물 임대차보호법 제3조 제1항 소정의 대항력 또는 같은 법 제5조 제2항 소정의 우선변제권을 가지려면 임대차의 목적인 상가건물의 인도 및 부가가치세법 등에 의한 사업자등록을 구비하고, 관할 세무서장으로부터 확정일자를 받아야 하며, 그중 사업자등록은 대항력 또는 우선변제권 취득요건일 뿐만 아니라 존속요건이기도 하므로, 배당요구의 종기까지 존속하고 있어야 한다.

나. 부가가치세법 제5조 제4항, 제5항의 규정 취지에 비추어 보면, 상가건물을 임차하고 사업자등록을 마친 사업자가 임차 건물의 전대차 등으로 당해 사업을 개시하지 않거나 사실상 폐업한 경우는 그 사업자등록은

부가가치세법 및 상가건물 임대차보호법이 상가임대차의 공시방법으로 요구하는 적법한 사업자등록이라고 볼 수 없고, 이 경우 임차인이 상가건물 임대차보호법상의 대항력 및 우선변제권을 유지하기 위해서는 건물을 직접 점유하면서 사업을 운영하는 전차인이 그 명의로 사업자등록을 해야 한다.

-대법원 2006. 1. 13. 선고 2005다64002 판결 요약

CHAPTER 3

차임과 보증금의 증감

요즘 뉴스에는 전세금이 오른다는 소식이 하루도 거르지 않고 나온다. 서울 아파트 전세금은 25주 연속 상승이다. 2015년 말과 2016년 초에는 고덕지구 등 재건축 이주 수요로 인해 엎친 데 덮친 격으로 전세난이 가중되고 있다. 오른 금액에라도 전세를 구할 수 있으면 다행인 실정이다.

기존에 전세를 살고 있는 많은 사람은 계속해서 재계약을 하고 싶어 하지만 전세보증금이 너무나 많이 올라 감당하지 못하고 다른 지역으로 이사를 하거나 월세를 추가로 지급하면서 재계약을 하기도 한다.

1 임대차 증액 계약

1. 기존 임대차 계약서는 보관

기존 임대차 계약서는 임대보증금에 대한 권리의 증빙서류이며 분실되거나 훼손될 경우 예기치 못하게 보증금을 손해 볼 수도 있으므로 잘 보관해야 한다. 또한 임대차 계약서의 원본은 경매가 진행될 때 임대차보증금을 배당 받기 위해 꼭 있어야 한다.

2. 새로운 계약서를 작성해야 한다

전세보증금 3억 원에서 3,000만 원을 올려 3억 3,000만 원으로 계약할 때는 기존 3억 원의 전세계약서는 절대 버리거나 훼손하지 말고 잘 보관하며, 3억 3,000만 원의 인상된 계약서를 작성한 후 주민센터를 방문하여 새로운 계약서 확정일자를 받는다. 인상된 3,000만 원에 대해서는 확정일자를 새로 받는 날부터 대항력과 우선변제권이 생긴다. 만약 기존 계약서와 새로운 계약서의 사이에 근저당 설정이 되었다면 인상된 3,000만 원의 우선변제권은 중간에 설정된 근저당보다 후순위가 된다. 즉 경매에 넘어가면 3,000만 원에 대해서는 근저당권자보다 후에 배당이 되므로 낙찰금이 부족할 때는 3,000만 원에 대해서는 못 받거나 적게 받을 수도 있다.

증액계약의 사례

1. 임차인 홍길동 전세계약 3억 원 : 2012년 1월 1일 계약 및 확정일자
2. A은행 담보대출 1억 원 : 2013년 1월 1일 근저당권 설정
3. 임차인 홍길동 변경 전세계약 3억 3,000만 원 : 2014년 1월1일 계약 및 확정일자
4. B은행 담보대출 5,000만 원
→ 경매진행 및 4억 1,000만 원에 낙찰

배당 금액(집행비용 등은 제외)

1. 홍길동 : 3억 원
2. A은행 : 1억 원
3. 홍길동 : 1,000만 원
4. B은행 : 없음
→ 홍길동은 전세보증금이 3억 3,000만 원이지만 3억 1,000만 원만 배당 받는다.

새로운 계약서의 특약사항 난에 "금번 계약서는 임대인 ○○○와 임차인 ○○○의 20××년 ××월 ××일 임대차보증금 3억 원의 임대차 계약을 3,000만 원 인상한 계약이다."라고 특약사항을 기재해야 한다.

기존 계약서에서 3억 원을 빨간색으로 두 줄 긋고 3억 3,000만 원으로 명기한 후 인감을 찍고 확정일자를 받는 방법으로는 인상된 보증금의 보호를 받을 수 없다. 또한, 기존 확정일자를 받은 계약서 뒷면에 인상된 보증금과 지급일자 그리고 수령인을 명기하고 변경된 보증금액으로 확정일자를 받아도 증액된 보증금에 대한 우선변제권을 확보할 수 없다.

재계약 시에 공인중개사를 통해 계약서를 작성할 때는 인상된 보증금에 관한 중개수수료만 지급하면 될 것이고 증액된 계약금액 전체에 대해서 지급할 필요는 없다. 이 경우는 3,000만 원에 대한 중개수수료만 지급하면 된다. 처음 계약을 할 때의 공인중개사가 재계약을 할 때도 관여하게 된다면 보통은 10만 원 또는 5만 원의 대서료만 받는 경우도 있다.

2 임대차 계약금액 변경

1. 주택 전세금 인상

주택임대차보호법은 경제 사정의 변동으로 약정한 차임 또는 보증금이 상당하지 않을 때 당사자에게 각각 차임의 증감을 청구할 수 있는 권리를 주고 있다. 증액 시에는 임차인의 보호를 위하여 차임 또는 보증금의 1/20의 금액을 초과할 수 없도록 규정하고 있으며, 임대차 계약 또는 증액이 있었던 후 1년 이내에는 추가로 증액할 수 없도록 하고 있다.

그러나 이것은 임대차 기간 내에 한해서며 임대차 기간 2년이 끝나고 재계약할 때는 증액제한 규정을 받지 않으며, 임대차 계약 종료 전이라도 당사자의 합의로 차임 등이 증액된 경우는 증액제한 규정을 받지 않는다. 그래서 임대차 기간이 끝나면 기존의 전세금을 임대인이 과할 정도로 인상 요구하는 경우가 종종 있고 그것은 법에 위반되지 않는 것이다.

| 관련 판례 |

주택임대차보호법 제7조에서 "약정한 차임 또는 보증금이 임차주택에 관한 조세 · 공과금 기타 부담의 증감이나 경제사정의 변동으로 인하여 상당하지 아니하게 된 때는 당사자는 장래에 대하여 그 증감을 청구할 수 있다. 그러나 증액의 경우는 대통령령이 정하는 기준에 따른 비율을 초과하지 못한다."고 정하고 있기는 하지만 이 규정은 임대차 계약의 존속 중 당사자 일방이 약정한 차임 등의 증감을 청구한 때에 한하여 적용되고, 임대차 계약이 종료된 후 재계약을 하거나 임대차 계약 종료 전이라도 당사자의 합의로 차임 등이 증액된 경우는 적용되지 않는 것이다.

－대법원 2002. 6. 28. 선고 2002다23482 판결 요약

| 관련법 |

〔주택임대차보호법〕 제7조 「차임 등의 증감청구권」
당사자는 약정한 차임이나 보증금이 임차주택에 관한 조세, 공과금, 그 밖의 부담의 증감이나 경제사정의 변동으로 인하여 적절하지 아니하게 된 때는 장래에 대하여 그 증감을 청구할 수 있다. 다만, 증액의 경우는 대통령령으로 정하는 기준에 따른 비율을 초과하지 못한다.

〔시행령〕 제8조 「차임 등 증액청구의 기준 등」
① 법 제7조에 따른 차임이나 보증금(이하 '차임 등'이라 한다)의 증액청구는 약정한 차임 등의 20분의 1의 금액을 초과하지 못한다.
② 제1항에 따른 증액청구는 임대차 계약 또는 약정한 차임 등의 증액이 있은 후 1년 이내에는 하지 못한다.

주택 임대차 계약 종료 전에 10% 인상 요구

Q 정 씨는 주택을 전세금 3억 원에 계약기간 3년으로 임차하여 살고 있었다. 임대차 기간이 3개월쯤 남았을 때 집주인은 이런저런 이유를 들어 3개월 후 재계약할 때 보증금의 20%인 6,000만 원 인상을 통보했다. 주택임대차보호법에서 5% 인상까지만 허용한다고 들었는데, 5% 이상 요구할 수 있을까?

5% 이상 증액을 요구할 수 있고, 당사자 간에 합의를 해야 한다. 주택임대차보호법 제7조는 약정한 차임이나 보증금이 그 뒤의 사정변경으로 인하여 적절하지 않게 됐을 때는 당사자는 장래에 대하여 증감을 청구할 수 있다. 증액의 경우는 대통령령이 정하는 기준에 따른 비율을 넘지 못하게 규정되어 있고, 이 규정은 임대차 계약의 존속 중 당사자 일방이 차임 등의 증감을 청구한 때에 한하여 적용된다.

| 관련 판례 |

주택임대차보호법 제7조는 약정한 차임 또는 보증금이 그 뒤의 사정변경으로 인하여 상당하지 아니하게 된 때는 당사자는 장래에 대하여 그 증감을 청구할 수 있고, 증액의 경우는 대통령령이 정하는 기준에 따른 비율을 초과하지 못한다고 규정하고 있으므로, 이 규정은 임대차 계약의 존속 중 당사자 일방이 약정한 차임 등의 증감을 청구한 때에 한하여 적용되고, 임대차 계약이 종료된 후 재계약을 하거나 또는 임대차 계약 종료 전이라도 당사자의 합의로 차임 등이 증액된 경우는 적용되지 않는

것이다.

—대법원 1993.12.7. 선고 93다30532 판결 요약

2. 상가의 임대료 인상

(1) 환산보증금 일정 금액 이하는 법의 보호

상가건물 임대차보호법은 임대료 인상에 관하여 주택보다 임차인을 보호하는 내용을 담고 있다. 환산보증금이 일정 금액(서울 4억 원) 이하일 때는 법의 보호를 받는다. 임차인의 계약갱신요구권이 인정되는 5년 이내에 증액 시에는 임차인 보호를 위하여 차임 또는 보증금의 100분의 9의 금액을 초과하지 못하고, 임대차 계약 또는 증액이 있은 후 1년 이내에는 이를 하지 못한다는 제한을 두고 있다.

| Q&A |

9% 인상

Q 상가건물의 주인 K는 약국을 운영하고자 하는 L과 보증금 1,000만 원, 월차임 100만 원에 임대차 기간은 2년으로 임대차 계약을 했다. 임대차 기간이 만료되고 재계약을 하기로 했는데 집주인 K는 "최근 주변 임대료 시세가 많이 올랐다. 상임법에서 1년에 9%까지 임대료 인상이 가능하고 2년이 지났으므로 18% 인상하자."고 임차인 L에게 요구했다. 과연 정당한 요구일까?

 아니다. 9%까지만 임대료 인상을 요구할 수 있다. 임대료는 임대차 계약을 하고 나서 최소 1년 이후에 인상할 수 있다. 어

떤 사정으로 인하여 1년 이상의 기간이 경과한 후에라도 9%까지만 인상할 수 있으며, 2년이 지났다고 해서 18%까지 소급해서 인상할 수 있는 것은 아니다.

| 관련법 |

[상가건물 임대차보호법] 제10조 「계약갱신 요구 등」
② 임차인의 계약갱신요구권은 최초의 임대차 기간을 포함한 전체 임대차 기간이 5년을 초과하지 아니하는 범위에서만 행사할 수 있다.

[상가건물 임대차보호법] 제11조 「차임 등의 증감청구권」
① 차임 또는 보증금이 임차건물에 관한 조세, 공과금, 그 밖의 부담의 증감이나 경제 사정의 변동으로 인하여 상당하지 아니하게 된 경우는 당사자는 장래의 차임 또는 보증금에 대하여 증감을 청구할 수 있다. 그러나 증액의 경우는 대통령령으로 정하는 기준에 따른 비율을 초과하지 못한다.
② 제1항에 따른 증액 청구는 임대차 계약 또는 약정한 차임 등의 증액이 있은 후 1년 이내에는 하지 못한다.

[시행령] 제4조 「차임 등 증액청구의 기준」
법 제11조 제1항의 규정에 의한 차임 또는 보증금의 증액청구는 청구당시의 차임 또는 보증금의 100분의 9의 금액을 초과하지 못한다.

[상가건물 임대차보호법] 제15조 「강행규정」
이 법의 규정에 위반된 약정으로서 임차인에게 불리한 것은 효력이 없다.

(2) 주택과 상가의 차임 또는 보증금 인상 기준

차임 또는 보증금의 인상은 주택, 환산보증금이 일정 금액 이하의 상가, 환산보증금이 일정 금액을 초과하는 상가로 구분이 된다. 특히 환산보증금이 일정 금액(서울의 경우 4억 원)을 초과하는 상가는 상가건물 임대차보호법이 적용이 안되고 민법이 적용이 되므로 인상한도는 임대인과 임차인이 자율적으로 협의해야 한다.

구분		내용
주택		• 임대차 기간 내에는 5% 이하이며 1년 이내에는 재인상 금지 • 임대차 기간이 끝난 후 재계약 시는 인상한도가 없다.
상가	상임법 기준금액 이하	• 임대차 기간 내에는 9% 이하이며 1년 이내는 재인상 금지 • 최초 계약 후 5년 이내에는 증액할 때에 9% 이하 인상
	상임법 기준금액 초과	• 인상한도 및 기간규정은 없다. 당사자 간 협의해야 한다.

〈상가건물 임대차보호법의 적용대상 보증금액 [보증금+월세×100]〉

구분	보증금액(2014년 1월 1일부터)
서울특별시	4억 원 이하
수도권정비계획법에 따른 과밀억제권역	3억 원 이하
광역시(인천 제외) 및 안산, 용인, 김포, 광주시 등	2억 4,000만 원 이하
그 밖의 지역	1억 8,000만 원 이하

| Q&A 1 |

상가 임대인의 일방적인 5% 인상 요구

Q 임대인 K와 임차인 L은 상가 임대차 계약을 하면서 다음과 같은 특약을 하였다. "임대인은 경제사정의 변동으로 임대료 변경 요건이 발생하면 차임을 인상할 수 있고, 상대방은 이의를 제기할 수 없다. 단, 상임법의 9% 내에서 인상한다." 임차인 L은 상임법 내에서 인상하는 내용이므로 문제가 없을 것으로 생각했다. 그러던 중 계약 2년차가 되는 때에 집주인은 월세를 5% 인상한다는 통지를 해왔다. 여기서 임차인 L은 계약

조항에 따라 임대인 요구대로 월세를 올려주어야 할까?

 아니다. 협의를 해야 한다. 민법 제628조에서는 "임대물에 대한 공과부담의 증감 기타 경제사정의 변동으로 인하여 약정한 차임이 상당하지 아니하게 된 때는 당사자는 장래에 대한 차임의 증감을 청구할 수 있다."고 규정하고 있다. 또한, 민법 제652조에서는 "제628조 등의 규정에 위반하는 약정으로 임차인이나 전차인에게 불리한 것은 그 효력이 없다."고 하여 임차인을 보호하고 있다. 특약 내용 중 "임차인이 이의를 할 수 없다."는 내용은 임차인에게 불리한 약정으로 무효며 임대인 K씨의 월세 인상 요구에 임차인 L씨가 동의하지 않는 한 효력이 없다.

| 관련 판례 |

임대차 계약에 있어서 차임은 당사자 간에 합의가 있어야 하고, 임대차 기간 중에 당사자의 일방이 차임을 변경하고자 할 때도 상대방의 동의를 얻어서 하여야 하며, 그렇지 아니한 경우는 민법 제628조에 의하여 차임의 증감을 청구하여야 할 것이고, 만일 임대차 계약 체결 시에 임대인이 일방적으로 차임을 인상할 수 있고 상대방은 이의를 할 수 없다고 약정하였다면, 이는 강행규정인 민법 제628조에 위반하는 약정으로서 임차인에게 불리한 것이므로 민법 제652조에 의하여 효력이 없다.

-대법원 1992. 11. 24. 선고 92다31163, 31170 판결 요약

임대인이 임대료를 인상할 때는 법에 정하는 경제 사정 등의 타당한 이유가 있어야 한다. 임대차 기간이 만료되었으니 당연히 인상할 수 있는 것은 절대 아니다. 그리고 환산보증금이 일정 금액 이하인 상가는 5년 동

안 한 번 인상할 때 9% 범위를 초과할 수 없는 것은 당연하다. 만약 임대인이 근거도 없이 차임을 인상하려고 한다면 임차인은 거부할 수 있으며, 적정한 선에서 협의를 하면 좋지만, 만약 규정을 초과해서 임대인에게 차임을 지급하였다면 추후라도 법의 힘을 빌려 임대인으로부터 돌려받을 수 있다.

만약 임차인이 임대인의 차임 인상요구에 불응하고 협의가 되지 않으면 최종적으로 임대인은 임차인을 상대로 임차건물을 비우라는 명도소송을 할 것이고 법원은 임대인의 차임 인상요구가 타당한지 과한지를 판단하여 임차인을 퇴거시킬지를 결정한다.

법원이 적정한 임대료를 산정할 때는 주변 시세를 기준한다. 그러나 주변일지라도 위치, 준공연도, 건물 방향 등에 따라서 달라질 수밖에 없으며 주변 시세를 객관적으로 증명하기는 어렵다. 즉 본인이 주장할 자료를 잘 준비해야 한다.

법원이 직접 조사를 못 하므로 임대인과 임차인은 자신의 주장을 이해시킬 수 있도록 주변의 조건이 비슷한 상가의 임대차 계약서 사본을 구하거나 그 지역의 중개업자로부터 의견서 등을 받아 차임의 타당함을 입증해야 한다.

| Q&A 2 |

보증금과 월세를 동시에 9% 증액 요구

Q   임차인 갑은 마포에서 미용실을 보증금 5,000만 원, 월차임 200만 원에 임대기간은 2013년 1월 1일부터 2014년 12월 31일까지로 운

영하고 있다. 임차계약 기간이 종료될 때 임대인은 보증금과 월세를 한꺼번에 9%씩 올리려고 한다. 상가의 최고 인상률이 9%인데 보증금과 월세를 동시에 올릴 수 있을까?

 동시에 9% 증액 요구가 가능하다 상가건물 임대차보호법 제11조 제2항은 "증액청구는 임대차 계약 또는 약정한 차임 등의 증액이 있은 후 1년 이내에는 하지 못 한다."고 규정하고 있다. 따라서 임대인이 임대차 계약 체결 또는 차임의 증액이 있은 후 1년 이내에 일방적으로 차임의 증액을 청구하는 경우 효력이 없다.

상가건물 임대차보호법 시행령 제4조는 "차임 또는 보증금의 증액청구는 청구 당시의 차임 또는 보증금의 100분의 9의 금액을 초과하지 못한다."고 규정하고 있는 바, 여기에서 '차임 또는 보증금'의 의미를 어떻게 해석할 것인지가 문제이다. 임대인은 보증금 또는 차임에 대하여, 혹은 보증금 및 차임 모두에 대하여 같은 범위 내에서 증액을 청구할 수 있다. 이 경우 보증금 5,000만 원, 월세 200만 원에 임대차를 하는 경우, 증액할 수 있는 보증금과 월세의 한도는 보증금 5,450만 원 〔5,000만 원＋(5,000만 원×0.09)〕 월세 218만 원〔200만 원＋(200만 원×0.09)〕이 된다.

시행령에는 "9%를 초과하지 못한다."고 규정하고 있으므로, 임차인의 요청에 따라 인상 범위를 그 이하로 정하는 것은 상관이 없다. 한편, 증액청구는 '차임 또는 보증금이 임차건물에 관한 조세, 공과금 그 밖의 부담의 증감이나 경제사정의 변동으로 인하여 상당하지 아니하게 된 경우'에 할 수 있는 것이고, '불증액의 특약'이 없어야 할 수 있는 것이고 무조건

할 수 있는 것은 아니다. 만약 임대인과 임차인 당사자가 합의하지 못한다면 적절한 증액의 결정 문제는 결국 법원 판결로 결정될 수밖에 없다.

| Q&A |

임대인이 기간만료 전 월세증액 요구

Q 상가건물 임대차보호법 적용이 안되는 환산보증금 4억 원 초과의 서울에 있는 상가다. 임대차 기간은 3년으로 하여 임차하였는데 2년이 지날 즈음 집주인이 월세를 올리겠다고 통보했다. 임대인은 기간만료 전에 월세증액 요구를 할 수 있을까?

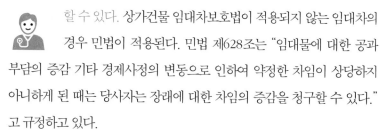 할 수 있다. 상가건물 임대차보호법이 적용되지 않는 임대차의 경우 민법이 적용된다. 민법 제628조는 "임대물에 대한 공과부담의 증감 기타 경제사정의 변동으로 인하여 약정한 차임이 상당하지 아니하게 된 때는 당사자는 장래에 대한 차임의 증감을 청구할 수 있다." 고 규정하고 있다.

따라서 임대차 기간 중이라도 약정차임이 상당하지 않게 되는 사정이 있다면 임대인은 차임의 증액을 청구할 수 있다. 특히, 상가건물 임대차보호법과는 달리 이 경우는 차임 증액의 한도나 기간과 같은 제한이 없다.

다만, 임대인이 일방적으로 차임을 증액하고 이를 임차인이 지급하지 않는다고 해서 바로 임대차 계약을 해지할 수는 없고, 임대인의 증액청구에 대해 임차인이 이를 거부하는 경우 임대인으로서는 소송을 제기하여 법원의 판결을 받아야 증액된 차임을 받을 수 있다. 또한, 이 경우 약정차임의 근거에 대해서는 임대인 측에서 입증해야 한다.

⑶ 바뀐 임대인이 임대료를 터무니없이 올릴 때

상가건물 임대차보호법은 "임차건물의 양수인은 임대인의 지위를 승계하는 것으로 본다."고 하였다. 즉 임차인은 임대차 기간 만료 후 새로운 집주인에게 보증금을 받을 수 있다. 전 소유자는 임대인으로서의 신규 소유자가 차임을 인상하거나 무리한 요구를 해서 임차인이 신규 소유자와 임대차관계를 원하지 않을 수도 있다. 이때는 임차인이 이의를 제기하면 승계되는 임대차관계의 구속을 면할 수 있고, 임대인과 임대차관계도 해지할 수 있다. 대항력 있는 주택임대차에서 기간만료나 당사자의 합의 등으로 임대차가 종료된 상태에서 임차주택이 양도됐지만 임차인이 임대인의 지위승계를 원하지 않는 경우 임차인이 임차주택의 양도 사실을 안 때로부터 상당한 기간 내에 이의를 제기하면 양도인의 임차인에 대한 보증금 반환채무는 소멸하지 않는다.

임대기간 만료 전에 임대차목적물의 소유자가 변동될 경우 임차인은 임대차 기간의 만료 전이라도 계약을 해지할 수 있다. 임차인은 임대인이 변경된 사실을 안 이후에 원래 임대인에게 계약해지를 통고하고, 보증금 반환을 청구하면 승계되는 임대차관계의 구속을 면할 수 있다.

3. 공정거래위원회의 시정권고

임대인의 일방적인 부당한 차임 증감 청구에 대해서 민법 제652조 강행규정의 근거로 불합리한 특약내용을 무효화 할 수 있고 또한 세입자에게 부당하게 불리한 계약조항으로서 공정성을 잃은 계약 내용은 공정거래위원회에 심사를 청구하여 무효를 주장할 수 있다.

임대관리회사가 관리하는 건물의 경우처럼 임대관리회사와 다수의 임차인이 계약할 때는 임대관리회사가 미리 만든 계약서에 호수, 임차인의 인적 사항, 계약기간 등만을 기재하고 서명하도록 만든 약관이 있다. 계약 내용 중 불합리한 내용이 있어도 상대적으로 약자인 임차인은 계약서에 서명할 수밖에 없는 상황이 많다. 하지만 계약서에 도장을 찍고 서명을 했더라도 부당한 내용이 있다면 거부할 수 있다.

'약관'이란 계약의 일종으로서, 계약의 당사자가 다수의 상대편과 계약을 체결하는 것을 말하며, 약관규제법은 계약 체결 시 약자인 소비자의 권리를 보호하기 위해 약관이 불공정한 것을 제한하는 법이다. 임대차 계약에 있어서 임대관리회사가 다수의 임차인과 임대차 계약을 체결하기 위하여 미리 계약서를 마련하면서 임차인, 동, 호수, 면적 등에 관한 항목을 제외하고는 일정한 내용과 형식을 미리 갖추어 부동문자로 활자화 되었다면 약관규제법에서 정하는 약관에 해당한다.(서울 중앙지방법원 2011. 6. 17. 선고 2011가합 882 판결)

만약 임차인에게 불리한 약관으로 계약을 체결했다면 임대인에게 시정요구를 해야 한다. 그리고 임대인이 그에 응하지 않는다면 임차인은 공정거래위원회에 계약조항에 대한 심사를 청구할 수 있다. 공정위는 심사 결과 위반 사항이 있다면 임대인에게 시정권고를 하게 된다.

임대인이 시정권고를 받고도 따르지 않으면 시정명령이 나가고 시정명령도 거부하면 벌금이나 징역에 처할 수 있다. 그리고 임차인은 시정권고를 근거로 법원에 부당이득반환과 손해배상을 청구할 수도 있다.

〔약관의 규제에 관한 법률〕 제2조 「정의」

약관이란 그 명칭이나 형태 또는 범위에 상관없이 계약의 한 쪽 당사자가 여러 명의 상대방과 계약을 체결하기 위하며 일정한 형식으로 미리 마련한 계약의 내용을 말한다.

〔약관의 규제에 관한 법률〕 제2조 「일반원칙」

① 신의성실의 원칙을 위반하여 공정성을 잃은 약관 조항은 무효이다.
② 약관의 내용 중 다음 각 호의 어느 하나에 해당하는 내용을 정하고 있는 조항은 공정성을 잃은 것으로 추정된다.
1. 고객에게 부당하게 불리한 조항

공정거래위원회 2010. 2. 18. 시정권고 2010약관 0157

1. 일방적인 임대보증금 및 임대료 인상 조항
가. 약관조항
제2조(임대보증금, 임대료의 인상 및 임대차 기간의 연장통보)
① '갑'은 최초 임대차 계약기간 1년 경과 후 매년 총임대보증금 및 임대료 각각을 5% 이내에서 인상할 수 있으며, 인상액을 '을'에게 사전 통보하고, '을'은 '갑'이 제시하는 인상금액을 "갑"이 별도 지정하는 기일 내에 추가 납부하여야 한다.
나. 검토의견 : 무효
주택임대차 계약에 있어서 임차물인 주택에 대한 조세, 공과의 증감 기타 경제사정의 변동으로 인하여 약정한 차임이 상당하지 아니하게 된 때는 당사자는 장래에 대한 차임의 증감을 청구할 수 있다.
따라서 물가변동 등 구체적 사정을 고려하여 임대료 증액이 이루어질 수 있으며, 사정에 따라 감액요인이 발생하는 경우는 임차인도 차임의 감액을 청구할 수 있을 것이다.
그럼에도 불구하고 피심인의 현행 약관조항은 매년 5% 이내의 임대보증금 및 임대료 인상을 기정 사실화 하고 있는데, 이는 고객인 임차인에 부당하게 불리한 조항이며 임차인의 차임감액청구권을 사실상 배제하는 조항으로서 약관법 제6조 제2항 제1호 및 제11조 제1호에 해당한다.

252

2. 임대차 기간 연장 부당 간주 조항
가. 약관조항
제2조(임대보증금, 임대료의 인상 및 임대차 기간의 연장통보)
'을'은 '갑'이 임대차 기간 만료전 6월에서 1월까지 변경 통보한 새로운 임대조건에
따른 조건변경계약 여부를 통보하여야 하며, 만일 임대차 기간 종료일까지 '을'이
'갑'에게 특별한 사유없이 통보하지 안하고 퇴거하지 않은 경우 새로운 임대조건으
로 1년간 계약을 연장하는 것으로 한다.
나. 검토의견 : 무효
임대차 기간이 만료한 때에 임대인이 제시한 임대조건으로 재계약을 할 것인지 여
부는 임차인이 선택할 문제이며, 더욱이 임대조건을 변경하고 변경된 임대조건에
따라 재계약 여부를 타진하는 것은 새로운 계약의 청약이라 할 수 있다.
이러한 청약에 대해서는 상대방의 승낙이 있어야만 비로소 계약이 성립되고 효력
이 발생한다 할 것임에도, 현행 약관조항은 임차인이 변경된 임대조건에 대한 계약
여부를 임대차 기간 종료 시까지 통보하지 아니하고 계속 거주하는 경우는 재계약
으로 간주하고 있다.
따라서 이는 일정한 작위 또는 부작위가 있을 때 고객의 의사표시가 표명되거나
표명되지 아니한 것으로 보는 조항으로 약관법 제12조 제1호에 해당된다

3. 불명확한 위약금 산정 방식 조항
가. 약관사항
제5조(위약금 및 배상금 등)
'을'이 계약서 제10조 제1항 각 호 한 개 이상에 해당하거나 '을'의 일방적인 요청으
로 해제 또는 해지 시에는 총임대보증금 및 임대료를 국민은행 1년 만기 정기예금
이율에 따라 연간 임대료로 산정된 금액(2년분) 총액의 100분의 10을 배상한다.
나. 검토의견 : 무효
통상 부동산거래에 있어 계약해제 또는 해지로 인한 위약금은 거래대금의 10% 정
도로 하는 것이 거래관행이므로 이에 준하는 위약금이 적정한 수준의 위약금이라
할 것이다.
주택임대차 계약에서의 위약금은 거래대금적 성격의 금원인 '임차인이 임대인에
게 지급하는 임대보증금에 대한 이자'와 '계약기간동안의 월임대료'를 합한 금액의
100분의 10정도로 하는 것이 적정하다고 할 수 있다.
그러나 피심인의 현행 위약금 조항은 위약금 산정방식이 명확하지 않아 고객에게
불리하게 해석될 여지가 있다. 따라서 이는 고객에 대하여 부당하게 불리한 약관조
항으로서 약관법 제6조 제2항 제1호에 해당한다.

4. 임차인의 차임 인하

임대인의 차임 인상요구와는 반대로 임차인은 경제적 사정 등으로 인하여 차임의 인하요구를 할 수 있다.

세입자는 최초 임대차 계약을 체결할 때에 주변 시세에 어두워서 차임을 불리하게 계약할 수도 있고, 최초의 계약 후 주변에 장례식장 등 기피시설이 생긴다는 이유 등으로 차임의 객관적 타당성이 결여될 수가 있다. 주임법과 상임법에 증액의 경우는 각각 5%와 9%의 인상한도가 있지만, 감액은 제한 규정이 없으므로 임대인에게 일단 차임의 감액을 요구하고 협의가 안되면 법원에 차임 또는 보증금의 감액 조정신청을 한다. 장래에 대한 차임의 증액이나 감액을 청구하였을 때 그 청구가 상당하다고 인정되면 그 효력은 청구 즉시 발생하고 그 청구는 재판 외의 청구라도 무방하다.

5. 규정을 초과 지급한 임대료

상가를 임대하여 운영 중에 임대인이 임대료 인상에 관한 요구를 하면 상대적으로 약자인 임차인은 그 요구를 어느 정도 들어줄 수밖에 없는 것이 현실이다. 그리고 집주인이 인상액을 법에서 정한 9%의 한도를 초과해서 요구한다면 오랫동안 그곳에서 영업을 하고 싶은 세입자는 마지못해 들어줄 수밖에 없는 상황에 놓이기도 한다. 그러나 법의 테두리를 벗어나 지급한 인상분은 돌려받을 수 있다. 이는 상가건물 임대차보호법의 규정에 위반된 약정으로 임차인에게 불리한 것은 효력이 없는 편면적 강행규정에 해당한다.

민사조정신청서

신청인   **김 갑 순**
서울특별시 양천구 목동 ○○○ (우편번호 ○○○-○○○)
전화 · 휴대전화:○○○-○○○
팩스번호, 전자우편(e-mail)주소 :

피신청인   **홍 길 동**
서울특별시 강남구 대치동 ○○○(우편번호○○○-○○○)
전화 · 휴대전화:○○○-○○○
팩스번호, 전자우편(e-mail)주소 :

임대차보증금 감액청구

신 청 취 지
피신청인은 신청인에게 금15,000,000원을 지급한다.
라는 조정을 구합니다.

분 쟁 내 용
1. 신청인은 2011.10.01. 피신청인으로부터 그의 소유인 서울시 양천구 목동 ○○소재현대아파트 102동 1602호를 임대차보증금 30,000,000원으로 하면서 임대차보증금 전액을 지급하였습니다. 그 뒤 2012. 01. 01. 신청인은 피신청인과 위 임대차 계약을 갱신하기로 합의하고 임대차보증금 50,000,000원, 임대차 기간 2013. 10. 01.부터 2년간으로 하는 재계약을 체결하고, 증액된 임대차보증금 20,000,000원을 지급하였습니다.
2. 그런데 최근 경제불황과 부동산가격의 하락 및 임대료의 하락에 따라 위 아파트와 유사한 인근 아파트의 임대차보증금이 금35,000,000원까지 떨어진 상황입니다.
3. 그에 따라 신청인은 피신청인에 대하여 위 아파트에 대한 임대차보증금을 현 시세와 같은 금 35,000,000원으로 감액해 줄 것을 청구하였으나 피신청인은 이에 응하지 않고 있습니다.
4. 따라서 신청인은 피신청인으로부터 현재의 임대차보증금과 현 시세와의 차액인 금15,000,000원을 반환받고자 조정을 신청합니다.

입 증 방 법   1. 갑 제1호증   임대차 계약서
               2. 갑 제2호증   주민등록표등본
               3. 갑 제3호증   영수증
               4. 갑 제4호증   부동산중개업자확인서

첨 부 서 류   1. 위 입증방법   각통
               2. 신청서부본   1통
               3. 송달료납부서   1통

2014. 12. 01.

위 신청인 김갑순 (서명 또는 날인)

서울남부지방법원 귀중

상가 9% 초과 인상에 동의한 임차인

Q K는 사당동 아파트 단지 내 상가에서 과일가게를 운영하고 있다. 보증금 1000만 원, 월세 200만 원, 임대차 기간은 2년이다. 만기를 두 달 정도 앞두고 임대인은 보증금 1200만 원에 월세 240만 원으로 올려 달라고 한다. 상임법에서 정하고 있는 9%를 훨씬 넘는 20%이다. 요즘 들어 주변 월세가 오르긴 했지만, 임대인은 한꺼번에 너무 많이 올리려고 했다. 그러나 임대인과 맞서서 좋을 것이 없을 것 같아 20% 인상에 동의하기로 했다. 법에서 보호해 주는 5년의 기간이 지난 후 여기서 영업을 계속할지 그리고 계약기간 중에도 권리금을 받고 나가려면 임대인의 협조가 필요하기 때문이다.

그리고 나서 3년이 지나고 법의 보호를 받는 5년이 채워졌을 때 임대인은 냉정하게 나가라고 하며 권리금 회수도 방해하고 있다. 이때 임차인은 과하게 인상한 11%의 부분을 돌려받을 수 있을까?

 돌려받을 수 있다. 상가건물 임대차보호법은 차임 또는 보증금의 증액을 100분의 9의 금액을 초과하지 못하도록 하고 있고, 이 법의 규정에 위반된 약정으로서 임차인에게 불리한 것은 효력이 없다고 하였다. 이 조항을 위반하여 9%를 초과한 임대료 인상에 동의했다고 해도 나중에 임차인은 무효를 주장할 수 있다. 즉 인상 한도를 초과하여 지급한 월세를 돌려받을 수 있다.

차임의 증감청구권에 관한 규정의 체계 및 취지 등에 비추어 보면, 상가건물 임대차보호법 제11조 제1항에 따른 증액비율을 초과하여 지급하기로 하는 차임에 관한 약정은 그 증액비율을 초과하는 범위 내에서 무효이고, 임차인은 그 초과 지급된 차임에 대하여 부당이득으로 반환을 구할 수 있다.

－대법원 2014. 4. 30. 선고 2013다35115 판결 요약

6. 환산보증금 계산 시 부가가치세는 포함될까

서울에서 2015년 4월에 건물주와 임차인이 보증금 5,000만 원 월차임 200만 원(부가가치세 별도)으로 임대차 계약을 체결하였다면, 여기서 부가가치세 20만 원까지 월차임에 포함해야 하는 걸까?

일반적으로 상가 임대차 계약서를 작성할 때는 월차임에 부가가치세를 포함했으면, 특별한 사정이 없으면 월차임은 부가가치세를 포함한 금액이라고 해석해 왔다. 하지만 요즈음 간이과세자가 줄어들고 일반과세자가 일반화되면서 계약서 작성 시 월차임 외에 부가가치세 별도라고 기재하는 경우가 많다. 이렇게 부가가치세 별도라고 계약서에 기재한 경우도 부가가치세를 포함하여 환산보증금을 계산하였지만 판례에서는 이럴 경우(부가가치세 별도라고 명기한 경우)에 환산보증금은 부가가치세를 차임에 포함하지 않는다고 했다.

임차인이 부담하기로 한 부가가치세액이 임대차 계약의 당사자들이 차임을 정하면서 '부가세 별도'라는 약정을 하였다면 특별한 사정이 없

는 한 임대용역에 관한 부가가치세의 납부의무자가 임차인이라는 점, 약정한 차임에 부가가치세액이 포함된 것은 아니라는 점, 나아가 임대인이 임차인에게 부가가치세액을 별도로 거래 징수할 것이라는 점 등을 확인하는 의미로 부가가치세액을 '차임'에 포함하지 않는다.

| 관련 판례 |

임차인이 부담하기로 한 부가가치세액이 상가건물 임대차보호법 제2조 제2항에 정한 '차임'에 포함되는지 여부에 관하여 보건대, 부가가치세법 제2조, 제13조, 제15조에 의하면 임차인에게 상가건물을 임대함으로써 임대용역을 공급하고 차임을 지급받는 임대사업자는 과세 관청을 대신하여 임차인으로부터 부가가치세를 징수하여 이를 국가에 납부할 의무가 있는 바, 임대차 계약의 당사자들이 차임을 정하면서 '부가세 별도'라는 약정을 하였다면 특별한 사정이 없는 한 임대용역에 관한 부가가치세의 납부의무자가 임차인이라는 점, 약정한 차임에 이 부가가치세액이 포함된 것은 아니라는 점, 나아가 임대인이 임차인으로부터 이 부가가치세액을 별도로 거래징수할 것이라는 점 등을 확인하는 의미로 해석함이 상당하고, 임대인과 임차인이 이러한 약정을 했다고 하여 정해진 차임 외에 부가가치세액을 상가건물임대차보호법 제2조 제2항에 정한 '차임'에 포함시킬 이유는 없다.

—수원지법 2009. 4. 29. 선고 2008나27056 판결 확정 요약

CHAPTER 4

월세전환율

주택 임대차시장에서 전세의 월세 전환 속도가 빨라지고 있다. 특히 '반전세'(준전세)를 넘어 월 임대료 비중이 높은 '준월세' 임대주택이 점차 증가하고 있어 서민들의 주거비 부담이 가중되고 있다.

1 주택의 월세전환율

주택의 경우는 대통령령으로 정하는 비율과 한국은행 기준금리에 대통령령으로 정하는 배수를 곱한 비율을 비교하여 낮은 비율을 월세전환율로 한다.

(1) 한국은행 기준금리 변동 추이

대통령령으로 정하는 비율인 연 1할 즉 10%와 한국은행 기준금리 (2015년 8월 13일 기준)인 1.50%의 4배인 6%를 비교하여 낮은 비율인 6% 가 월세전환율이다.

연도	변경일자	기준금리(%)
2015	08월 13일	1.50
2014	10월 15일	2.00
2014	08월 14일	2.25
2013	05월 09일	2.50
2012	10월 11일	2.75

〔주택임대차보호법〕제7조의2「월차임 전환 시 산정률의 제한」
보증금의 전부 또는 일부를 월 단위의 차임으로 전환하는 경우는 그 전환되는 금액에 다음 각 호 중 낮은 비율을 곱한 월차임의 범위를 초과할 수 없다.
1. 「은행법」에 따른 은행에서 적용하는 대출금리와 해당 지역의 경제 여건 등을 고려하여 대통령령으로 정하는 비율
2. 한국은행에서 공시한 기준금리에 대통령령으로 정하는 배수를 곱한 비율

〔시행령〕제9조「월차임 전환 시 산정률」
① 법 제7조의2 제1호에서 "대통령령으로 정하는 비율"이란 연 1할을 말한다.
② 법 제7조의2 제2호에서 "대통령령으로 정하는 배수"란 4배를 말한다.

⑵ 주택의 월세전환율에 따른 월세

전세보증금 3억 원의 주택을 보증금 2억 원으로 조정을 하면 나머지 1억 원에 대한 월세전환율을 계산한 월차임 50만 원 이하로 임대인과 임차인이 협의하면 된다.

만약 협의가 되지 않고 임대인의 강요 때문에 6%를 초과하여 월차임을 지급하였다면, 이 역시 해당 법의 규정에 위반된 약정으로 임차인에게 불리한 것이기 때문에 효력이 없으며 나중에 돌려받을 수 있다.

월세전환금액(A)	비율적용금액(B)	월세 : B/12
1억 원	1억 원×6% = 600만 원	50만 원
5,000만 원	5,000만 원×6% = 300만 원	25만 원
3,000만 원	3,000만 원×6% = 180만 원	15만 원

2 상가의 월세전환율

상가의 경우는 대통령령으로 정하는 비율과 한국은행 기준금리에 대통령령으로 정하는 배수를 곱한 비율을 비교하여 낮은 비율을 월세전환율로 한다.

대통령령으로 정하는 비율인 연 1할2푼 즉 12%와 한국은행 기준금리(2015년 8월 13일 기준)인 1.50%의 4.5배인 6.75%를 비교하여 낮은 비율인 6.75%가 월세전환율이다.

┌─ | 관련법 | ─────────────────────────────────

〔상가건물 임대차보호법〕제12조 「월 차임 전환 시 산정률의 제한」
보증금의 전부 또는 일부를 월 단위의 차임으로 전환하는 경우는 그 전환되는 금액에 다음 각 호 중 낮은 비율을 곱한 월 차임의 범위를 초과할 수 없다.
1. 「은행법」에 따른 은행의 대출금리 및 해당 지역의 경제 여건 등을 고려하여 대통령령으로 정하는 비율
2. 한국은행에서 공시한 기준금리에 대통령령으로 정하는 배수를 곱한 비율

〔시행령〕제5조 「월차임 전환 시 산정률」
① 법 제12조의 제1호에서 "대통령령으로 정하는 비율"이란 연 1할2푼을 말한다.
② 법 제12조의 제2호에서 "대통령령으로 정하는 배수"란 4.5배를 말한다.
└───

⑴ 상가의 월세전환율에 따른 월세

보증금 1억 원에 월세 50만 원의 상가를 보증금 7,000만 원으로 조정하게 되면 보증금의 나머지 3,000만 원에 대한 월세전환율을 계산한 16만 8,000원을 월세에 추가하여 보증금 7,000만 원에 월세 66만8,000원 이하에서 임대인과 임차인이 협의하면 된다.

월세전환금액(A)	비율적용금액(B)	월세 : B/12
1억 원	1억 원×6.75% = 675만 원	약 562,000원
5,000만 원	5,000만 원×6.75% = 337만5,000원	약 281,000원
3,000만 원	3,000만 원×6.75% = 202만5,000원	약 168,000원

(2) 주택과 상가의 월차임 전환 시 산정률 비교

구분	주택	상가
대통령령으로 정하는 비율	10%	12%
대통령령으로 정하는 배수	4배	4.5배

(3) 주택과 상가의 월세전환율 비교

구분		내용
주택		10%와 한국은행 기준금리의 4배를 비교하여 낮은 비율을 적용
상가	상임법 기준금액 이하	12%와 한국은행 기준금리의 4.5배를 비교하여 낮은 비율을 적용
	상임법 기준금액 초과	법으로 제한이 없으며 임대인과 임차인이 협의해서 결정

| Q&A 1 |

임대차 기간 중 월세전환 요구

Q 임차인 K는 서울에서 임대차 기간 2년에 보증금 5,000만 원 월차임 100만 원으로 선술집을 운영 중이다. 계약을 체결하고 1년이 지났을 무렵 임대인은 목돈이 필요하니 보증금을 2,000만 원으로 낮추고 월세를 올리자고 하면서 동의하지 못하면 나가라고 했다. 임차인 K는 주인의 요구에 응해야 할까?

계약기간 중에는 월세전환을 거부할 수 있다. 주택이나 상가건물 임대차보호법의 기준금액 이하인 상가는 계약기간 중에 임대인이 월세전환을 말하는 것은 계약조건 변경을 요구하는 것이므로 임차인이 동의하지 않으면 할 수가 없다.

| Q&A 2 |

재계약 때 월세전환 요구

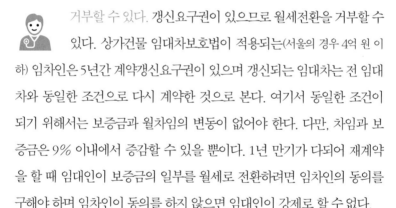

Q 임차인 김갑순은 보증금 1억 원 월차임 200만 원, 임대차 기간 1년으로 편의점을 운영하고 있다. 그리고 1년의 계약기간이 만료될 때, 임대인은 재계약 시에 보증금 중 5,000만 원을 월세로 전환하자고 했다. 임차인 김갑순은 이를 거부할 수 있을까?

거부할 수 있다. 갱신요구권이 있으므로 월세전환을 거부할 수 있다. 상가건물 임대차보호법이 적용되는(서울의 경우 4억 원 이하) 임차인은 5년간 계약갱신요구권이 있으며 갱신되는 임대차는 전 임대차와 동일한 조건으로 다시 계약한 것으로 본다. 여기서 동일한 조건이 되기 위해서는 보증금과 월차임의 변동이 없어야 한다. 다만, 차임과 보증금은 9% 이내에서 증감할 수 있을 뿐이다. 1년 만기가 다되어 재계약을 할 때 임대인이 보증금의 일부를 월세로 전환하려면 임차인의 동의를 구해야 하며 임차인이 동의를 하지 않으면 임대인이 강제로 할 수 없다.

만약, 갱신요구권이 없다면 법으로 보호를 받을 수가 없다. 주택의 임대차 계약기간이 만료되거나 상가의 임차기간이 5년 초과하는 경우는 법으로 보호를 받지 못하고 월세 전환요구에 응할 수밖에 없다.

임대인의 월세전환 요구

Q 임대인 M은 상가건물을 소유하고 있다. 임차인과 임대차 기간 2년에 보증금 1억 원, 월차임 200만 원에 임대차 계약을 한 후 임대차 기간이 만료됐다. 임대인 M이 보증금과 월차임을 최대한 정당하게 인상하고자 하면 금액은 얼마까지일까? 그리고 인상된 보증금을 월차임으로 전환 요구할 수 있을까?

 보증금과 월차임을 9% 인상요구 할 수 있으나, 인상된 보증금을 월세로 전환 요구는 정당하지 않다. 차임 또는 보증금이 임차건물에 관한 조세, 공과금, 그 밖의 부담의 증감이나 경제 사정의 변동으로 인하여 적정하지 않게 된 경우에 임대인과 임차인은 장래의 차임 또는 보증금에 대하여 증감을 청구할 수 있으며, 이 경우 임대인도 정당한 사유가 있으면 임차인에게 증감을 요구할 수 있으며 다만 9%를 초과할 수 없다.

임대인은 보증금은 1억 원에서 9%를 인상하면 1억 900만 원까지 그리고 월차임은 200만 원에서 9%를 인상한 218만 원까지 청구할 수 있으며, 임차인과 그 금액을 초과하지 않는 범위에서 협의해서 조정해야 한다. 그리고 최초 임대차 계약 후 5년 동안 갱신되는 임대차는 전 임대차와 동일한 조건으로 다시 계약된 것으로 보며 다만 차임과 보증금을 일정범위 내에서 증감할 수만 있으므로 인상된 보증금 900만 원에 대해서 월차임으로 조정을 요하는 것은 상임법의 규정을 벗어난 것이다.

PART 3

계약 종료의
완전한 마무리

CHAPTER 1

원상회복

1 계약 종료 시 원상회복 의무

임대차가 종료한 후 임차인은 임차인 잘못으로 손상된 부분을 원상회복하는 등 임대차 계약 이전의 상태로 임대인에게 반환해야 할 의무가 있다. 그런데 임차인이 임차건물 등 임차물에 시설하거나 사용하다 보면 여기저기 손상이 가기도 한다. 이처럼 임차물에 손상이 간 상황에서 임대인이 원상복구를 요구하면 시설이 설치되기 전의 원래 상태대로 완벽하게 복구해 주어야 하는지 및 정상적으로 사용하다가 생긴 흠집이나 '통상의 손모'까지 임차인이 책임을 지느냐의 여부로 임대인과 임차인이 다투는 경우가 발생한다. 원상복구의 정도에 관하여 임대차 계약서에 자세한 규정이 있으면 따르면 되겠지만, 일반적으로 임대차 계약서에는 "임대차 계약이 종료되면 임차인은 이 부동산을 원상으로 회복하여 임대인에게 반환한다."는 정도의 규정만 있어 복구의 정도에 다툼이 생긴다.

우리 민법에서도 빌린 물건을 돌려줄 때는 원상으로 회복해야 한다고 하였다. 여기에서 원상회복이란 입주 당시와 똑같은 상태로 회복하라는 것은 아니고 선량한 관리자의 주의 의무로 물건의 성질에 따라 사용해야 함을 의미한다. 따라서 이러한 임차인의 의무를 위반한 경우, 다시 말해 선량한 관리자의 의무를 잘못했거나 비정상적으로 사용한 경우만 원상회복의무가 발생하는 것이다.

〔민법〕제615조「차주의 원상회복의무와 철거권」
차주가 차용물을 반환하는 때는 이를 원상에 회복하여야 한다. 이에 부속시킨 물건
은 철거할 수 있다.

〔민법〕제374조「특정물인도채무자의 선관의무」
특정물의 인도가 채권의 목적인 때는 채무자는 그 물건을 인도하기까지 선량한 관
리자의 주의로 보존하여야 한다.

〔민법〕제610조「차주의 사용, 수익권」
① 차주는 계약 또는 그 목적물의 성질에 의하여 정하여진 용법으로 이를 사용, 수
익하여야 한다.

　부동산의 임대차 기간이 장기간에 걸쳐 이루어진 경우 임대차 이전의 원래 상태가 어땠는지에 대해 입증 자료가 없어 어느 정도로 시설을 철거하고 사후정리를 해야 원상복구가 되는지 심각하게 다투는 사례가 많다. 일반적으로 임차인은 시설물을 철거하고 나름대로 기준을 정해 공사를 한 후 원상복구를 했다고 주장하는 반면 임대인은 사소한 손상 부분까지 완벽한 보수를 바란다. 결국, 다툼이 생기게 되면 법원의 판단에 따를 수밖에 없지만 당사자는 이런 분쟁을 예방하려면 임대차 계약하기 전에 미리 원상태를 사진이나 동영상으로 촬영해 둘 필요가 있다.

2 통상의 손모

　임차인이 통상적인 사용을 한 후 생기는 임차목적물의 상태 악화나 가

치의 감소를 의미하는 '통상의 손모'에 관하여는 임대인이 부담하여야 한다고 서울중앙지법 판례가 제시하고 있다.

| 관련 판례 |

임차인은 임대차 계약이 종료된 경우는 임차목적물을 원상으로 회복하여 임대인에게 반환할 의무가 있는데, 원상으로 회복한다고 함은 사회통념상 통상적인 방법으로 사용·수익을 하여 그렇게 된 상태라면 사용을 개시할 당시의 상태보다 나빠지더라도 그대로 반환하면 무방하다는 것으로, 임차인이 통상적인 사용을 한 후에 생기는 임차목적물의 상태 악화나 가치의 감소를 의미하는 통상의 손모에 관하여는 임차인의 귀책사유가 없으므로 원상회복 비용은 채권법의 일반 원칙에 비추어 특약이 없는 한 임대인이 부담한다고 해야 한다. 즉, 임대차 계약은 임차인에 의한 임차목적물의 사용과 그 대가로서 임료의 지급을 내용으로 하는 것이고, 임차목적물의 손모의 발생은 임대차라고 하는 계약의 본질상 당연하게 예정되어 있다. 이와 같은 이유로 건물의 임대차에서는 임차인이 사회통념상 통상적으로 사용한 경우에 생기는 임차목적물의 상태가 나빠지거나 또는 가치 감소를 의미하는 통상적인 손모에 관한 투하자본의 감가는 일반적으로 임대인이 감가상각비나 수선비 등의 필요경비 상당을 임료에 포함시켜 이를 지급받음으로써 회수하고 있다. 따라서 건물의 임차인에게 건물임대차에서 생기는 통상의 손모에 관해 원상회복의무를 부담시키는 것은 임차인에게 예상하지 않은 특별한 부담을 지우는 것이 되므로 임차인에게 그와 같은 원상회복의무를 부담시키기 위해서는 적어도 임차인이

원상회복을 위해 그 보수비용을 부담하게 되는 손모의 범위가 임대차 계약서의 조항 자체에 구체적으로 명시되어 있거나 그렇지 아니하고 임대차 계약서에서 분명하지 않은 경우는 임대인이 말로써 임차인에게 설명하여 임차인이 그 취지를 분명하게 인식하고 그것을 합의의 내용으로 하였다고 인정하는 등 그와 같은 취지의 특약이 명확하게 합의되어 있어야 한다.

-서울중앙지법 2007. 5. 31. 선고 2005가합 100279 판결 요약

즉 임대차 종료 시 임차인이 원상으로 회복한다고 함은 "사회 통념상 통상적인 방법으로 사용·수익을 하여 그렇게 될 것인 상태라면 사용을 개시할 당시의 상태보다 나빠지더라도 그대로 반환하면 무방하다."는 것으로, 통상의 손모에 관하여는 임차인의 귀책사유가 없으므로 그 원상회복 비용은 채권법의 일반 원칙에 비추어 특약이 없는 한 임대인이 부담한다고 해야 한다. 통상적인 손모에 관한 투하자본의 감가는 일반적으로 임대인이 감가상각비나 수선비 등의 필요경비 상당을 임대료에 포함해 이를 받음으로써 회수하고 있기 때문이다.

3 원상회복의 의무

1. 영업종료 후 폐업신고

임대차가 종료되어 임대인이 건물을 명도 받고도 임대인과의 불화 등

때문에 임차인이 임차건물의 영업허가에 대한 폐업신고를 하지 않아 임대인 또는 새로운 임차인이 임차건물에서 다시 영업허가를 받을 수 없어서 애먹기도 한다. 그런데 임차인의 원상회복의무에는 임차인이 임차부동산에 대하여 임대인이 임대 당시의 용도에 맞게 다시 사용할 수 있도록 협력할 의무도 포함되므로, 임대인이 다시 영업허가를 받는 데 방해가 되지 않도록 임차인은 폐업신고를 이행할 의무가 있다.(대법원 2008. 10. 9. 선고 2008다34903 판결)

2. 원상회복의무 불이행으로 인한 손해배상

일반적인 임대차라면 이행지체일로부터 임대인이 회복하는 기간은 1~2주를 넘지는 않는 것으로 본다.

| Q&A |

원상회복의무의 지체로 인한 손해배상 기간

Q 학원을 운영하던 K는 임대차 기간이 만료되어 나가게 되었다. 원상회복의 범위에 관해 임대인과 협의가 되지 않자 임차인 K는 본인의 기준대로 원상회복 공사를 하고 나왔다. 임대인은 임차인 K가 한 원상회복이 맘에 들지 않았고, 그 뒤 약 6개월 이상의 상당한 기간 임대인은 임차인에게 원상회복 공사를 다시 하라고 독촉하였으나 임차인이 이에 응하지 않아 임대인은 직접 다시 원상회복 공사를 했다. 그리고 임대인은 본인이 입은 손해를 배상하라고 소송을 하였다. 여기서 임대인은 6개월 이상의 상당한 기간 입은 손해를 임차인에게 청구했는데 받을 수 있을까?

받을 수 없다. 임대차 종료 시 임차인이 원상회복의무를 지체하여 임대인이 입는 손해는 이행지체일로부터 임대인이 실제로 원상회복을 완료한 날까지의 임대료 상당액이 아니라 임대인 스스로 원상회복을 할 수 있었던 기간까지의 임대료 상당액이다.(대법원 1999. 12. 21. 선고 97다15104 판결)

이 경우 '임대인이 스스로 원상회복을 할 수 있었던 기간'을 어떻게 볼 것인지가 문제가 되는데, 해석상 임대차 종료 후 임대인이 임대차보증금을 준비한 뒤 임차인에게 기간을 정해 임차물의 명도와 원상회복을 최고하였다면, 그 기간 다음 날부터 원상회복의무는 이행지체가 되므로 그때부터 임대인이 자금마련, 시공업체 선정 등 공사 준비를 하여 원상회복 공사에 착수할 수 있는 통상의 기간까지라고 본다. 결국, 법원이 최종 판단을 할 수밖에 없지만, 일반적인 임대차라면 이행지체일로부터 1~2주를 넘지는 않는 것으로 본다.

3. 원상회복의 범위

현재 계약 만료된 임차인이 이전 임차인의 시설까지 원상회복을 해야 할 의무는 없다.

| Q&A |

원상회복의 범위

Q K는 화곡동에서 카페를 인수했다. 이전 운영자가 내부시설을 잘해 놔서 추가로 일부만 덧붙여 공사한 후 영업을 시작했다. 계약 당시 임대인과는 별다른 특약사항 없이 "임대차 계약이 종료된 경우 임차인은

이 부동산을 원상으로 회복하여 임대인에게 반환한다."는 문구가 인쇄된 일반 내용이 있었다. 그런데 임대차 기간이 끝나고 임대인은 나가려고 하는 임차인에게 이전 임차인이 했던 것까지 다 철거하고 복구하라는 요구를 했다. 임차인이 전 임차인의 시설물을 임대차 기간 동안 잘 사용했으므로 그 전 기준으로 복구하라고 요구하는 것이다. 임차인은 전 임차인이 시설한 것까지도 철거하고 원상회복을 해야 할까?

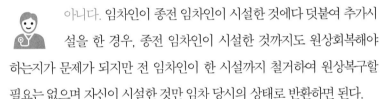 아니다. 임차인이 종전 임차인이 시설한 것에다 덧붙여 추가시설을 한 경우, 종전 임차인이 시설한 것까지도 원상회복해야 하는지가 문제가 되지만 전 임차인이 한 시설까지 철거하여 원상복구할 필요는 없으며 자신이 시설한 것만 임차 당시의 상태로 반환하면 된다.

| 관련 판례 |

전 임차인이 무도유흥음식점으로 경영하던 점포를 임차인이 소유자로부터 임차하여 내부시설을 개조 단장하였다면 임차인에게 임대차 종료로 인하여 목적물을 원상회복하여 반환할 의무가 있다고 하여도 별도의 약정이 없는 한 그것은 임차인이 개조한 범위 내의 것으로서 임차인이 그가 임차 받았을 때의 상태로 반환하면 되는 것이지 그 이전의 사람이 시설한 것까지 원상회복할 의무가 있다고 할 수는 없다.

-대법원 1990. 10. 30. 선고 90다카12035 판결 요약

4. 원상회복의 주체

임대차 계약이 중도에 해지됐을 때의 원상회복의 주체는 누구에게 있

을까? "임대차 계약이 중도에 해지되면 임차인은 목적물을 원상으로 회복해야 하는가.", "임대인의 귀책사유로 임대차 계약이 해지되면 임차인이 목적물을 원상으로 회복해야 하는가." 두 가지 경우로 생각해 볼 수 있다.

이들 경우는 임차인이 원상회복을 해야 한다. 임대차 계약이 중도에 해지되어 종료하면 임차인은 목적물을 원상으로 회복하여 반환해야 하고, 임대인의 귀책사유로 임대차 계약이 해지됐다고 하더라도 임차인은 원상회복의무를 부담하며, 다만 그로 인한 손해배상을 청구할 수 있다.(대법원 2002. 12. 6. 선고 2002다42278 판결)

| Q&A |

특약이 있다면 원상복구의 의무는 없다

Q 임차인이 임차건물의 필요한 시설을 하되 임대인에게 시설에 대한 일체의 권리주장을 포기하기로 특약했다면, 임차인은 비용상환청구 등 일체의 권리를 포기하는 대신 원상복구의무도 부담하지 않을까?

임차인의 원상복구의무는 없다. 임차인이 임차건물을 증·개축 등 기타 필요한 시설을 하되 임대인에게 그 투입비용의 변상이나 일체의 권리주장을 포기하기로 특약을 했다면, 이는 임차인이 임차건물의 반환 시에 비용상환청구 등 일체의 권리를 포기하는 대신 원상복구의무도 부담하지 않는다는 내용을 포함하는 약정으로 볼 것이므로, 동 임차계약서상에 "임차인은 임대인의 승인하에 가옥을 개축 또는 변조할 수 있으나 차가를 반환할 기일 전에 임차인이 일체의 비용을 부담하여 원상복구하기로 한다."는 인쇄된 부동문구가 그대로 남아 있다고 하여 이에 기하여 임차인의 원상복구의무를 인정할 수 없다.(대법원 1980. 11. 24. 선고 80다320 판결)

한편 임차인이 자신의 영업을 위하여 설치한 시설에 관한 비용을 임대인에게 청구하지 않기로 약정한 사정만으로는 임차인의 원상복구의무를 면해주기로 하는 합의가 있었다고 볼 수 없다.(대법원 2006. 10. 13. 선고 2006다39720 판결)

그러므로 임차인이 임대차 계약 시에 특약으로 시설에 관한 비용을 포기하기로 하거나 청구하지 않기로 하였을 경우는 단순히 그 피상적인 것만을 가지고 판단할 것이 아니라 계약 내용, 시설 내용, 건물의 용도 등을 종합적으로 판단하여 법원이 최종적으로 판단할 것으로 보인다.

5. 원상회복의 사소한 불이행

| Q&A |

원상회복과 보증금반환의 동시이행

Q 임차인이 30만 원 상당의 원상회복을 하지 않았다고 임대인이 1억 원이 넘는 임대차보증금의 반환을 거부할 수 있을까?

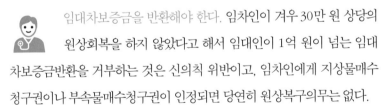
임대차보증금을 반환해야 한다. 임차인이 겨우 30만 원 상당의 원상회복을 하지 않았다고 해서 임대인이 1억 원이 넘는 임대차보증금반환을 거부하는 것은 신의칙 위반이고, 임차인에게 지상물매수청구권이나 부속물매수청구권이 인정되면 당연히 원상복구의무는 없다.

가. 동시이행의 항변권은 근본적으로 공평의 관념에 따라 인정되는 것인데, 임차인이 불이행한 원상회복의무가 사소한 부분이고 그로 인한 손해배상액 역시 근소한 금액인 경우까지 임대인이 그를 이유로, 임차인이 그 원상회복의무를 이행할 때까지, 혹은 임대인이 현실로 목적물의 명도를 받을 때까지 원상회복의무 불이행으로 인한 손해배상액 부분을 넘어서서 거액의 잔존 임대차보증금 전액에 대하여 반환을 거부할 수 있다고 하는 것은 오히려 공평의 관념에 반하는 것이 되어 부당하고, 그와 같은 임대인의 동시이행의 항변은 신의칙에 반하는 것이 되어 허용할 수 없다.

나. 임차인이 금 326,000원이 소요되는 전기시설의 원상회복을 하지 아니한 채 건물의 명도 이행을 제공한 경우, 임대인이 이를 이유로 금 125,226,670원의 잔존 임대차보증금 전액의 반환을 거부할 동시이행의 항변권을 행사할 수 없다.

-대법원 1999. 11. 12. 선고 99다34697 판결 요약

6. 원상회복 합의 불이행

| Q&A |

원상회복 비용 환수

Q 대전에서 커피숍을 하려는 K는 1층과 2층을 함께 임대한 후 중간에 슬라브를 철거하고 계단을 설치하였다. 그리고 약 2년 간 영업을 하다가 장사가 잘 안되어 계약을 해지하게 되었는데 집주인은 설치한

계단을 없애고 원래대로 하라고 요구했다. K는 건설업자 등에 문의한 바 사 비용이 1,000만 원 정도여서, 집주인과 합의하여 보증금에서 공제하고 받기로 했다. 그런데 나중에 보니 임대인은 원상복구를 하지 않았고 신규 임차인이 내부계단을 그대로 쓰고 있었다. K씨는 1,000만 원을 다시 돌려 받을 수 있을까?

 돌려받을 수 있다. 임대차 계약이 종료한 후 임차인은 원상회 복의무가 있는 것은 당연하다. K는 계단을 철거하고 슬라브를 원상복구를 하지 않고 그 대신 비용을 보증금에서 공제하기로 하였으나 임대인이 원상복구 공사를 하지 않고 그대로 사용했다면 신의원칙에 위 반할 뿐 아니라 부당하게 이득을 취했으므로, 임대인은 공제했던 공사비 용 1,000만 원을 전 임차인 K에게 돌려주어야 한다.

| 관련 판례 |

임대차 계약서에 임차인의 원상복구의무를 규정하고 원상복구비용을 임대차보증금에서 공제할 수 있는 것으로 약정하였다 하더라도 임대인이 원상복구할 의사 없이 임차인이 설치한 시설을 그대로 이용하여 타에 다 시 임대하려 하는 경우는 원상복구비용을 임대차보증금에서 공제할 수 없다고 보아야 한다.

−대법원 2002. 12. 10. 선고 2002다52657 판결 요약

CHAPTER 2

집수리 비용

1 임대물의 수리

주택 또는 상가의 임차인은 여러 사유로 인해 집수리해야 하는 경우가 생긴다. 최소한의 주거공간이나 영업공간의 기능을 확보하기 위하는 경우도 있고 좀 더 낳은 환경을 만들고자 공사를 하는 경우도 있다.

민법상 임대인은 임대물의 사용·수익에 필요한 수선을 하여야 할 의무를 부담한다.(민법 제623조) 그렇다고 임대인에게 모든 경우에 수선의무가 인정되는 것은 아니다. 사소한 파손, 장해 등은 임차인이 스스로 수선하여 사용해야 하므로 어느 정도의 파손 등이 있을 때 임대인에게 수선의무가 인정되는지 여부가 문제가 된다.

임대인은 임대물을 임대차 계약 존속 중 그 사용·수익에 필요한 상태를 유지하게 할 의무를 부담하는 것이므로, 임대목적물에 파손 또는 장해가 생긴 경우 그것이 임차인이 별 비용을 들이지 않고도 손쉽게 고칠 수 있을 정도의 사소한 것이어서 임차인의 사용·수익을 방해할 정도가 아니라면 임대인은 수선의무를 부담하지 않지만, 그것을 수선하지 않으면 임차인이 계약에 의하여 정해진 목적에 따라 사용·수익할 수 없는 상태로 될 정도라면 임대인은 수선의무를 부담한다.

따라서 임대인이 수선의무를 면하거나 임차인이 수선의무를 부담하게 되는 것은 '통상 생길 수 있는 파손'의 수선에 한하고, '대파손의 수리, 건물의 주요 구성 부분에 대한 대수선, 기본적 설비부분의 교체 등과 같은 대규모의 수선'은 임대인이 부담해야 한다.

임대인의 수선불이행에 대해서는 임차인에게 채무불이행의 일반적 효과로서의 손해배상청구권과 계약해지권이 생길 수 있고, 사용·수익을 하지 못한 비율만큼 임차료지급을 거절하거나 감액을 청구할 수도 있다.(대법원 1997. 4. 25. 선고 96다44778, 44785 판결)

집수리 비용 등에는 임차물 자체의 보존을 위하여 필수불가결하게 지출된 비용인 필요비와 임차물 자체의 객관적 가치를 증가시키기 위해 투입된 비용인 유익비가 있으며 임차인의 영업을 위해 지출한 인테리어 비용 등도 있다. 필요비와 유익비는 임대인과 임차인 사이에 별도의 특약이 없다면 기본적으로 임대인인 집주인이 부담하는 비용이다.

| 관련법 |

〔민법〕제626조 「임차인의 상환청구권」
① 임차인이 임차물의 보존에 관한 필요비를 지출한 때는 임대인에 대하여 그 상환을 청구할 수 있다.
② 임차인이 유익비를 지출한 경우는 임대인은 임대차 종료 시에 그 가액의 증가가 현존한 때에 한하여 임차인의 지출한 금액이나 그 증가액을 상환하여야 한다. 이 경우에 법원은 임대인의 청구에 의하여 상당한 상환기간을 허여할 수 있다.

2 월세와 전세의 수리비 부담 주체

보통 월세일 때는 관리비에 모든 비용이 포함되어 있으므로 필요비와 유익비를 집주인이 부담하고 전세일 때는 필요비를 임차인이 부담하고 유익비를 집주인이 부담한다고 하지만 이는 민법을 잘못 이해한 것이다. 월세로 계약했든 전세로 계약했든 둘 다 임차인이기는 마찬가지다. 다만 전세보증금에 대해서 전세권 설정등기를 했을 때는 경우가 달라진다. 즉 채권적 전세인지 아니면 등기를 한 전세권인지에 따라 달라지는 것이다.

전세권 설정등기를 했을 때는 전세권자가 목적물의 현상을 유지하고 그 통상의 관리에 속하는 수선을 할 의무가 있기 때문에 임대인에 대하여 필요비의 상환을 청구할 수는 없어서 필요비를 전세권자인 임차인이 부담해야 한다.

| 관련법 |

[민법] 제309조 「전세권자의 유지, 수선의무」
전세권자는 목적물의 현상을 유지하고 그 통상의 관리에 속한 수선을 하여야 한다.

이 민법 제309조의 전세권자는 일반적으로 전세금을 지급하고 살고 있는 임차인이 아닌 전세권 설정등기를 한 전세권자인 것이다.

〈등기사항전부증명서의 전세권 설정〉

【 을 구 】				(소유권 이외의 권리에 관한 사항)
순위번호	등기 목적	접수	등기 원인	권리자 및 기타 사항

1	전세권 설정	2015년 1월 5일 제1972호	2015년 1월 4일 설정계약	전세금 5,000,000원
				범위 건물 전부
				존속기간 2014년 1월 5일부터
				         2016년 1월 4일까지
				전세권자 최병석 720000-1000000
				         서울특별시 마포구 성산동 100

3 필요비와 유익비, 비용상환청구권

1. 필요비

'필요비'는 임차물의 보존을 위하여 지출한 비용을 말하며 임차인이 필요비를 지출한 때는 지출 후 즉시 상환을 청구할 수 있으며, 임대인은 이를 상환하여야 한다. 목적물의 보존을 위하여 지출한 비용이란 목적물을 통상의 용도에 적합한 상태로 유지하기 위하여 지출된 비용을 말하며, 예를 들어 벽의 균열에 의한 수선, 화장실 수리비, 보일러 수선비 등이다. 하지만 도배, 장판 등의 인테리어 비용은 임차물의 보존이 아닌 사용자의 편의를 위한 것이므로 필요비가 아니다.

2. 유익비

'유익비'는 임차물의 객관적 가치를 증가시키기 위하여 투입한 비용을 말하며 임차인이 유익비를 지출한 경우는 임대인은 임대차 종료 시에 그 가액의 증가가 현존할 때에 한하여 임차인이 지출한 금액이나 그 증가액을 상환하여야 한다. 예를 들면 방이나 부엌을 증축한 비용, 보일러를 새로 설치한 비용, 담장을 축조한 비용, 건물 입구의 진입로를 개설한 비용, 건물 내 바닥을 콘크리트로 포장한 비용, 수세식 화장실을 새로 설치하는 비용 등을 말한다.

임차인이 자기의 영업에 필요한 시설을 하기 위하여 지출한 비용은 특별한 사정이 없는 한 유익비로 인정되지 않는다. 예를 들면 임차인이 간이음식점을 경영하기 위하여 부착한 간판 설치 비용(대법원 1994. 9. 30. 선

285

고94다20389 판결), 삼계탕집을 경영하면서 들인 비용(대법원 1993. 10. 8. 선고93다25738 판결) 등은 별도의 약정이나 특별한 사정이 없는 한 유익비로 볼 수 없다.

3. 필요비와 유익비의 비용상환청구권

임차인이 필요비나 유익비를 지출했을 때 임차인의 비용상환청구권은 그 물건에 관하여 발생한 채권이므로 임차인은 이를 보전하기 위하여 유치권을 행사할 수 있다. 그러나 유익비에 관하여 법원이 허용하는 기간에는 채권의 변제기가 도래하지 않은 것이므로 유치권을 행사할 수 없다.

필요비 및 유익비의 비용상환청구권은 임대인이 목적물을 반환받은 날로부터 6개월 내에 행사하여야 한다.

필요비는 그 즉시 청구가 가능한 데 비해 유익비는 임대차 종료 시에 임대인에게 청구할 수 있다. 유익비는 임차인이 지출한 비용과 임대건물의 가치가 늘어난 만큼의 증가액 중 임대인이 선택한 것을 지급 받을 수 있다.

| 관련법 |

[민법] 제617조 「손해배상, 비용상환청구의 기간」
계약 또는 목적물의 성질에 위반한 사용, 수익으로 인하여 생긴 손해배상의 청구와 차주가 지출한 비용의 상환청구는 대주가 물건의 반환을 받은 날로부터 6개월 내에 해야 한다.

내 용 증 명

수 　　신 : 임 지 홍

주민등록번호 : 730000-1000000

주 　　소 : 서울시 마포구 아현동 ○○아파트 101동 101호

발 　　신 : 이 은 화

주 　　소 : 서울시 마포구 공덕동 000-00번지 4층 401호

부동산의 표시 : 서울시 마포구 공덕동 000-00번지 1층 101호

제 목 : 수리비 청구

1. 귀하의 건승을 기원합니다.

2. 본인은 상기 부동산의 임차인으로서 화장실 배수관 노후로 인한 누수의 보수공사를 여러
차례에 걸쳐 임지홍님에게 요청하였으나 실행되지 않아, 임차인인 본인이 보수공사를 진행
하였고 아래와 같이 수리비를 청구하오니 첨부의 계좌로 2015년 3월 1일까지 송금하여 주시
기 바랍니다.

－ 아 래 －

1. 공사내용 : 화장실 노후 배수관 교체

2. 공사금액 : 일금일00만 원정(₩1,000,000원)

3. 공사일시 : 2015년 1월 5일 － 2015년 1월 6일

첨 부 서 류

1. 공사견적서 사본 　　1부

2. 공사비 입금증 사본 　1부

3. 공사비 영수증 사본 　1부

4. 통장사본 　　　　　1부

2015년 4월 1일

위 발신인 　이 은 화 (인)

비용상환청구권 내용증명서

비용상환청구권에 관한 민법 규정은 다음에 설명할 부속물매수청구권과 달리 임의규정이다. 그래서 계약 당사자간에 합의에 따라서 임차인의 비용상환청구권에 대한 포기특약도 가능하다.

물론 임차물을 사용하면서 교체의 요구가 발생하는 소모품적 성격의 형광등이나 수도꼭지 등은 필요비, 유익비를 논할 것도 없이 사용할 권리가 있는 임차인이 하는 것이 당연하다. 하지만 계약하고 입주할 때는 꼼꼼하게 살펴본 후 임대인에게 필요한 부분을 요청하는 것도 중요하다.

경미한 비용이고 사용상의 부주의 등으로 인한 보일러 수리는 임차인이 한다 할지라도 보일러가 노후되고 그 비용이 상당할 때는 임대인에게 알려야 하며, 임대인은 계약이 존속하는 동안 임차인이 사용하는 데 필요한 수리를 해 줄 의무가 있다. 만약 임차인의 요청에도 임대인이 응하지 않을 때는 임차인이 수리하고 영수증과 함께 그 비용을 임대인에게 청구하면 된다.

만약 수리해야 하는 내용이 건물의 노후 등으로 인한 것으로서 임대인에게 청구할 수 있는 필요비인지 아니면 임차인의 부주의 및 훼손으로 인한 것인지 구분하기 어려울 때는 전문가를 불러 의견을 듣고 수리비 부담의 주체를 결정해야 한다.

임차인은 어떠한 사유로 임대인에게 연락을 못 하고 필요비나 유익비를 지출했어도 먼저 수리를 하고 비용을 청구할 수 있다. 그리고 추후에 임대인과 주택 하자에 대한 수리요청이나 수리비용에 대해 합의가 안되면 임차인은 계약 불이행으로 계약해지 통보와 보증금 반환을 청구할 수 있으며 손해배상청구를 할 수 있다.

4. 필요비와 유익비의 비교

구분	필요비	유익비
의미	임차물의 보존을 위하여 지출한 비용	임차물의 객관적 가치를 증가시키기 위하여 투입한 비용
사례	• 벽의 균열에 의한 수선비 • 보일러 수선비 • 화장실 수리비	• 방이나 부엌을 증축하면서 지출한 비용 • 담장을 축조한 비용 • 건물의 진입로나 건물 내 바닥을 콘크리트 등으로 포장한 비용
상환 청구	• 임차인은 임대인에게 청구 가능 • 전세권자는 임대인에게 청구 불가능	• 임차인 및 전세권자는 임대인에게 청구 가능
행사 기간	• 지출 후 즉시 상환을 청구하며, 명도 후 6개월 내에 행사	• 임대차 종료 시에 청구하며, 명도 후 6개월 이내에 행사
유치권	유치권 행사 가능	
특성	임의규정이므로 계약 당사자 간의 합의로 포기특약도 유효	

| Q&A 1 |

습기와 곰팡이 수선비용

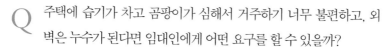

Q 주택에 습기가 차고 곰팡이가 심해서 거주하기 너무 불편하고, 외벽은 누수가 된다면 임대인에게 어떤 요구를 할 수 있을까?

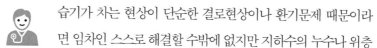

습기가 차는 현상이 단순한 결로현상이나 환기문제 때문이라면 임차인 스스로 해결할 수밖에 없지만 지하수의 누수나 위층의 누수 등으로 발생하였고 거주하기 힘든 정도라고 한다면 임대인의 수선 불이행 책임을 물어 손해배상을 청구하거나 계약을 해지할 수 있으며, 임대인이 수선해줄 때까지 사용·수익할 수 없었던 비율로 임차료의 전부 또는 일부의 지급을 거절할 수도 있다.

인터폰 고장의 수리 책임

Q K는 화곡동의 한 아파트에 전세를 살고 있었다. 그런데 이사할 날을 2주 정도 남기고 10년 된 인터폰이 고장이 났다. 1층에 손님이 와서 벨을 누르고 집안에서 스위치를 눌러 1층 출입문이 열려야 하지만 그렇지 않아 매번 1층까지 내려와야 했다. 이사하는 날이 되어 집주인이 K에게 수리비용을 내라고 하는데 이러한 경우 인터폰의 수리책임은 누구에게 있을까?

 집주인에게 수리책임이 있다. 주택을 지은 지 얼마 되지 않았는데 시설이 고장났다면 세입자가 수리비용을 부담하는 경우가 많다. 물론 이러한 경우에 항상 세입자가 수리비용을 부담해야 하는 것은 아니고 수리공을 불러 현재 발생한 하자가 부실건축으로 인해 발생한 것인지, 세입자의 과실에 의한 것인지 확인을 해서 부실건축으로 인한 하자의 경우는 집주인이, 세입자의 과실에 의한 경우는 세입자가 수리비를 부담해야 한다. 이 경우와 같이 건축한 지 10년이 넘은 주택으로 인터폰이 낡아서 고장이 난 것이므로 이러한 경우는 전세라도 주택의 주인이 수리비용을 부담해야 한다.

수리비용의 청구 절차

Q 인터폰이 고장 나거나 가스레인지 등이 고장 나서 집주인에게 수리를 요청하고 수리비용을 청구하려면 어떻게 해야 하나요?

수리가 필요한 부분이 있다면 먼저 집주인에게 그 내용에 관해 알려주고 수리해 달라고 요청해야 한다. 스마트폰을 이용해서 사진을 찍고 문자전송을 해도 되고 아니면 내용증명 우편을 전송해도 된다. 만약 주택의 집주인에게 알리지 않고 임의대로 수리하게 되면 수리비용을 집주인에게 청구할 수 없을 뿐만 아니라 오히려 추가 비용을 들여 원상복구까지 하게 될 수도 있다.

그리고 집주인과 협의 후 시공업자를 불러 수리를 하고 시공업자로부터 영수증을 받은 후 집주인에게 수리비용을 청구한다. 만약 집주인이 수리비용을 주지 않는 경우는 수리비용을 받을 때까지 집 열쇠를 집주인에게 주지 않거나 수리비용이 많은 경우는 해당 주택에 가압류를 걸어 놓아야 한다.

| Q&A 4 |

특약에 따른 불이익 보호

Q L은 양천구에 소재하는 오래된 아파트의 전세 임차인이다. 아파트가 30년이 되다 보니 시설들이 노후화했고 기능이 제대로 작동되지 않은 것도 많았다. 그러던 중 이사 와서 처음으로 겨울을 맞았는데 보일러가 고장 났고 임차인 L은 보일러 업자를 불러서 수리했으나 또 고장이 났다. 임차인 L의 과실이 아니라 보일러가 오래돼서 교체할 시기가 온 것이다. 임차인 L은 집주인에게 보일러를 교체해 달라고 요청했지만 집주인은 계약서의 특약사항으로 주택의 유지 · 수선은 세입자가 하여야 한다는 조항을 들어서 임차인에게 보일러를 교체하든지 아니면 알아서 다른

세입자를 구해서 전세금을 빼서 이사를 하라고 한다. 특약 내용 대로 임차인이 보일러를 교체해야 할까?

 아니다. 임대인의 부담이다. 임대인은 목적물을 임차인에게 인도하고 계약 존속 중 그 사용 · 수익에 필요한 상태를 유지하게 할 의무를 부담하며, 유지 · 수선의 범위를 특약에 의하여 명시하는 경우를 제외하고는 임차인이 그 수선의무를 부담하게 되는 것은 통상 생길 수 있는 파손의 수선 등 소규모의 수선에 한하며 대파손의 수리, 기본적 설비분의 교체 등과 같은 대규모의 수선은 임대인이 부담해야 한다.

| 관련 판례 |

가. 임대차 계약에 있어서 임대인은 목적물을 계약 존속 중 그 사용 · 수익에 필요한 상태를 유지하게 할 의무를 부담하는 것이므로, 목적물에 파손 또는 장해가 생긴 경우 그것이 임차인이 별 비용을 들이지 아니하고도 손쉽게 고칠 수 있을 정도의 사소한 것이어서 임차인의 사용 · 수익을 방해할 정도의 것이 아니라면 임대인은 수선의무를 부담하지 않지만, 그것을 수선하지 아니하면 임차인이 계약에 의하여 정해진 목적에 따라 사용 · 수익할 수 없는 상태로 될 정도의 것이라면 임대인은 그 수선의무를 부담한다.

나. '가' 항의 임대인의 수선의무는 특약에 의하여 이를 면제하거나 임차인의 부담으로 돌릴 수 있으나, 그러한 특약에서 수선의무의 범위를 명시하고 있는 등의 특별한 사정이 없는 한 그러한 특약에 의하여 임대인이 수선의무를 면하거나 임차인이 그 수선의무를 부담하게 되는 것은 통상

생길 수 있는 파손의 수선 등 소규모의 수선에 한한다 할 것이고, 대파손의 수리, 건물의 주요 구성부분에 대한 대수선, 기본적 설비부분의 교체 등과 같은 대규모의 수선은 이에 포함되지 아니하고 여전히 임대인이 수선의무를 부담한다.

-대법원 1994. 12. 9. 선고 94다34692, 94다34708 판결 요약

5. 계약서의 중요성

임대차에서 기본적으로 필요비와 유익비를 임대인이 부담한다고 할지라도 더욱더 중요한 것은 계약 당사자들이 어떻게 합의하고 계약서를 어떻게 작성했느냐 하는 것이다. 계약 시에 원상복구 특약이나 비용상환청구권의 포기 특약 등의 문구 하나로 인해서 과다한 비용을 부담해야 하는 경우도 허다하므로 계약 내용을 신중하게 검토하고 작성해야 한다.

입주 초기의 집수리비용에 대한 문제를 최대한 예방해야 한다. 그러기 위해서는 임대차 계약 시에 또는 잔금을 치를 때 집주인과 부동산업자를 동행해서 입주하려는 집에 대한 시설물을 면밀하게 점검해야 한다. 만약 거기서 하자가 발견되면 집주인에게 요청하면 되고, 임차인이 중개업자에게 중개대상물에 관해서 성실·정확하게 확인·설명을 받지 못하였다면 중개업자에 그 책임을 묻고 손해배상도 청구할 수 있다.

법조문과 판례가 많은 것을 보여주고 있으나 무엇보다 중요한 것은 계약 당사자가 합의하는 내용과 계약서이다. 임대차 계약 체결 시 임차인이 임대인의 승인 하에 임차목적물인 건물 부분을 개축 또는 변조할 수 있지만 임차목적물을 임대인에게 명도할 때는 임차인이 일체 비용을 부

담하여 원상복구를 하기로 약정하였다면, 이는 임차인이 임차목적물에 지출한 각종 유익비의 상환청구권을 미리 포기하기로 한 취지의 특약이다. (대법원 1994. 9. 30. 선고 94다20389, 20396 판결)

또한 임대차 계약 체결 시 임차인이 설치한 모든 시설물에 대하여 임대인에게 시설비를 요구하지 않기로 약정한 경우도 임차인이 건물에 지출한 각종 유익비 또는 필요비의 상환청구권을 미리 포기하기로 한 특약이어서 임차인은 유익비 또는 필요비의 상환을 청구할 수 없으며 따라서 유치권도 주장할 수 없다.(대법원 1998. 5. 29. 선고 98다6497 판결)

6 임차인의 비용상환청구권의 제한 특약

임대인은 임차인의 비용상환청구권을 제한하기 위하여 임대차 계약을 할 때 흔히 "보수 및 시설은 임차인이 해야 하며, 임차인은 설치한 모든 시설물에 대하여 임대인에게 시설비를 요구하지 않는다."는 특약을 넣기도 한다. 이 특약 조항으로 말미암아 당연히 임차인은 임대인에게 시설비용을 청구할 수 없다. 반면 임대인도 그에 상응하는 대가로 원상복구의무를 요구할 수 없다는 사실을 알아야 한다.

| 관련 판례 |

임대차 계약서에 "임차인은 임대인의 승인하에 개축 또는 변조할 수 있으나 계약 대상물을 명도시에는 임차인이 일체 비용을 부담하여 원상복구하여야 한다."는 내용이 인쇄되어 있기는 하지만, 한편 계약 체결 당시 특약사항으로 "보수 및 시설은 임차인이 해야 하며 앞으로도 임대인은 해

주지 않는다. 임차인은 설치한 모든 시설물에 대하여 임대인에게 시설비를 요구하지 않기로 한다." 등의 약정을 한 경우, 임차인은 시설비용이나 보수비용의 상환청구권을 포기하는 대신 원상복구의무도 부담하지 않기로 하는 합의가 있었다고 보아, 임차인이 계약서의 조항에 의한 원상복구의무를 부담하지 않는다고 본다.

-대법원 1998. 5. 29. 선고 98다6497 판결 요약

4 부속물매수청구권

1. 부속물매수청구권 및 행사 시기

(1) 임차인의 부속물매수청구권

임차인은 건물 및 기타 공작물의 임대차에서 임대인의 동의를 얻어 부속한 물건이거나 임대인으로부터 매수한 부속물이 있는 때는 임대차가 종료한 때 임대인에게 부속물 매수를 청구할 수 있다. 임차인은 대항력이 있는 경우 임대인뿐만 아니라 임대인의 지위를 승계한 새 임대인에게도 청구할 수 있다.

부속물이어야 한다. 부속물이란 임차인의 소유에 속하는 독립물로서 건물의 구성 부분이 아니며 건물에 객관적인 편익을 주는 물건을 의미한다.

[민법] 제646조 「임차인의 부속물매수청구권」
① 건물 기타 공작물의 임차인이 그 사용의 편익을 위하여 임대인의 동의를 얻어 이에 부속한 물건이 있는 때는 임대차의 종료시에 임대인에 대하여 그 부속물의 매수를 청구할 수 있다.
② 임대인으로부터 매수한 부속물에 대하여도 전항과 같다.

(2) 부속물매수청구권의 행사 시기

임대차 종료 후 부속물매수청구권 행사 시기에는 제한이 없는데 임차 주택을 반환한 이후에도 매수청구권을 포기하지 않는 이상 부속물 매수 청구를 할 수 있지만 임차인의 채무불이행으로 임대차가 해지되는 경우 는 부속물매수청구권이 인정되지 않는다. (대법원 1990.1.23. 88다카7245)

[민법] 제316조 「원상회복의무, 매수청구권」
① 전세권이 그 존속기간의 만료로 인하여 소멸한 때는 전세권자는 그 목적물을 원상에 회복하여야 하며 그 목적물에 부속시킨 물건은 수거할 수 있다. 그러나 전세권 설정자가 그 부속물건의 매수를 청구한 때는 전세권자는 정당한 이유 없이 거절하지 못한다.
② 전항의 경우에 그 부속물건이 전세권 설정자의 동의를 얻어 부속시킨 것인 때는 전세권자는 전세권 설정자에 대하여 그 부속물건의 매수를 청구할 수 있다. 그 부속물건이 전세권 설정자로부터 매수한 것일 때도 같다.

(3) 전차인의 부속물매수청구권

임차인이 건물 기타 공작물을 적법하게 전대한 경우에, 전차인이 그 사용의 편익을 위해서 임대인의 동의를 얻어 이에 부속한 물건이 있는 때는 전대차의 종료 시에 임대인에게 그 부속물 매수를 청구할 수 있고, 임대인으로부터 매수를 했거나 동의를 얻어서 임차인으로부터 매수한 부속물에 대해서도 매수를 청구할 수 있다.(민법 제647조 전차인의 부속물매수청구권)

2. 부속물매수청구권은 형성권

부속물매수청구권은 형성권이므로 임차인이 서면이나 구두로 부속물의 매수를 청구하면 임대인의 승낙 없이도 매매 계약이 성립한다. 이 경우에 부속물의 매매대금은 그 매수청구권 행사 당시의 시가를 기준으로 산정한다.

필요비와 유익비의 비용상환청구권과 달리 부속물매수청구권은 편면적 강행규정으로서 이를 포기하는 특약은 임차인에게 불리하여 무효이다.

3. 비용상환청구권과 부속물매수청구권의 비교

구분	비용상환청구권(필요비,유익비)	부속물매수청구권
내용	임차물의 보존 및 가치의 증가에 대한 비용	임대인의 동의를 얻은 부속 물건이거나 임대인으로부터 매수한 부속물
형성권	형성권이 아니므로 임차인은 비용을 임대인에게 청구해야 하며 임대인과 합의를 해야 한다.	형성권이므로 임차인이 부속물의 매수를 청구하면 임대인의 승낙 없이도 부속물에 대한 매매 계약이 성립한다.
규정	임의규정이므로 임차인의 포기특약도 유효	편면적 강행규정이므로 이를 포기하는 특약은 임차인에게 불리하여 무효
행사기간	임대인이 목적물을 반환받은 날로부터 6개월 내	제한 없음

추가 내부공사 비용

Q 임차인 A는 상가를 임차하여 카페를 운영하던 중 추가로 내부 시설 공사를 했다. 공사하면서 지붕에서 누수된 곳의 보수공사도 같이 시공했다. 임대차 기간이 끝날 무렵 다른 곳으로 이사하고 싶은데 임대인 에게 부속물매수청구를 할 수 있을까?

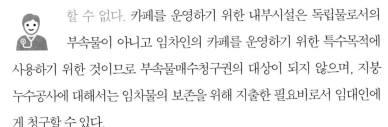

할 수 없다. 카페를 운영하기 위한 내부시설은 독립물로서의 부속물이 아니고 임차인의 카페를 운영하기 위한 특수목적에 사용하기 위한 것이므로 부속물매수청구권의 대상이 되지 않으며, 지붕 누수공사에 대해서는 임차물의 보존을 위해 지출한 필요비로서 임대인에 게 청구할 수 있다.

1,000만원 가치가 남아 있는 시설비 청구

Q 갑이 건물을 임차한 후 그곳에서 추어탕집을 경영하기 위하여 약 2,000만 원을 들여 보일러, 온돌방, 방문틀, 주방내부 합판을 이용 한 점포 장식, 가스, 실내전등, 계단전기 등을 설치하고 페인트 도색을 하 는 등 공사를 했고, 그로 인하여 현재도 약 1,000만 원의 가치가 남아 있 다. 임차인 갑은 임대인에게 그 비용을 청구할 수 있을까?

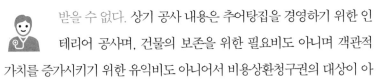

받을 수 없다. 상기 공사 내용은 추어탕집을 경영하기 위한 인 테리어 공사며, 건물의 보존을 위한 필요비도 아니며 객관적 가치를 증가시키기 위한 유익비도 아니어서 비용상환청구권의 대상이 아

니며, 임대인의 동의를 별론으로 하더라도 부속물이 독립성을 가지고 건물의 일반적 용도에 의한 사용의 편익에 건물의 객관적 가치를 증가시키는 것도 아니므로 부속물매수청구권의 대상도 될 수 없다.

임차인이 목적물에 대하여 공사를 할 때는 임대인과 협의를 하는 것이 좋다. 임차인이 필요비 또는 유익비로 지출하고 이후에 지출한 비용에 대해서 임대인과 분쟁이 생기게 되면 협의했던 내용은 아주 중요한 자료가 된다.

만약 임차인이 임대인의 동의 없이 증축하거나 건물의 구조를 변경하게 되면 임대인은 계약해지를 할 수 있다. 임차인이 임대인의 허락 없이 원상회복이 어려울 정도로 개조하였다면 임대인이 불이익을 당할 수 있기 때문에 이런 경우 임대인은 임차인에게 원상회복을 청구하고 계약을 해지할 수도 있다.

임차인의 입장에서 당연히 비용상환청구권이나 부속물매수청구권의 내용이더라도 최초 계약의 내용, 건물의 용도, 당사자의 협의 내용에 따라 판례는 결과를 달리하고 있다.

| Q&A 3 |

집수리 비용 청구

Q 집주인 갑은 건물을 신축하면서 내부 마감은 하지 않고 골조만 있는 상태에서 임차인 을과 임대차 계약을 했다. 임차인 을은 임대인과 협의 후 그 사용편익을 위하여 점포 내부에 블록 벽과 내부 목조, 창문, 보일러 등을 설치하고 타일 등으로 주방시설을 하였다. 그리고 점포 외부

에는 숯불 피우는 시설, 기름탱크, 가스저장실, 보일러, 조경 등의 시설공사를 했다. 전세금은 2,200만 원인데 비해 시설공사비는 4,000만 원이 소요됐고 계약이 만료된 지금도 2,000만 원의 가치가 있다. 임차인 을은 시설공사비를 유익비로 청구할 수 있을까, 아니면 부속물매수청구권으로 청구할 수 있을까?

 유익비로 청구할 수 없고, 부속물매수청구권으로 점포 내부 공사비를 청구할 수 있다. 집주인 갑과 임차인 을은 전세계약 당시 점포를 개축하거나 내부시설을 하더라도 임대차 기간이 만료되면 임차인이 이를 원상복구 하기로 약정하였다.

이 약정은 임차인이 건물에 지출한 각종 유익비 또는 필요비의 상환청구권을 미리 포기하기로 한 취지의 약정이므로 임차인 을은 유익비로 청구할 수 없다.

만약 이 약정대로 원상복구를 한다면 원래의 골조만 있는 상태로 시설물을 대부분 철거해야 하고 이는 사회적 손실일 것이다. 하지만 원상복구의 개념은 소요되는 비용이나 그 시설의 규모에 따라 적용되는 것이 아니다.

부속물매수청구권의 대상이 되는 부속물이란 임대인의 동의를 얻어 건물에 부속된 물건으로서 임차인의 소유에 속하고 건물의 구성 부분으로는 되지 않고 독립성을 가지며 또 건물의 일반적인 용도에 의한 사용의 편의에 제공되어 그로 인하여 건물의 객관적 가치를 증가시키는 물건을 말한다.

임대인이 이 건물을 건축함에 있어서 용도를 요식시설로 하여 건축허가를 받고 등기를 하였고 임대인과 임차인이 전세계약 체결 당시에 합의된 목적도 식당 운영이었다. 그러므로 점포 내부의 시설공사는 일반적 용도에 의한 사용의 편익에 제공되었을 뿐만 아니라 식당 경영에 편익을 부여하는 물건도 건물의 객관적인 편익을 부여하는 물건으로 볼 수 있다. 하지만 점포 외부의 시설물은 임차목적물에 부속된 물건이라고 볼 수 없으므로 부속물매수청구권의 대상이 될 수 없다.

| 관련 판례 |

용도가 요식시설로 된 건물의 임차인이 사용의 편익을 위하여 설치한 접객용 및 일반의 방시설, 주방시설 등은 이 건물의 객관적 가치를 증가시키는 독립성 있는 물건으로서 부속물매수청구권의 대상이 된다고 할 것이나 건물 외부의 숯불 피우는 시설, 기름탱크, 가스저장실, 보일러실 및 인조 조경목으로 된 휴식처 등의 시설은 이 건물에 부속된 물건이라고 볼 수 없으므로 부속물매수청구권의 대상이 되지 아니한다.

－부산고법 1989.5.19 선고 88나4751 판결 요약

| Q&A 4 |

집수리와 원상회복

Q 2001년 집주인 A와 임차인 B는 임대차 계약을 체결하면서 임차인 B가 설치한 시설에 관한 비용을 임대인에게 청구하지 않기로 약정했다. 그러던 중 집주인 A의 귀책사유로 인해 임대차 계약이 중도에 해지되어 종료했다. 임차인 B는 집주인 A로 말미암아 계약이 해지됐고 또한 본인은 시설 비용을 청구하지 않기로 약정했기 때문에 원상회복의 의무

도 없다고 주장하고 싶은데 가능할까?

 임차인은 원상회복의 의무를 다해야 한다. 임차인이 설치한 시설이 목적물의 객관적 가치를 증가시킨 것이라면 임차인 B는 임대인 A에게 유익비의 상환을 청구할 수 있지만, 임차인이 자신의 영업을 위한 것으로서 임차물의 객관적 가치를 증가시킨 것이 아니라면 임차인 B는 임대인 A에게 그 지출한 비용을 청구할 수 없다.

또한, 이 경우는 임차인이 계약할 때에 시설에 관한 비용을 임대인에게 청구하지 않기로 약정하였으므로 시설비를 청구할 수 없으며, 시설을 철거하여 임차목적물을 임차인이 사용·수익 전의 상태로 복구해야 한다. 그리고 임대인의 과실로 임대차 계약이 해지되고 종료되었으므로 임대인의 과실 부분에 대한 손해배상을 청구할 수 있을 뿐이며, 원상회복의 의무를 면하게 되는 것은 아니다.

| 관련 판례 |

가. 임대차 계약이 중도에 해지되어 종료하면 임차인은 목적물을 원상으로 회복하여 반환하여야 하는 것이고, 임대인의 귀책사유로 임대차 계약이 해지되었다고 하더라도 임차인은 그로 인한 손해배상을 청구할 수 있음은 별론으로 하고 원상회복의무를 부담하지 않는다고 할 수는 없다.

나. 임차인이 자신의 영업을 위하여 설치한 시설에 관한 비용을 임대인에게 청구하지 않기로 약정한 사정만으로 원상복구의무를 부담하지 아니하기로 하는 합의가 있었다고 볼 수 없고, 임대차 계약서상 기재된 임차인의 원상복구의무에 관한 조항이 단지 부동문자로 남아 있는 무의미

한 내용에 불과하다고 볼 수 없다.

—대법원 2002. 12. 6. 선고 2002다 42278 판결 요약

4. 매매대금은 매수청구 당시의 시가

매매대금은 '매수청구 당시의 시가'에 의한다. 보통 임대인의 건물명도나 인도청구소송에서 임차인이 항변으로서 매수청구를 하고 그 대금의 지급을 구하는데, 그 금액은 법원의 감정가액에 의한다. 다만 임차인의 차임연체나 무단전대 등 채무불이행으로 임대차 계약이 해지되 때는 부속물매수청구권도 인정되지 않는다.(대법원 1990.1.23. 선고88다카7245, 88다카7252판결)

5 화재로 인한 집수리 비용

임차한 건물에 화재가 발생했을 때 화재의 원인에 따라 책임 소재를 가려야 한다. 화재가 발생하면 손해가 작지 않아서 원인 제공자는 막대한 손해를 입을 수밖에 없다. 불이 난 원인을 알았을 경우는 그에 따라서 손해배상에 대한 책임을 지우면 되지만 화재의 원인을 알 수 없는 경우가 문제가 된다.

1. 임차인은 주의의무의 수행을 입증

불이 나서 소방관들이 조사를 했지만 정확한 발화 지점이나 원인을 밝

혀내지 못할 때는 임대인과 임차인이 서로 책임을 전가하게 된다. 임차인은 "내 잘못으로 불이 난 것이 아니다."라고 할 것이고 임대인은 "당신이 책임 없다는 증거를 대라."고 다툼이 있을 수 있다. 이와 같이 화재의 원인을 정확히 알 수 없는 경우는 임차인의 책임이 되고 임차인이 책임을 면하기 위해서는 임차인 본인이 선량한 관리자의 주의의무를 다했음을 입증해야 한다.

| 관련 판례 |

임차인의 임차물 반환채무가 이행불능이 된 경우, 임차인이 그 이행불능으로 인한 손해배상책임을 면하려면 이행불능이 임차인의 귀책사유로 말미암은 것이 아니라는 것을 입증할 책임이 있으며, 임차건물이 화재로 소훼된 경우에 있어서 화재 발생원인이 불명인 때도 임차인이 책임을 면하려면 임차 건물의 보존에 관하여 선량한 관리자의 주의의무를 다하였음을 입증해야 한다.

－대법원 1999. 9. 21. 선고 99다36273 판결 요약

임차인이 임차한 부분을 포함하여 다른 건물 부분이 화재로 소훼된 이 사건에 있어서 임차인이 임차물반환채무의 이행불능으로 인한 손해배상책임을 면하려면 그 임차건물의 보존에 관하여 선량한 관리자의 주의의무를 다하였음을 적극적으로 입증해야 하고, 이 점을 입증하지 못하면 불이익은 궁극적으로 임차인이 져야 한다고 할 것인 바, 이러한 이치는 화재가 임차인의 임차 부분 내에서 발생하였는지 여부 자체를 알 수 없는

경우라고 하여 달라지지 않는다.

—대법원 2001. 1. 19. 선고 2000다57351 판결 요약

2. 전선 합선의 근본 위치가 중요

임차인으로서 선량한 관리자의 주의의무의 범위가 논쟁거리가 될 수 있다. 임차인이 사용·수익하는 범위 내에서 화재가 발생했을 때 냉장고의 전선이 합선되어 누전으로 인한 것이라면 당연히 임차인이 책임을 져야 하겠지만, 천장의 전선이 합선이라면 임대인 또는 임차인의 책임이 될 수 있다.

| Q&A 1 |

냉장고 전선 합선으로 화재

Q 영업이 끝난 뒤 분식집에 화재가 발생하여 건물이 소실됐다. 임차인은 퇴근할 때 평상시와 같이 스위치를 다 내리고 에어컨도 끄고 출입문 시건을 하였다. 건물주는 음식점 안에 있는 냉장고 전선이 합선되어 누전으로 화재가 발생한 것 같다며 임차인에게 손해배상을 주장하고 있다. 비용을 들인 인테리어, 가구 등이 다 타버려서 가장 큰 손해를 보고 있는 임차인은 집주인의 요구에 황당하기만 하고 본인은 관리상 아무 잘못이 없다고 하는데 과연 누구의 책임일까?

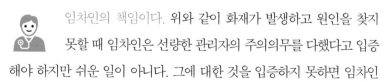 임차인의 책임이다. 위와 같이 화재가 발생하고 원인을 찾지 못할 때 임차인은 선량한 관리자의 주의의무를 다했다고 입증해야 하지만 쉬운 일이 아니다. 그에 대한 것을 입증하지 못하면 임차인

이 책임을 져야 한다. 따라서 불이 나면 임차인으로서는 소방관들이 화재 원인을 찾을 수 있도록 적극적인 협조를 해야 하고, 필요에 따라서는 전문가를 불러서 화재 원인을 직접 찾아내기도 해야 한다.

| 관련 판례 |

화재의 원인은 불명이라 하더라도 최소한 임차건물 내에서 발생한 것으로 추정함이 상당하다면 비록 임차인이 영업을 마치고 평상시와 같이 화재 발생 우려가 있는 전기 조명스위치 등을 점검한 후 출입문을 잠그고 모두 귀가한 사실이 인정된다 하더라도, 그러한 사정만으로는 임차인이 경양식 음식점 경영자로서 지위에서 나오는 임차건물의 보존에 관한 선량한 관리자의 주의의무를 다하였다고 보기는 어렵다.

―대법원 1994. 10. 14. 선고 94다38182 판결 요약

| Q&A 2 |

천장 안 전기 배선이 화재 원인

Q 임차건물에 화재가 발생하여 건물 일부가 불탔다. 소방관의 조사 결과 천장 안의 전선이 합선되어 누전으로 발화된 사고라고 결론이 났다. 건물주는 "선량한 관리자의 주의의무를 다하지 못한 임차인의 책임이다."라고 주장하며, 임차인은 "천장 안에 있어 보이지도 않는 전선은 임차인의 관리범위가 아니어서 임대인의 책임이다."라고 주장하고 있다. 과연 누구의 책임일까?

306

임대인의 책임이다. 천장 안에 있는 전기배선은 건물구조의 일부로서 임차인은 전기배선의 이상을 미리 알았거나 알 수 있었다고 보기 어렵고, 이를 수리·유지할 책임은 임대인에게 있다.

| 관련 판례 |

임차건물이 전기배선의 이상으로 인한 화재로 일부 소훼되어 임차인의 임차목적물반환채무가 일부 이행불능이 되었으나 발화 부위인 전기배선이 건물구조의 일부를 이루고 있어 임차인이 전기배선의 이상을 미리 알았거나 알 수 있었다고 보기 어렵고, 따라서 그 하자를 수리 유지할 책임은 임대인에게 있으므로 임차목적물반환채무의 이행불능은 임대인으로서 의무를 다하지 못한 결과이고 임차인의 임차목적물의 보존에 관한 선량한 관리자의 주의의무를 다하지 아니한 결과가 아니라는 이유로 임차인의 손해배상책임을 부정한 원심판결을 수긍한 사례이다.

－대법원 2000. 7. 4. 선고 99다64384 판결 요약

| Q&A 3 |

임차인이 천장 안까지 배선한 경우

Q 임차인 L은 피자가게를 운영하기 위해 영등포에서 건물을 임차했다. 기존 시설물들을 완전히 철거하고 인테리어, 설비배관, 전기배선 등을 새로이 공사했다. 그런 후 개업을 하고 영업하던 중 화재가 났는데 그 원인은 천장 안의 전기 배선이었다. 비록 임차인 L이 천장 안을 포함하여 공사를 새로 했지만, 화재의 원인이 천장 안이므로 당연히 임대인

의 관리 범위라고 생각하는데 누구의 책임일까?

 임차인의 책임이다. 화재의 원인이 된 전기배선을 임차인이 직접 하였으며 임차인이 전기배선의 이상을 미리 알았거나 알 수 있었던 경우는 임차인이 임차목적물의 보존에 관한 선량한 관리자의 주의의무를 다하지 않은 결과 발생한 것으로 보아 임차인이 손해배상책임을 진다.

| 관련 판례 |

임차건물이 건물구조의 일부인 전기배선의 이상으로 인한 화재로 소훼되어 임차인의 임차목적물반환채무가 이행불능이 되었다고 하더라도, 당해 임대차가 장기간 계속되었고 화재의 원인이 된 전기배선을 임차인이 직접 했으며 임차인이 전기배선의 이상을 알았거나 알 수 있었던 경우는, 당해 전기배선에 대한 관리는 임차인의 지배관리 영역 내에 있었다고 할 것이므로, 위와 같은 전기배선의 하자로 인한 화재는 특별한 사정이 없는 한 임차인이 임차목적물의 보존에 관한 선량한 관리자의 주의의무를 다하지 않은 결과 발생한 것으로 보아야 한다는 이유로 임차인의 손해배상책임을 인정한 사례이다.

－대법원 2006. 1. 13. 선고 2005다51013, 51020 판결 요약 요약

6 폭우 등 자연재해로 인한 피해

민법 제623조에서는 "(임대인의 의무) 임대인은 목적물을 임차인에게 인도하고 계약존속 중 사용 수익에 필요한 상태를 유지하게 할 의무를 부담한다."고 임대인에게 그 책임이 있음을 규정하고 있다. 또 민법 제634조에는 "임차목적물에 하자가 발생한 경우 임차인은 임대인에게 이를 즉시 고지할 의무가 있다."고 하였으며, 하자로 인해 제삼자에게 피해가 발생한 경우 점유자는 즉시 이를 소유권자에게 알려야 하고 점유자인 임차인이 의무를 다하지 않아 제삼자가 입은 피해에 대해서는 배상할 책임이 있다.

만약 폭우 등 자연재해로 인해 침수피해가 발생하였을 때 세입자가 입은 피해를 임대인에게 배상을 청구할 수 있느냐의 문제는 건물주가 의무를 이행했는지, 불이행했는지에 따라 달라진다. 임차목적물에 구조적인 하자가 있었다는 사실을 입증할 경우 침수피해에 대해 집주인에게 배상을 청구할 수 있다.

한편, 건물주가 상습 침수 지역임을 숨기고 계약했다거나 중개의뢰를 한 중개업자가 제대로 고지를 하지 않았다면 건물주나 중개업자를 상대로 손해배상을 청구하는 것이 가능하다. 하지만 폭우와 같은 이례적인 자연재해의 경우 쉽게 예상할 수 없으므로 건물주에게 과실이 있거나 임차인을 기망했는지를 입증하기란 쉽지 않을 것이다.

그리고 침수 등 자연재해로 인한 피해는 원칙적으로 불가항력의 손해로 법률상 손해배상 청구가 쉽게 인정되기는 어렵다. 다만, 국가나 해당

지방자치단체에서 적절한 수해대책을 수립하지 않고 사후 관리상으로도 적절한 조치를 취하지 않아 침수피해가 확대된 측면이 있다면 국가 등을 상대로 손해배상청구도 가능하기는 하다.

다음 판례처럼 임대인과 임차인 등의 관련은 아니지만 천재지변적 집중호우 침수피해가 국가 및 지자체 등에 배상책임 없음을 판례가 보여주듯 국가 등을 상대로 손해배상 청구는 그다지 쉬운 일이 아니다.

| 관련 판례 |

집중호우로 산사태가 발생하고 토사와 지표수, 빗물 등이 범람하여 차량들이 침수되었는데, 차량들에 대하여 자동차종합보험계약을 체결한 보험자 갑 주식회사가 피보험자들에게 보험금을 지급한 후 국가와 을 지방자치단체 등을 상대로 구상금을 청구한 사안에서, 제반 사정에 비추어 산사태 또는 침수 사고가 을 지방자치단체 등의 영조물 설치·관리상의 하자로 발생한 것이라고 인정하기 어렵고, 이 사고는 객관적으로 예측하여 회피할 수 있는 범위를 넘어선 것으로 보인다는 이유로 국가와 을 지방자치단체 등의 손해배상책임이 없다고 한 사례이다.

—서울중앙지법 2013. 10. 14. 선고 2012가단80222 판결 요약

CHAPTER 3

흔히 있는 임차 분쟁

우리나라 사람들의 부동산에 대한 사랑은 세계적으로 유명하다. 통계청 가계금융 · 복지조사 결과에 따르면 2014년 기준 한국의 가계자산 중 실물자산 비중은 73.2%(부동산 비중 67.8%)로 세계 최고 수준이어서 미국 29.3%(2013년 기준), 일본 39.9%(2012년 기준) 등에 비교할 수조차 없다. 특히 실물자산이 차지하는 비중은 나이가 들수록 높아져 50대 중반 이후 가구주의 경우 80%를 웃돈다. 본인이 거주하는 주택을 소유할 뿐만 아니라 수익형 부동산 등에 투자하여 은행, 주식 등에 투자했을 때보다 높은 수익률과 정기적으로 안정적인 수입을 기대한다. 그런데 주택이나 상가를 소유하고도 예상치 못한 다음과 같은 임차인 때문에 시간을 낭비하고 경제적으로 손해를 보는 경우도 있다.

① 월세가 밀리고 연락이 안되는 임차인

② 임대차 기간이 만료했는데 연락이 안되는 임차인

③ 단기간 계약 후 명도하지 않고 버티는 임차인

④ 해지 통지에 권리금 달라는 임차인

⑤ 관리비를 연체한 임차인

⑥ 원상회복의 의무를 다하지 않은 임차인

1 월세 밀리고 연락이 안되는 임차인

1. 차임연체의 계약해지

(1) 주택 차임연체의 계약해지

주위에 빈번히 발생하는 유형 중 하나이다. 월세가 밀리고 그나마 연락이라도 닿으면 합의점을 찾을 수 있지만, 월세가 한두 번 밀리기 시작하고 약속을 못 지키는 임차인은 집주인의 전화를 피하기 쉽다. 매달 정기적인 월세수입을 기대했던 임대인은 지출 계획에 차질이 발생할 수밖에 없다.

주택 임대차 계약에서 임차인이 2기의 차임액을 연체할 때 임대인은 계약을 해지할 수 있다. 하지만 집주인이 계약을 해지하려고 했으나 임차인이 버티면 법적인 절차를 모색할 수밖에 없다. 먼저 계약해지의 통지에 대한 내용증명을 발송하고 명도소송, 강제집행, 임차인 물건의 공탁 등 여러 과정을 거쳐야 하고 최소 6개월에서 1년이라는 짧지 않은 시간이 걸린다. 또 명도소송에서 승소하여 임차인을 내보낼 수 있으나, 임차인이 재산이 없어 그동안 밀린 월세를 받을 수 없는 사례도 자주 있다. 임대인으로서 임대차에 가장 중요한 것은 월세를 잘 내는 임차인을 고르는 것이다. 그리고 임차인은 신분이 확실한 사람이어야 하며, 때로는 임대인이 임차인의 신분을 확인하기 위하여 주민등록등본을 요구한다.

| 관련법 |

[민법] 제640조 「차임연체와 해지」
건물 기타 공작물의 임대차에는 임차인의 차임연체액이 2기의 차임액에 달하는 때
는 임대인은 계약을 해지할 수 있다.

⑵ 상가 차임연체의 계약해지

상가는 주택과 달리 차임연체의 계약해지 사유가 3개월 연체했을 때이다. 2015년 5월 13일 상가건물 임대차보호법의 개정으로 연체 조항이 변경되었다. 종전에는 주택과 마찬가지로 민법의 적용을 받아 2개월을 연체하면 임대인이 계약해지를 할 수 있는 사유였지만, 이제는 임차인이 월차임을 3기에 달하도록 연체하면 환산보증금의 과소에 관계없이 임대인은 계약해지를 할 수 있다.

│ 관련법 │

〔상가건물 임대차보호법〕 제10조의8 「차임연체와 해지」
임차인의 차임연체액이 3기의 차임액에 달하는 때는 임대인은 계약을 해지할 수 있다.

│ Q&A │

'2개월 월차임 밀리면 계약해지' 항목

Q 임차인 K는 2015년 10월 1일 임대인 L과 미용실 용도의 1층 상가를 임대차 계약을 하면서 특약으로 "임차인이 2개월 이상 월차임을 밀리면 임대인은 계약을 해지할 수 있다."고 했다면 효력이 있는 조항일까?

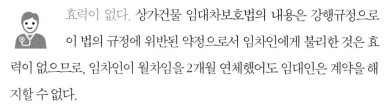

효력이 없다. 상가건물 임대차보호법의 내용은 강행규정으로 이 법의 규정에 위반된 약정으로서 임차인에게 불리한 것은 효력이 없으므로, 임차인이 월차임을 2개월 연체했어도 임대인은 계약을 해지할 수 없다.

2. 임차인 주소

집주인이 임차인을 명도하기 위해 처음으로 하는 것이 계약해지의 통지에 관한 내용증명이다. 그 내용증명이 임차인에게 도달하여야 효력이 있으나 임대인이 보낸 편지가 주소 불명으로 되돌아오는 경우가 있고, 임대인이 임차인의 정확한 주소를 모를 때도 있다. 이렇게 되면 명도하기 위한 첫 단추를 끼울 수가 없다.

물론 이 경우 법원에 공시송달을 신청할 수도 있다. 공시송달은 그렇게 허술하지 않아 신청인의 필요에 따라서 항상 이뤄지는 것이 아니다. 임차인의 주민등록 된 주소를 알고 있을 때는 주소지의 통장이나 이웃으로부터 불거주 확인서를 받거나 거주지 주민센터에서 주민등록이 말소된 사실을 확인받는 등의 절차를 거쳐야만 공시송달이 가능하다.

'공시송달'이란 상대방의 주소 또는 근무장소를 알 수 없는 등의 이유로 상대방에게 통상의 방법으로 서류를 송달할 수 없을 때 당사자의 신청 또는 법원이 직권으로 행하는 것으로서 법원사무관 등이 송달할 서류를 보관하고 그 사유를 법원 게시판에 게시하거나 관보, 공보 또는 신문에 게재하거나 전자통신 매체를 이용해 공시하는 방법으로 상대방이 언제라도 송달받을 수 있게 하는 송달 방법이다. 송달을 실시한 날로부터 2주가 지나면 효력이 생긴다.

보통은 주소가 불분명한 경우에 공시송달이 가능하다고 쉽게 생각하는 사람들이 많지만, 실상은 그렇지 않은 것이 현실이다. 그래서 계약할 때 임차인의 주소를 명확하게 기록해야 한다. 임차인의 주민등록등본 또는 주민등록초본을 요구하는 것도 한 가지 방법일 것이다. 서로 믿고 하는 임대차 계약의 기본을 갖추는 것이 상대방의 기분이 상할까 우려하는 것보다 사후의 분쟁에 대비하는 중요한 일이다.

3. 계약해지 통지와 명도 소송

장사도 안되고 월세도 못 내는 임차인이 계약해지 통지를 받게 되면 고분고분하게 상가를 비워줄 리가 없다. 권리금 등을 받기 위해서 인수할 다른 세입자가 나타날 때까지 기다려 달라고 요구하는 것은 물론이고 심지어는 임대인에게 시설권리금을 요구하기도 한다. 물론 임대인은 시설권리금을 줄 필요도 없고 오히려 깨끗하게 정리하고 나가라고 원상회복을 요구할 수 있다.

만약 세입자가 집주인의 요구를 거부하고 버티게 되면 집주인은 임차인과 원만하게 협의하든지 아니면 명도 소송까지 해야 한다. 집주인이 명도 소송을 제기하면 특별한 경우를 제외하고는 집주인이 이길 것이다. 하지만 소송과 강제집행을 하는 기간이 1년 내외 정도로 짧지 않아서 그에 따른 손해도 계산해야 한다. 소송기간 동안 임차인은 임대료는 물론이고 관리비도 제대로 내지 않을 것이고 소송기간이 끝난 후 임대보증금이 남는 게 없고 오히려 임차인에게 추가로 받아내야 한다면 임차인을 상대로 돈을 받아내는 것은 보통 일이 아니다. 임차인의 다른 재산을 가압류하는 방법도 있겠지만, 사업에 실패하고 망해 나가는 임차인의 재산이 넉넉할리도 없을 것이며 소송 과정에서 겪는 스트레스도 감수해야 한다.

임대인 입장에서는 억울하겠지만 밀린 월세를 일부 탕감해 주든지 아니면 이사비를 지원해 주면서 양보하는 방법도 있다. 임차인을 잘못 고른 임대인은 어떻게 해야 손해를 최소화할 수 있는지 비교해야 한다.

계약해지 통보

수 신 인 : 홍길동

주　　소 : 서울시 양천구 목동 ㅇㅇ아파트 103동 103호

발 신 인 : 김갑동

주　　소 : 서울시 강서구 방화동 ㅇㅇ아파트 101동 101호

제　　목 : 임대료 연체로 인한 계약해지 통보

1. 본인은 수신인과 2014년 7월 1일 본인 소유의 서울시 양천구 목동 00번지 상가 101호 30m²에 대하여 보증금 500만 원과 월 차임 3십만 원을 매월 말일에 지급하는 조건으로 임대차 계약을 체결하였으나 2015년 2월 1일 현재 수신인은 5개월의 임대료를 지급하지 아니하여 연체임대료가 금1백5십만 원에 달하고 있습니다.

2. 수차례에 걸친 구두 요청에도 불구하고 임대료의 지급이 계속 연체되고 있는 점에 유감을 표시하며,

3. 연체된 금1백5십만 원을 2015년 2월 15일까지 입금해 주실 것을 요청하며, 위기일까지 지급하지 아니하면 우리 민법에 근거하여 동 일자로 임대차 계약을 해지하며 아울러 수신인이 점유하고 있는 상가를 원상회복하여 본인에게 명도해 주실 것을 통지합니다.

2015년 2월 1일

위 발신인　김 갑 동　(인)

임대차 계약해지 통보의 내용증명서

2 임대차 기간 만료 후 연락이 안되는 임차인

1. 행방불명된 임차인

월세를 밀리던 임차인이 임대차 기간이 만료되었는데도 비워주지 않고 연락도 안되면 난감하지 않을 수 없다. 집주인은 골치 아픈 세입자를 빨리 정리하고 새로운 임차인을 받고 싶은데 그것이 뜻대로 되지 않는다. 그래서 집주인은 세입자의 짐을 창고에 정리해 놓고 새로운 임차인을 들일까 생각도 해본다.

2. 강제집행은 국가만 가능

만약 집주인이 열쇠공을 불러 문을 따고 임의로 들어가서 짐을 치운다면 주거침입죄, 절도죄, 재물손괴죄 등의 문제가 생긴다. 계약을 이행하지 않은 임차인을 내보내기 위해서는 명도소송을 하는 등 법의 힘을 빌려야 한다. 그리고 6개월 이상 걸리는 소송 절차를 생략하려면 제소전화해 조서를 고려할 수 있다. 제소전화해 조서가 있어도 강제집행은 임대인이 임의로 할 수 없으며 집행기관에 신청해야 한다.

임대인과 임차인이 임대차 계약할 때 "계약해지가 되거나 임차기간이 만료된 후 임차인이 부동산을 인도하지 않으면 임대인이 임의로 처분한다."고 특약을 했어도 법원의 판결문 없이는 강제집행을 할 수 없다.

특약으로 강제집행

Q 2001년 서초동에 있는 임대인 K의 건물에서 음식점을 경영하던 H
가 임대료를 연체하고 임대차 계약이 종료됐는데 명도를 거부했다.
임대차 계약 당시에 "임대차 계약의 종료일 또는 계약해지통보 1주일 이
내 임차인이 소유물과 재산을 반출하지 않은 경우 임대인은 임차인의 물
건을 임의로 철거, 폐기처분할 수 있으며, 임차인은 개인적으로나 법적으
로나 하등의 이의를 제기하지 않는다."는 특약을 했으므로 임대인 K는 간
판업자를 동원해 강제로 간판을 떼어내고, 점포 출입문을 자물쇠를 채웠
다. 임대인 K는 법을 위반한 것일까?

 임대인 K는 유죄이다. 2005년 3월 대법원 재판부 판결문에서
"강제집행은 국가가 독점하고 있는 사법권의 한 작용을 이루
고 채권자는 국가에 대해 강제집행권의 발동을 신청할 수 있는 지위에 있
을 뿐이므로, 법률이 정한 집행기관에 강제집행을 신청하지 않고 채권자
가 임의로 강제집행을 하기로 하는 계약은 사회질서에 반하는 것으로 민
법 제103조에 의해 무효이다."라고 밝혔다. 즉 강제집행은 당사자 간의
합의가 있어도 일방 당사자가 임의로 할 수 없으며 법률이 정한 집행기관
에 신청해야 한다.

| 관련법 |

[민법] 제103조 「반사회질서의 법률행위」
선량한 풍속 기타 사회질서에 위반한 사항을 내용으로 하는 법률행위는 무효로
한다.

| Q&A 2 |

월세도 밀리고 행방불명된 임차인

Q 상가건물주 A는 휴대전화 대리점을 하려는 B와 보증금 5,000만 원, 월차임 200만 원에 임대차 기간 1년으로 임대차 계약했다. 처음 6개월 동안 장사를 잘하고 있던 임차인 B가 어느 날 갑자기 상가 문을 닫고 연락도 안되며 상가 문마저 자물쇠로 잠궈 들어가지도 못하게 됐다. 3개월 동안 월세도 밀리고 연락도 두절인 임차인 B와 계약해지를 하고 싶은 임대인 A는 어떻게 해야 할까?

건물명도청구소송 후 건물명도집행을 한다. 상가는 임차인의 차임연체액이 3기의 차임액에 달하는 때에 임대인은 계약을 해지할 수 있다. 그리고 이 경우 계약의 해지는 일반적인 계약해지와 달리 임차인에 대한 이행의 최고 절차가 필요 없으므로(대법원 1962. 10. 11. 선고 62다496 판결, 1977. 6. 28. 선고 77다402 판결), 임차인이 3개월분에 해당하는 월 임차료를 내지 않는 이상 계약해지의 요건이 되며 임대인은 연체된 월세 부분을 입증하여 건물명도청구소송을 제기할 수 있다.

그런데 임차인이 행방불명된 때는 공시송달 방법을 이용하여 임차인의 최후 주소지 또는 부동산 소재지의 관할법원에 건물명도청구소송을 제기해야 하며, 공시송달의 효력은 공시송달 사유가 법원 게시판에 게시된 날로부터 2주일이 지나면 효력이 발생하게 된다.(민사소송법 제194조 내지 제196조)

공시송달에 의하여 송달된 후 건물명도소송에서 승소하게 되면, 건물명도 집행절차를 집행관에게 위임하여 임차인의 물품을 적당한 곳에 적

320

재하여 선량한 관리자의 주의의무로 보관하고 있다가 상대방이 나타나면 보관비용을 청구하든가(민사집행법 제274조), 임차인소유의 물건을 공탁절차를 밟아 공탁소에 보관할 수도 있다.(민법 제488조) 공탁 방법을 이용하는 경우 임차인의 물건이 공탁에 적당하지 않거나 멸실, 훼손될 염려가 있거나 공탁에 과다한 비용을 필요로 하는 경우는 법원의 허가를 받아 그 물건을 경매하거나 시가로 방매하여 대금을 공탁할 수도 있다.

3. 임차보증금은 넉넉하게

| Q&A 1 |

월세를 못 내는 임차인

Q 목동에서 상가를 보유하고 있는 A는 족발집을 운영하는 B와 보증금 2,000만 원에 월차임 200만 원으로 임대차 계약했다. 임차인 B는 계약 후 초기에는 월세를 잘 냈지만 6개월 지날 무렵쯤부터 매출이 떨어지면서 월세를 밀리기 시작했다. 임차인 B는 가게를 인수할 때 3,000만 원의 권리금을 전임차인에게 지급했고 시설비를 2,000만 원가량 투자한 상태이며 현재는 3개월 동안 월세를 연체했다. 중개업소에 내놨지만 보러 오는 사람도 별로 없고 임차인 B는 권리금 5,000만 원을 되찾고 싶은 마음이 간절하다. 집주인 A는 월세를 못 내고 있는 B를 계속 기다려야 할까?

합의 해지를 하든지 명도 소송을 해야 한다. 월세를 계속 밀리고 있는 B는 권리금이 아까워서라도 쉽게 나가지 못한다. 만약 임대인 A는 보증금이 여유 있다고 생각하고 조금 더 기다리기로 한다면 시간이 지나갈수록 임차인 B는 본전 생각이 날 것이다. 그리고 만기일이 다가오면 그제서야 임대인 A는 해지 통지하고 명도 소송을 하게 된다. 하지만 임차인을 내보내는 것은 절차도 쉽지 않을 뿐 아니라 최소 6개월 이상의 시일도 걸린다. 그래서 월세는 월세대로 못 받고 소송비용도 만만치 않게 들어가는 최악의 상태로 넘어가기도 한다.

월세를 연체하는 임차인을 상대로 차마 매정하게 하지 못해서, 아니면 팔뚝에 문신을 한 공포 임차인에게 말하기가 어려워서 해지통지를 늦추는 경우도 많다. 하지만 임대인은 때로 냉정해야 한다. 임차인의 손해가 계속될 것이 명확한 상황에서 임차인의 손해를 최소화하는 것이 서로를 위해서 좋을 것이다. 임대인이 일부 양보해서 작은 손해를 보더라도 합의 해지를 해 보고 그 역시 안된다면 명도 소송 절차를 밟으면 된다.

| Q&A 2 |

밀린 월세 공제 여부

Q 대형 미용실을 운영 중인 임차인 B는 6개월째 월세를 내지 않고 있다. 월세를 받아 생활비로 쓰고 있는 건물주 A는 월 100만 원의 월세가 들어오지 않아, 찾아가서 얘기도 하고 여러 차례 전화를 하였으나 차일피일 미룰 뿐이어서 보증금 3,000만 원에서 공제하기로 마음을 먹었다. 그 뒤로도 6개월이 더 지나 1년 치 월세가 밀리던 중이었다. 그러던 어느 날, 임차인 B의 채권자 C가 그 임대차보증금 3,000만 원 전액에 대해 신청한 채권압류 및 전부명령이 법원에서 날아왔다. 그리고 며칠 뒤 임차인 B를 상대로 해서는 건물을 건물주인 A에게 명도하고, 동시에 A에

게는 보증금 전액인 전부금을 채권자 C에게 지급하라고 소송까지 제기해 왔다. 건물주 A는 얼마까지 공제하고 C에게 지급할 수 있을까?

실제 명도 시까지 밀린 월세를 모두 공제할 수 있다. 이런 경우 임대인 A로서는 임차인 B의 채권자 C가 청구한 대로 보증금 3,000만 원을 다 내주어야 하는지, 아니면 전부명령이 송달되기 전까지 밀린 1,200만 원이라도 공제하고 내주어야 하는지, 아니면 전부명령이 송 달된 이후 건물명도판결에 따라 임차인 B가 실제로 건물을 명도해 줄 때 까지 월세를 모두 공제할 수 있는지가 문제된다. 여기서 임대인 A는 실제 명도 시까지 임차인 B가 연체한 월차임을 보증금에서 모두 공제한 후 나 머지만을 채권자 C에게 지급하면 된다. 참고로 이때 B의 채권자가 한 '채 권압류 및 전부명령'이란 B에 대한 채권(대여금 등)을 근거로 해 판결을 받 아 B가 가진 임차보증금반환채권을 압류한 후 그 권면액만큼 채권자(집 행채권자)에게 이전시키고, 그 대신 동액 상당의 집행채권을 소멸시킴으 로써 채무자인 B의 채무변제에 갈음하게 하는 집행법원의 결정이다.

| 관련 판례 |

가. 건물임대차에 있어서의 임차보증금은 임대차존속중의 임료뿐만 아 니라 건물명도의무이행에 이르기까지 발생한 손해배상채권 등 임대차 계 약에 의하여 임대인이 임차인에 대하여 갖는 일체의 채권을 담보하는 것 으로서 임대차종료 후에 임대인에게 명도할 때 체불임료 등 모든 피담보 채무를 공제한 잔액이 있을 것을 조건으로 하여 그 잔액에 관한 임차인의 보증금반환청구권이 발생한다.

나. 임차보증금을 피전부채권으로 하여 전부명령이 있을 경우도 제3채
무자인 임대인은 임차인에게 대항할 수 있는 사유로서 전부채권자에게
대항할 수 있는 것이어서 건물임대차보증금의 반환채권에 대한 전부명령
의 효력이 그 송달에 의하여 발생한다고 하여도 보증금반환채권은 임대
인의 채권이 발생하는 것을 해제조건으로 하는 것이므로 임대인의 채권
을 공제한 잔액에 관하여서만 전부명령이 유효하다.

-대법원 1988. 1. 19. 선고 87다카1315 판결 요약

③ 단기간 계약 후 명도하지 않고 버티는 임차인

경제적 약자인 임차인을 보호하기 위하여 제정된 주택임대차보호법과
상가건물 임대차보호법을 이용하여 본인 실속을 차려서 임대인을 곤란하
게 하는 임차인도 가끔 있다.

1. 2년 미만의 주택임대차

주택임대차보호법에 따라 2년 미만의 주택임대차는 2년으로 본다.

| Q&A |

단기간 계약의 주택 임대차

Q 집주인 A는 평택에 아파트를 소유하고 있었지만 지난 봄 임차인이
이사 간 후 10월인 지금까지 새로운 임차인이 나타나지 않아 비어

있었다. 그러던 중 근처 공사 현장에서 일하는 B가 "나는 맡은 공종이 3개월만 하면 끝나고 다른 곳으로 가야 한다."고 하여 보증금 500만 원에 월세 200만 원으로 3개월 간(2014년 11월부터 2015년 2월까지)만 계약했다. 그리고 만일을 대비해서 집주인 A는 특약으로 "임대차 계약기간 만료 후 임차인이 명도하지 않으면 임대인은 강제집행할 수 있다."고도 했다.

집주인 A는 이사 철인 봄을 맞아 장기 임차인을 물색하여 서로 계약하기로 하고 현 임차인 B에게 2월 말까지 명도할 것을 요구했다. 그러나 B는 공사가 연기되어 몇 개월간 더 있어야 한다며 비워 주기를 거부했다. B는 계속해서 살 권리가 있을까?

 B는 2년 간 살 수 있다. 주택임대차보호법에서 2년 미만으로 정한 임대차는 그 기간을 2년으로 보며, 임차인은 2년 미만으로 정한 기간이 유효함을 주장할 수도 있다. 이 경우 B는 임대차 기간 2년의 권리를 가지게 되며 또는 임대차 기간을 3개월로 주장할 수도 있다.

임대인과 임차인과 특약 등의 합의가 있더라도 임차인에게 불리한 경우는 합의한 계약 내용보다 임대차보호법이 우선한다. 이 경우처럼 특약으로 "임대차 계약기간 만료 후 임차인이 명도하지 않으면 임대인은 강제집행할 수 있다."고 했어도 강행규정에 위반되어 무효이다.

임대인 A의 입장에서는 억울하다고 생각할 수 있지만 임차인 B와 잘 협의해서 내보내든지 아니면 임차인 B씨가 2년까지 살 수 있게 놔둘 수밖에 없다.

보통 실무 현장에서 빈번이 발생하는 것 중 하나는 전세를 끼고 매매하면서 임대차 계약은 만료되지 않고 매수인이 입주하려는 경우이다. 현금이 필요한 집주인이 주택을 매매하고 난 후, 나가기로 약속한 세입자가 마음이 돌변해서 나가지 않겠다고 한다면, 이사를 오려고 준비한 새로운 집주인은 계획이 엉망이 될 수밖에 없다. 또 집을 비워서 넘겨야 할 의무가 있는 현 집주인은 손해배상책임까지 안게 될 수도 있다. 그래서 임대인으로서는 임대차 기간이 끝나지 않은 세입자를 내보낼 때 이사비와 중개수수료 등을 지급하는 등의 방법으로 세입자와 잘 협의해야 한다.

| 관련법 |

[주택임대차보호법] 제4조「임대차 기간 등」
① 기간을 정하지 아니하거나 2년 미만으로 정한 임대차는 그 기간을 2년으로 본다. 다만, 임차인은 2년 미만으로 정한 기간이 유효함을 주장할 수 있다.

[주택임대차보호법] 제10조「강행규정」
이 법에 위반된 약정으로서 임차인에게 불리한 것은 효력이 없다.

2. 1년 미만의 상가임대차

상가건물 임대차보호법에 따라 1년 미만의 상가임대차는 1년으로 본다.

| Q&A |

단기간 계약의 상가 임대

Q 영등포의 1층 상가를 소유하고 있는 A는 해당 상가에서 휴대전화 매장을 운영하려는 B에게 6개월간만 임대하기로 하고 보증금 2,000만 원과 월세 200만 원으로 계약했다. 임대인 A는 6개월만 임대하고 임차인의 계약연장 요구를 막기 위해 특약으로 "임차인은 임대차 기간

6개월 후 원상복구 하여 임대인에게 명도한다."고 명시했다. A는 6개월의 임대차 기간이 끝나면 자신의 아들이 커피숍을 운영하게 하기 위해 여러 가지 준비를 했다. 그런데 계약이 끝날 때쯤 임차인 B는 1년을 채우겠다고 일방적으로 통보해 왔다. 임대인 A는 주위에 알아보니 특약에 상관없이 1년을 임대해줄 수밖에 없고, 거기에다 임차인이 재계약을 요구하면 임대인은 5년 간은 거절하지 못한다고 하는데….

1년 미만의 계약은 1년이 되고 임차인은 5년간 임차할 수 있다. 상가건물 임대차보호법에서는 경제적 약자인 임차인을 보호하기 위하여 임대차의 존속기간을 최소 1년으로 보장해 주고 있다. 또한, 임대차의 계약기간의 종료한 경우도 임차인이 보증금을 돌려받을 때까지는 임차인의 권리를 주장할 수 있다.

│ 관련법 │

[상가건물 임대차보호법] 제9조「임대차 기간 등」
① 기간을 정하지 아니하거나 1년 미만으로 정한 임대차는 그 기간을 1년으로 본다. 다만, 임차인은 1년 미만으로 정한 기간이 유효함을 주장할 수 있다.
② 임대차가 종료한 경우도 임차인이 보증금을 돌려받을 때까지 임대차 관계는 존속하는 것으로 본다.

3. 상가 임차인은 5년까지 계약갱신 요구 가능

임대차보호법에 따라 주택의 경우는 2년을 보장받지만, 상가는 기간을 1년으로 하고 있다. 하지만 상가에서는 임차인의 계약갱신을 5년까지 주장할 수 있도록 하고 있다. 임대인은 임차인이 임대차 기간 만료 전 6개월부터 1개월까지 사이에 행하는 계약갱신 요구에 대하여 정당한 사유 없이 이를 거절하지 못한다.

　상가 임차인의 5년간 계약갱신요구권은 상가건물 임대차보호법의 환산보증금〔보증금＋월세×100〕이 일정 금액 이하인 상가 임차인에게만 적용되었지만 최근 법이 개정되어 환산보증금이 일정 금액을 초과해도 사업자등록의 대상이 되는 모든 상가건물에 확대 적용되고 있다.

｜ 관련법 ｜

[상가건물 임대차보호법] 제10조「계약갱신 요구 등」
① 임대인은 임차인이 임대차 기간이 만료되기 6개월 전부터 1개월 전까지 사이에 계약갱신을 요구할 경우 정당한 사유 없이 거절하지 못한다.
② 임차인의 계약갱신요구권은 최초의 임대차 기간을 포함한 전체 임대차 기간이 5년을 초과하지 아니하는 범위에서만 행사할 수 있다.

　이러한 임차인 계약갱신요구권은 임대인의 권리를 침해할 수 있으므로 차임과 보증금을 일정 범위에서 증감할 수 있도록 해 주었고 정당한 사유가 발생할 때는 임차인의 계약갱신요구권에 대해 거절할 수 있도록 하였다.

　다음의 경우는 임대인이 임차인의 계약갱신요구를 거절할 수 있다.

〈임대인의 계약갱신 거절 사유〉

① 임차인이 3기의 차임액에 해당하는 금액에 이르도록 차임을 연체한 사실이 있는 경우

② 임차인이 거짓이나 그 밖의 부정한 방법으로 임차한 경우

③ 서로 합의하여 임대인이 임차인에게 상당한 보상을 제공한 경우

④ 임차인이 임대인의 동의 없이 목적 건물의 전부 또는 일부를 전대한 경우

⑤ 임차인이 임차한 건물의 전부 또는 일부를 고의나 중대한 과실로 파손한 경우

⑥ 임차한 건물의 전부 또는 일부가 멸실되어 임대차의 목적을 달성하지 못할 경우

⑦ 임대인이 다음 각 목의 어느 하나에 해당하는 사유로 목적 건물의 전부 또는 대부분을 칠기하거나 재건축하기 위하여 목적건물의 점유를 회복할 필요가 있는 경우

- 임대차 계약 체결 당시 공사시기 및 소요기간 등을 포함한 철거 또는 재건축 계획을 임차인에게 구체적으로 고지하고 그 계획에 따르는 경우
- 건물이 노후 · 훼손 또는 일부 멸실되는 등 안전사고의 우려가 있는 경우
- 다른 법령에 따라 철거 또는 재건축이 이루어지는 경우

⑧ 그 밖에 임차인이 임차인으로서의 의무를 현저히 위반하거나 임대차를 계속하기 어려운 중대한 사유가 있는 경우

4. 단기 계약을 꼭 하고 싶을 때

임차인은 주택에서는 최소 2년을 그리고 상가에서는 최초 1년 및 전체 계약기간 5년을 법으로 보호받도록 해 주고 있다. 그러나 임대인이 단기 간만 임대하고 싶을 때는 제소전화해 제도를 활용하면 된다. 임대인과 임

차인 간의 분쟁이 날 것을 대비하여 미리 법원에서 화해 조서를 작성하게
되면 확정판결과 동일한 효력을 가지므로 강제력을 확보하는 것이다.

임대인과 임차인이 "임대차 기간을 6개월로 하고 임대차 기간 만료 후
에 임차인은 즉시 명도한다."는 취지의 내용으로 화해조서가 성립되면 그
내용이 주택임대차보호법과 상가건물 임대차보호법의 강행규정에 위반
한다 해도 이는 무효가 될 수 없다. 그래서 임대인은 6개월의 임대차 기간
이 만료되었는데도 임차인의 명도를 못 받을 때는 강제집행할 수 있다.

4 관리비를 연체한 임차인

임차인이 전기, 수도 등을 사용하고 지급해야 할 관리비로 인해 다툼이
생기는 경우가 많다. 임차인이 임대차 기간 만료 후 관리비를 제대로 정
산하지 않고 나갈 때도 있고, 법원경매에 참가하여 매수했는데 관리비가
연체되어 관리사무소에서 매수인에게 청구할 때도 있다. 관리비에 대한
책임은 당연히 건물을 사용한 임차인이지만 이를 납부하지 않을 때 임대
인의 책임은 일반적인 임대차의 경우와 법원경매에서 매수했을 때 두 가
지로 구분할 수 있다.

1. 일반 임대차의 관리비 책임

집합건물에서는 임대인과 임차인 사이에 관리비 시비가 붙지 않도록
잘 관리해야 한다.

관리비

Q 오피스텔 1채를 소유하고 있는 A는 월세를 밀리는 임차인 B 때문에 골치가 아프다. 보증금 2천400만 원, 월세 100만 원에 계약하고 월세를 두세 번 밀리자 임대인 A는 월세를 달라고 종용했다. 그러자 감정이 상한 B씨는 "계약기간 끝날 때까지 월세해를 안 낼 테니 보증금에서 까든지 알아서 해라."라고 하고 월세를 내지 않고 보증금 2,400만 원을 전부 공제한 후 오피스텔을 나갔다.

그런데 문제는 관리비였다. 밀린 관리비가 1년치로 금액이 상당했다. 관리소에서는 밀린 관리비를 임대인 A에게 청구했고 A는 "공용부분에 대한 관리비는 낼 수 있는데 전용부분에 대한 관리비는 관리사무소에서 임차인에게 받아야 하는 것 아니냐."라고 따졌다. 공용부분과 전용부분의 관리비를 모두 임대인이 책임져야 할까?

 공용부분 및 전용부분의 관리비 전부를 임대인이 책임져야 한다. 아파트나 오피스텔 등의 집합건물은 구분소유자가 10인 이상이 되면 관리인을 선임해야 하고 관리규약을 정한다. 그리고 구분소유자들은 관리규약을 지켜야 할 의무가 있다. 관리단의 관점에서 볼 때는 나가면 그만인 임차인보다는 임대인에게 관리비를 부담 의무 시키는 것을 관리규약으로 하는 것이 일반적이다.

그리고 또한 주택법에서도 입주자가 모든 관리비를 책임의무자로 하는 내용을 포함하고 있다. 임차인이 관리비를 연체할 경우 아파트나 오피스텔의 소유자는 공용부분, 전용부분을 가리지 않고 관리비를 책임져야 한다.

〔집합건물의 소유와 관리에 관한 법률〕 제24조 「관리인의 선임 등」
① 구분소유자가 10인 이상일 때는 관리단을 대표하고 관리단의 사무를 집행할 관리인을 선임하여야 한다.

〔주택법〕 제45조 「관리비등의 납부 및 공개 등」
① 공동주택의 입주자 및 사용자는 그 공동주택의 유지관리를 위하여 필요한 관리비를 관리 주체에게 내야 한다.

집주인은 보증금이 적은 월세의 경우 임대료가 밀리면 관리비의 연체 여부도 관리사무소에 확인해야 한다. 그래서 가지고 있는 보증금, 연체된 월세와 연체된 관리비를 포함하여 비교하면서 임대인과 임차인이 서로 손실을 지지 않는 방향으로 대책을 세워야 한다. 필요에 따라서는 내용증명과 명도소송 등도 병행하여 차후에 생길지도 모르는 분쟁을 미연에 방지할 수 있도록 시기를 놓치지 말고 대처해야 한다.

2. 경매 매수인의 관리비 책임

법원경매에 참가하여 매수인의 지위에 이르게 되면 관리비 중 전용부분을 제외한 공용부분의 관리비를 책임지게 된다. 경매에서 소멸기준권리 이하의 대부분 권리들이 없어지지만 공용부분의 관리비는 예외적으로 남아서 경매 매수인이 부담해야 한다.

집주인이 바뀌지 않으면서 집주인에게 승계되는 관리비에 대한 의무와 경매로 집주인 바뀌면서 책임져야 하는 관리비에 대한 의무가 다름을 알 수 있다.

| 관련법 |

[집합건물법] 제18조 「공용부분에 관하여 발생한 채권의 효력」
공유자가 공용부분에 관하여 다른 공유자에 대하여 가지는 채권은 그 특별승계인
에 대하여도 행사할 수 있다.

3. 임차인이 연체한 관리비의 책임

구분	임대인	경매 매수인
전용부분의 관리비 책임	○	×
공용부분의 관리비 책임	○	○

5 원상회복의 의무를 다하지 않은 임차인

상가를 임대할 때 종전의 임차인과 같은 업종일 때는 새로운 임차인이
기존 시설의 일부 또는 전부를 이용하므로 원상복구의 논쟁 여지가 별로
없다. 하지만 경기가 불황일 때는 공실이 될 수도 있고 업종이 바뀌게 되
어 원상복구의 필요성이 대두한다. 종전의 임차인이 원상복구를 하지 않
게 되면, 업종이 바뀐 새로운 임차인은 초기의 시설투자비가 부담되어 임
대인으로서는 새로운 임차인을 구하는 데 어려움이 따른다.

임차인이 임대목적물의 보존을 위한 필요비를 지출하거나 임대목적물
의 객관적인 가치를 증가시킨 유익비를 지출한 경우 임대인에게 그 비용
을 상환 청구할 수 있다. 그런데 계약서상 임차인의 원상복구의무가 규정

되어 있다면 필요비나 유익비 청구권을 임차인이 포기한다는 것으로 해석된다.

현장에서는 기존 임차인이 원상복구를 하지 않은 상태로 나가고, 새로운 임차인이 그 상태로 인수하여 필요한 만큼 시설공사를 해야 하는 경우가 많다. 이때 새로운 임차인은 임대차 기간이 만료된 후 나갈 때도 마찬가지로 원상복구 없이 임대인에게 인수하게 된다. 종전의 임차인이 사용하던 것을 부분적으로 또는 전부를 변경 및 사용 후에는 원상복구의 의미와 범위가 애매할 수밖에 없다. 새로운 임차인이 계약기간의 만료 후 나가는데 이전 임차인이 공사했던 것까지 원상복구 한다는 것은 사리에 맞지 않다. 그래서 상가의 경우 임대차 기간이 만료하게 되면 임차인에게 기본 골조를 제외한 마감재를 철거하게끔 계약서로 강제하는 경우도 종종 있다. 그렇게 되면 다음의 새로운 임차인도 나름대로 인테리어 공사 후 임대차 기간 동안 사용하고 명도할 때는 철거만 하면 된다. 마감재까지 원상복구 공사범위로 하게 되면 최소한의 비용으로 원상복구를 하려는 임차인과 새집처럼 깨끗하게 하고 나가길 바라는 임대인 사이에 품질의 정도 등으로 인해 논쟁을 야기되기도 하는데 이를 방지할 수 있다.

'원상복구'란 임대차 계약 이전의 상태로 복구하는 것이다. 그래서 임대인은 새로운 임차인에게 목적물을 명도해 주기 전에 종전의 상태를 파악해 두어야 한다. 사진이나 동영상을 촬영하여 원상태의 모습을 보관하여 혹시 모를 분쟁에 대비해야 한다. 또 원상복구의 특이한 내용이 있으면 이를 구체적으로 계약서에 명시하는 등 특약으로 따로 기재하는 것도 좋은 방법의 하나이다.

6 위약금, 위약벌, 제소전화해 조서

임대인 입장에서는 임차인이 임대차 기간이 만료돼도 나가지 않고 버틸 때를 대비할 필요가 있다. 임차인이 기간 만료되기 직전이나 직후에 한두 달이라도 기한을 주면 그때까지 비워 주겠다고 약속해 놓고는 기한이 되어도 유익비 운운하면서 또다시 버티기를 하기도 한다. 심지어 문을 잠가두고는 아예 행방을 감추는 사례도 종종 있다.

임대인은 그때야 비로소 명도소송을 제기할 수밖에 없는데, 그렇게 되면 명도소송에 통상 6개월 이상 걸리는 점을 감안하면 상당 기간 명도를 받지 못해 세를 놓지 못하는 등의 불이익을 받을 수 있다.

1. 임차인의 신뢰배반행위 대비

이러한 임차인의 신뢰배반행위를 미리 예방할 필요가 있다. 즉 임차인이 기한까지 명도불이행 시 상당한 금액을 배상하도록 하는 위약금이나 위약벌 약정을 해 두거나 제소전화해 조서를 작성해 두는 것이 바람직하다.

이때 '위약금'이란 '채무불이행 경우에 채무자가 채권자에게 지급할 것을 약속한 금전'을 말하고, '위약벌'은 '계약위반 시 실손해배상과 별도로 지급하기로 약속한 금전'을 말하는데, 이는 계약위반 시 상대방에게 손해배상 책임을 지는 것과는 별도로 이를 상대방에게 귀속시킴으로써 위반자에게 제재를 가하는 동시에 위반자의 계약이행을 간접적으로 강제하는 작용을 한다. 이런 위약금이나 위약벌 약정을 해두면 아무래도 임차인을 경제적, 심리적으로 압박하여 명도를 이행하도록 만드는 효과가 있다.

2. 제소전화해 조서

'제소전화해 조서'란 '일반 민사분쟁이 소송으로 발전하는 것을 방지하기 위해 소 제기 전에 지방법원 단독 판사 앞에서 화해 신청을 하고, 화해되면 판사가 조서로 작성한 '화해 조서'를 말한다. 신청 절차를 보면, 임대인이 직접 또는 소송대리인을 통해 법원에 제소전화해 신청을 하게 되는데, 보통 2~3개월 후 심문기일이 정해지고, 심문기일에 임차인과 함께 법원에 출두하면 법원이 화해 내용의 진의를 확인한 후 화해 내용을 확정하여 화해 조서를 작성하게 되는데, 이 화해 조서는 확정 판결과 같은 효력이 있어 후에 임차인이 불이행하면 집행문을 부여받아 강제집행을 할수 있다.

제소전화해 조서는 명도 문제 외에도 강행규정으로서 임차인을 보호하는 여러 제도를 무력화시킬 수 있는 위력이 있다. 즉 주택 및 상가건물 임차인에게 보장된 2년 또는 1년의 임대차 기간을 단축하는 조항, 임차인의 부속물매수청구권, 계약갱신요구권, 지상물매수청구권 등을 포기하는 조항 등은 임차인에게 불리한 조항으로서 계약서상은 무효지만 제소전화해 내용으로서는 유효하다고 보는 것이 대법원의 입장이다. 예를 들면, 주택 임차인에게 주택임대차보호법상 최소 2년의 임차기간이 강행규정으로 보장된다 하더라도 임대인으로서는 제소전화해를 하면 2년 이내, 즉 6개월 내지 1년 만에라도 내보낼 수 있게 된다.

| 관련 판례 |

가. 민사소송법 제206조 소정의 재판상의 화해가 성립되면 가령 그 내용이 강행법규에 위배된 경우라 하더라도 그것이 단지 재판상화해에 하자가 있음에 지나지 아니하여 재심의 절차에 의하여 구제받는 것은 별문제로 하고 그 화해조서를 무효라고 주장할 수는 없는 것이며 이 법리는 민사소송법 제355조에 의한 화해에 관하여서도 같다.

-대법원 1987. 10. 13. 선고 86다카2275 판결 요약

이 판례의 취지로 볼 때, 주택임대차보호법 또는 상가건물 임대차보호법상 임대차 기간을 단축하는 조항, 임차인의 부속물매수청구권, 계약갱신요구권, 지상물매수청구권 등을 포기하는 내용의 제소전화해 조서도 그대로 유효하게 성립한다고 볼 수 있다.

반면 치명적인 함정도 있으니 주의해야 한다. 제소전화해 조서가 성립되었다고 태무심하다가는 큰코다친다. 임차인이 화해조서 성립 이전에 몰래 점유를 다른 사람에게 이전해 버리면 집행을 할 수 없게 되고, 다시 점유를 이전받은 자를 상대로 명도소송을 제기해야 한다. 다만 화해 조서 성립 이후의 점유승계자에 대하여는 승계집행문을 부여받아 집행할 수 있다. 무단점유이전을 방지하려면 점유이전금지가처분을 화해 신청 시에 함께 해두어야 안전하다.

그리고 제소전화해 내용으로 명도청구를 하면서 임차인의 점유 부분을 제대로 특정하지 않으면 집행이 되지 않으므로, 화해 내용에 도면을 첨부하는 등으로 점유 부분을 특정할 필요가 있다.

CHAPTER 4

임차권등기명령과

지상물매수청구권

1 임차권등기명령

1. 임차권등기명령의 의의

주택을 임대차 계약하게 되면 먼저 주택을 인도받고 전입신고를 하고 상가를 임차하면 마찬가지로 상가를 인도받고 사업자등록을 한다. 이렇게 되면 대항력을 가지게 되며 대항력을 존속해야만 임대차 기간이 만료됐을 때 보증금 반환을 법으로 보호받을 수 있다. 그런데 만일, 임대차는 종료하고 임차인은 보증금을 변제받지 못한 상태로 급히 이사를 하게 된다면 임차인은 대항력을 잃게 되어 임차인의 보증금을 보호받지 못하는 상황에 부딪칠 수 있다. 그래서 이런 경우 임차인이 보호를 받을 수 있도록 법원의 명령을 얻어 임차권 등기를 할 수 있도록 했다.

2. 임차권등기명령의 절차

임대차가 종료된 후 임차보증금을 반환받지 못한 임차인은 임차주택의 소재지를 관할하는 지방법원, 지방법원지원 또는 시·군 법원에 임차권등기명령을 신청할 수 있으며, 법원에서 먼저 서면심리 방식에 의하여 발령 여부를 심리하여 그 신청이 이유 있다고 인정되면 임차권등기명령을 발령한다.

법원은 이와 같이 발령한 임차권등기명령의 효력이 발생하면 임차주택의 소재지를 관할하는 등기소에 지체 없이 재판서 등을 첨부하여 임차권 등기를 촉탁하고, 등기관이 건물등기부에 임차권등기를 기입하게 된다. 그리고 임차권등기명령에 따른 신청비용, 등기비용 등 소요비용을 임대 인에게 청구할 수 있다.

3. 효과

임차권등기명령의 집행에 의한 임차권등기가 경료되면 그날부터 임차인 은 대항력 및 우선변제권을 취득한다. 만일, 임차인이 임차권등기가 있기 전부터 대항력과 우선변제권을 취득했다면 대항력과 우선변제권은 그대로 유지되고, 임차인이 대항력과 우선변제권이 없었다면 임차권등기를 한 날 부터 대항력과 우선변제권이 신설되는 것이다. 또한 임차권등기명령을 신 청한 후 임차권등기 전까지 퇴거하거나 이전하면 대항력을 상실하게 되는 것도 명심해야 하며 꼭 임차권등기 후에 자유로이 퇴거할 수 있다.

한편, 임차권등기명령의 집행에 의한 임차권등기가 경료된 주택(임대차 의 목적이 주택 일부분인 경우는 해당 부분에 한한다)을 그 이후에 입주한 임차인 에게는 민법 제8조의 소액임차인으로서 우선변제를 받을 권리가 없다.

| Q&A 1 |

보증금 일부의 임차권등기명령

Q 서울에서 분식을 운영하는 임차인 K는 임대차 계약 만료가 되어 가 게를 비우기로 했다. 그런데 집주인은 임차인이 부담할 이유가 없 는 원상복구 비용 및 추가관리비 등의 핑계를 대면서 보증금 2,000만 원

중 1,500만 원만 주고 나머지 500만 원은 원상복구를 다하면 주겠다고 한다. 보증금 일부만으로 임차권 등기명령이 가능할까?

가능하다. 임대차가 종료된 후 임차보증금의 일부라도 반환받지 못한 임차인은 임차주택의 소재지를 관할하는 지방법원, 지방법원지원 또는 시·군 법원에 임차권등기명령을 신청할 수 있다. 그리고 임차권등기명령의 집행에 따른 임차권 등기를 마치면 대항력과 우선변제권을 취득하게 되며, 나머지 보증금에 대한 반환 청구 소송의 결과에 따라 경매신청권을 행사할 수도 있다.

【 을 구 】			(소유권 이외의 권리에 관한 사항)	
순위번호	등기 목적	접수	등기 원인	권리자 및 기타 사항
8	주택 임차권	2013년 3월 26일 제72632호	2013년 3월 19일 서울중앙지방법원의 임차권등기명령 (2013카기663)	임차보증금　금70,000,000원 범　위　　　전유부분 전부 임대차계약일자　2006년 2월 11일 주민등록일자　2006년 3월 3일 점유개시일자　2006년 2월 28일 확정일자　　　2006년 3월 3일 임차권자　　　정호선 830000-1000000 　　　　　　　서울특별시 서초구 양재동 1-9
8-1				8번 등기는 건물만에 관한 것임 2013년 3월 26일 부기

임차권등기 명령

| Q&A 2 |

임차권등기명령의 동시이행 관계

Q 주택을 임차하고 임대차 기간이 만료됐으나 임차보증금을 받지 못한 갑은 직장 사정으로 인해 이사를 해야만 하는 처지에 있다. 그래

서 법원에 임차권등기명령을 신청하고 등기가 된 후 이사를 했다. 그 뒤 임차인 갑은 여러 차례에 걸쳐 임차보증금 반환을 청구했고 어느 날 임대인은 "임차권등기를 말소하면 즉시 보증금을 돌려주겠다."고 한다. 임대차보증금 반환의무와 임차권등기 말소의무는 동시이행 관계에 있을까?

 동시이행 관계에 있지 않다. 임대인은 동시이행의 항변권을 주장할 수 없으며 임차인 갑은 임대보증금을 돌려받을 때까지 임차권등기를 말소할 이유가 없다. 임대인의 보증금 반환의무가 임차인의 등기말소보다 선이행의무이다.

| 관련 판례 |

주택임대차보호법 제3조의3 규정에 의한 임차권등기는 이미 임대차 계약이 종료하였음에도 임대인이 그 보증금을 반환하지 않는 상태에서 경료되게 되므로, 이미 사실상 이행지체에 빠진 임대인의 임대차보증금의 반환의무와 그에 대응하는 임차인의 권리를 보전하기 위하여 새로이 경료하는 임차권등기에 대한 임차인의 말소의무를 동시이행 관계에 있는 것으로 해석할 것은 아니고, 특히 이 임차권등기는 임차인으로 하여금 기왕의 대항력이나 우선변제권을 유지하도록 해 주는 담보적 기능만을 주목적으로 하는 점 등에 비추어 볼 때, 임대인의 임대차보증금의 반환의무가 임차인의 임차권등기 말소의무보다 먼저 이행되어야 할 의무이다.

－대법원 2005. 6. 9. 선고 2005다4529 판결 요약

주택임차권등기명령 신청서

신청인(임차인) (이름) 김 갑 순 (주민등록번호 : 800101–1204507)

(주소) 시흘시 냥전구 복동 932

(연락처) 010–1234–1234

피신청인(임대인) (이름) 정 을 호

(주소) 서울시 강서구 화곡동 214–5

신 청 취 지

별지목록 기재 건물에 관하여 아래와 같은 주택임차권등기를 명한다는 결정을 구합니다.

아　　래

1. 임대차 계약일자 : 2013년 4월 1일
2. 임차보증금액　　: 금이천만 원, 차임 : 금육십만 원
3. 주민등록일자　　: 2013년 5월 1일
4. 점유개시일자　　: 2013년 5월 1일
5. 확 정 일 자　　: 2013년 5월 3일

신 청 이 유

1. 2015년 4월1일에 임대차 계약기간이 만료되었으며, 만료 3개월 전부터 계약해지의 의사를 밝혔음에도 불구하고 2015년 5월 현재까지 임대인은 보증금을 반환을 해주지 않고 있으며,
2. 임차인은 일신상의 사정으로 주거 이전을 해야하며 대항력의 소멸을 우려해 주택임차권등기명령을 신청합니다.

첨 부 서 류

1. 건물 등기사항증명서　　1통
2. 주민등록등본　　　　　 1통
3. 임대차 계약증서 사본　 1통
4. 부동산목록　　　　　　 5통

2015년 5월 15일

신청인 김 갑 순 (인)

서울남부지방법원장 귀중

2 지상물매수청구권

남의 토지를 빌려 건물을 짓고 장사하거나 식목 또는 목축하는 경우 장기간의 임대차 기간이 만료되면 임차인이 설치한 건물 및 시설물을 토지소유자에게 넘겨주는 방식의 토지 임대차를 하곤 한다. 이런 경우 임대차 계약을 체결하면서 특약으로 건물소유권을 처음부터 임대인에게 이전하거나, 임대차 기간 만료 시 임대인에게 이전하고 임차인은 일체의 권리주장을 하지 않는다는 특약을 기재한다. 그런 특약이 있다 보니 임차인으로서는 수천 만 원에서 수억 원을 들여 건물을 지었지만 임대차 기간 만료 시 한 푼도 받지 못하고 고스란히 임대인에게 넘겨주고 나와야 했다.

임대차 기간 동안 장사가 잘돼서 투자금을 만회하고 그 이상의 수익을 낼 수 있다면 다행이지만, 생각대로 장사가 안 돼 투자원금도 건지지 못한다면 임대인 좋은 일만 시키는 상황이 된다.

1. 임차인의 지상물매수청구

민법에서는 당사자 간의 계약에도 불구하고 이런 경우의 임차인을 보호하는 규정을 두고 있다. 토지 임대차를 했거나 지상권을 설정한 임차인은 토지임대차의 기간이 만료하거나 지상권이 소멸한 경우 계약의 갱신을 청구할 수 있고, 임대인이 계약의 갱신을 원하지 않을 때는 지상물 등에 대해 매수를 청구할 수 있다.

계약서에 분명히 건물에 관한 모든 권리를 임대인에게 넘겨주었거나 넘겨주겠다고 약속했을 때, 그대로 해야 할 것 같지만 민법은 다행히도 임차인을 보호한다. 즉 "건물 기타 공작물의 소유 또는 식목, 채렴, 목축을 목적으로 한 토지임대차의 기간이 만료한 경우에 건물, 수목 기타 지상시설이 현존하는 때는 임차인은 계약의 갱신을 청구할 수 있고, 임대인이 계약의 갱신을 원하지 않을 때는 상당한 가액으로 이 건물 기타 공작물이나 수목의 매수를 청구할 수 있다."고 규정하고 있다.

| 관련법 |

〔민법〕 제643조 「임차인의 갱신청구권, 매수청구권」
건물 기타 공작물의 소유 또는 식목, 채염, 목축을 목적으로 한 토지 임대차의 기간이 만료한 경우에 건물, 수목 기타 지상시설이 현존한 때는 제283조의 규정을 준용한다.

〔민법〕 제283조 「지상권자의 갱신청구권, 매수청구권」
① 지상권이 소멸한 경우에 건물 기타 공작물이나 수목이 현존한 때는 지상권자는 계약의 갱신을 청구할 수 있다.
② 지상권설정자가 계약의 갱신을 원하지 아니하는 때는 지상권자는 상당한 가액으로 전항의 공작물이나 수목의 매수를 청구할 수 있다.

2. 행사 요건

건물 기타 공작물의 소유 또는 식목, 채염, 목축을 목적으로 한 토지임대차여야 한다. 건물이나 공작물의 임대차의 경우는 임차인에게 계약갱신청구권과 지상물매수청구권이 인정되지 않는다.

토지임차권이 기간 만료로 인하여 소멸됐어야 한다. 따라서 임차인의 채무불이행에 의하여 임대차가 종료하였을 경우는 지상물매수청구권을 행사할 수 없다.(대판 2003. 4. 22. 2003다7685)

임대인이 임차인의 계약갱신청구를 거절한 때만 지상물매수를 청구할 수 있는 것이 원칙이다. 따라서 임차인이 계약갱신청구를 하지 않고 곧바로 지상물매수청구권을 행사할 수 없다. 다만, 기간이 정함이 없는 임대차가 임대인의 해지통고에 의하여 종료하는 경우도 매수청구권이 인정되며, 특히 이 경우는 계약의 갱신을 거절한 것으로 볼 수 있으므로 토지임차인은 계약갱신을 청구할 필요 없이 바로 지상물의 매수를 청구할 수 있다.(대판 1995. 7. 11. 94다34265)

3. 지상물의 범위

매수청구의 대상이 되는 건물은 반드시 임대차 계약 당시의 기존 건물이거나 임대인의 동의를 얻어 신축한 것에 한정되는 것은 아니며 무허가건물이거나 미등기건물이라도 매수 청구의 대상이 된다.(대판 1997. 12. 23. 97다37753)

지상건물이 경제적 가치가 있는지의 여부나 임대인에게 소용이 있는지의 여부는 문제되지 않으며, 다만 임차인 자신의 특수한 용도나 사업을 위하여 설치한 지상물은 매수청구의 대상이 될 수 없다.(대판 2002. 11. 13. 2002다46003)

4. 지상물매수청구권의 행사

지상물매수청구의 상대방은 토지임차권 소멸 당시의 토지임대인인데 임차권이 대항력을 갖추고 있다면 토지의 양수인에게도 대항할 수 있으므로 그 양수인에게 지상물매수청구권을 행사할 수 있다.(대판 19773. 4.

26.75다348)

지상물매수청구권은 형성권이므로 지상물매수청구권을 행사하면 지상물에 관하여 시가에 의한 매매 계약이 성립하게 되며, 편면적 강행규정으로서 보호되므로 임차인이 이를 포기하는 특약을 하더라도 그 특약은 임차인에게 불리하여 무효가 된다.

따라서 임차인으로서는 지상물에 대해 임대인과 어떠한 불리한 특약을 하더라도 임대차 기간이 만료되어 매수청구를 하면 그 당시의 시가만큼은 임대인으로부터 받아낼 수 있음이 원칙이다.

5. 지상물매수청구권의 예외

토지임차인의 지상물매수청구권 규정은 강행규정이어서 임차인에게 이보다 불리한 약정은 효력이 없지만, 그렇다고 만능은 아니다.

〈임차인의 지상물매수수청구권 행사할 수 없는 경우〉

① 임차인의 차임연체나 무단양도나 무단전대 등 채무불이행으로 계약이 해지된 경우

② 임차인의 지상물매수청권을 배제하는 내용의 제소전화해 조서가 성립된 경우

③ 임차인의 지상물을 포기하는 대가로 장기간 임대료를 상당히 저렴하게 한 경우

④ 임차인이 자신의 특수한 용도나 사업을 위하여 설치한 물건이나 시설의 경우

⑤ 건물 기타 지상시설이 현존하지 않을 때

⑥ 임차인으로부터 지상건물을 양수한 자나 무단 전대차 한 자

임차인의 차임연체나 무단 양도나 무단 전대 등 채무불이행을 이유로 계약이 해지된 때는 지상물매수청구권이 인정되지 않는다.(대법원 2003. 4. 22. 선고 2003다7685 판결) 또한, 임차인의 지상물매수청구권을 배제하는 내용의 제소전화해 조서가 성립되면 역시 매수청구권을 행사할 수 없다.

경우에 따라서는 지상물매수청구권 포기특약이 유효할 수 있다. 즉 임차인이 증·개축한 시설물과 부대시설을 포기하고 임대차 종료 시 현상대로 소유권을 임대인에게 귀속시키기로 한 후, 그 대가로 임대차보증금과 월임료를 파격적으로 저렴하게 하고, 임대차 기간도 장기간으로 약정하기로 하는 등 특별한 사정이 있었다면 지상물매수청구권의 포기특약이 임차인에게 불리한 것으로 볼 수 없어 유효하다고 볼 여지가 있다.(대법원 1982. 1. 19. 선고 81다1001판결)

매수청구의 대상이 되는 건물에는 임차인이 임차토지상에 그 건물을 소유하면서 그 필요에 따라 설치한 것으로서 건물로부터 용이하게 분리될 수 없고 그 건물을 사용하는데 객관적인 편익을 주는 부속물이나 부속시설 등이 포함되는 것이지만, 이와 달리 임차인이 자신의 특수한 용도나 사업을 위하여 설치한 물건이나 시설은 이에 해당하지 않는다.(대법원 2002. 11. 13. 선고 2002다46003, 46027, 46010 판결)

그리고 지상물매수청구권이 행사되면 임차지상의 건물에 대하여 매수청구권 행사 당시의 건물시가를 대금으로 하는 매매 계약이 체결된 것과

같은 효과가 발생하는 것이지, 임대인이 기존 건물의 철거비용을 포함하여 임차인이 임차지상의 건물을 신축하기 위하여 지출한 모든 비용을 보상할 의무를 부담하는 것은 아니다.

또한, 토지임차인의 지상물매수청구권 규정은 성질상 토지의 전세권에도 유추 적용될 수 있다고 할 것이지만, 그 매수청구권은 토지임차권 등이 건물 기타 공작물의 소유 등을 목적으로 한 것으로서 기간이 만료되어야 하고, 건물 기타 지상시설이 현존하여야만 행사할 수 있다.(대법원 2007. 9. 21. 선고 2005다41740 판결)

한편 임차인으로부터 지상건물을 양수한 자나 무단 전대차한 자는 건물주인 임차인을 대위하여 매수청구권을 행사할 수 없고(대법원 1993. 7. 27. 선고 93다6386 판결), 토지소유자가 임대 토지를 제삼자에게 양도한 경우는 임차인이 주택 내지 상가건물 임대차보호법에 의해 대항요건을 갖추거나(대항요건 갖추면 임차건물의 양수인은 임대인의 지위 승계) 지상건물에 대해 임차인 명의로 소유권등기를 하여 임차권에 대항력이 생긴 경우에 한해 신소유자에 대하여도 매수청구를 할 수 있다.(대법원 1977. 4. 26. 선고 75다348 판결)

CHAPTER 5

1세대 1주택
양도세 비과세

주택을 사고팔 때 부담해야 하는 세금 중 가장 비중이 큰 세금이 양도 소득세이다. 취득세, 재산세 등과 달리 1세대 1주택의 양도소득세는 예외나 특례조항들로 인해 비과세에 해당될 때가 많다. 주택에 관련된 모든 세금을 숙지할 수는 없지만 1주택을 소유하고 있는 경우라면 양도소득세의 1세대 1주택 비과세만이라도 알고 있어야 한다.

본인은 1주택이라고 생각하고 있었지만, 나중에 알고 보니 1주택이 아닌 경우도 있고, 1세대로 알고 있었지만 2세대인 경우도 있고, 몇 달만 빨리 처분했으면 안 내도 되는 세금을 몰라서 부담해야 하는 경우도 종종 있다. 조금만 부지런하게 알아봤으면 안 낼 세금을 적게는 수백 만 원에서 많게는 억 단위로 부담하면 평생을 두고두고 후회할 수밖에 없다.

1 원칙상 1세대 1주택 양도세 비과세 요건

① 1세대일 것
② 양도일 현재 국내에 1주택을 보유할 것(9억 원 초과 주택 제외)
③ 양도 당시 2년 이상 보유할 것
④ 미등기 양도자산이 아닐 것(무허가주택은 등기 여부와 관계없음)
⑤ 주택의 부수토지로서 도시지역 내의 경우는 건물이 정착된 면적

의 5배, 도시지역 밖의 경우는 10배 이내 토지 포함

1세대가 취득 방법과 관계없이 양도일 현재 국내에 등기된 1주택(고가주택 제외)과 이에 부수된 토지를 2년 이상 보유한 후 양도하는 경우는 양도소득세를 과세하지 않는다. 여기서 '양도'란 매매, 교환, 법인에 대한 현물출자, 경매, 공매, 대물변제 등 일체의 유상이전을 말한다.

② 1세대의 요건

1. 1세대의 구성 요건

'1세대'란 거주자 및 그 배우자가 그들과 같은 주소 또는 거소에서 생계를 같이하는 가족과 함께 구성하는 가족단위를 말한다. 이 경우 가족이란 거주자와 그 배우자의 직계존비속과 그 배우자 및 형제자매를 말하며 취학, 질병의 요양, 근무상 또는 사업상 형편으로 본래의 주소 또는 거소를 일시 퇴거한 자를 포함한다.

2. 1세대 구성의 예외 조건

원칙상 1세대를 구성하려면 배우자가 있어야 하지만 다음에 해당하는 경우는 배우자가 없는 경우도 1세대로 본다.

① 거주자의 연령이 만 30세 이상인 경우

② 배우자가 사망하거나 이혼한 경우

③ 거주자가 소득세법상 규정에 의한 일정 금액 이상의 소득이 있는 경우

30세 이전 자녀가 독립한 경우

Q 서울에서 사는 갑의 가족은 본인 갑, 아내 을, 아들 병이 있다.
2015년 3월에 아들 병이 고등학교를 막 졸업하고 대전에 소재한
대학에 입학하게 되어 병 소유로 원룸 오피스텔을 사 주었다.

그리고 병은 주민등록을 대전의 원룸으로 옮겼다. 서울에 있는 갑은
현재 살고 있는 아파트가 1채 있고 병의 주민등록을 대전으로 옮김으로
써, 서울에 있는 부부가 1세대 그리고 병은 갑 부부와 분리된 1세대라
고 생각했다. 이 경우 각각의 세대일까 아니면 갑, 을, 병을 합쳐서 1세
대일까?

 병은 별도의 세대가 아니다. 결혼도 하지 않고 만 30세 미만인
병은 독립적인 1세대가 되지 못한다.

그래서 갑은 1세대 2주택이 되고 추후 양도할 때 비과세의 혜택을 누리
지 못하게 된다. 물론 병이 만 30세 이상이거나 결혼을 했으면 독립적인
1세대가 되어 부모님과 병은 각각 1세대 1주택의 양도소득 비과세에 해
당된다.

가끔 부부가 주민등록을 따로 하면 별도 세대가 될 것이라고 생각하는
경우가 있는데 양도소득 비과세되는 1세대 1주택에 있어서는 부부가 각
각 단독세대를 구성해도 동일한 1세대로 본다. 그리고 1세대의 판정은 주
민등록등본에 의하여 판정하되, 주민등록법상 세대를 달리 구성하여 주
민등록등본에 등재되어 있지 않더라도 사실상 가족과 함께 동일한 거소
또는 주소에 거주하고 있는 경우는 1세대로 본다.

3 1주택의 범위

1. 1주택의 정의

'주택'이란 건물 공부상의 용도구분에 관계없이 양도일 현재 사실상 주거용으로 사용되고 있는 건물을 말하며 공부상 주택인 경우도 사실상 주택 이외의 용도로 사용하다가 양도하는 때는 주택으로 보지 않는다. 또 양도일 이전에는 주택이 아니었더라도 양도일 현재 주거용으로 사용되고 있으면 주택으로 본다. 그리고 주택에 딸린 토지 중 도시지역 안에서는 주택정착면적의 5배(도시지역 밖에서는 10배)까지를 한도로 하여 비과세되는 1주택에 딸린 토지로 본다.

| Q&A |

주택과 토지의 비과세 기준

Q 용도지역이 도시지역인 서울에 사는 갑은 단독주택 1채를 소유하고 있다. 대지가 800m²이고 주택의 정착면적이 100m²이다. 1세대 1주택의 양도소득 비과세 요건을 갖추고 집을 팔게 됐다. 이때 과세되는 범위는?

 토지의 300m²(주택과 토지 500m²는 비과세)이다. 주택은 당연히 비과세이며 주택에 딸린 토지 중 도시지역 안에서는 주택정착면적의 5배까지를 비과세되는 토지이므로 800m² 중 100m²의 5배인 500m²는 비과세의 토지가 되며 나머지 300m²의 토지는 비과세가 된다.

2. 주택의 범위

(1) 고가주택

1세대가 1주택을 가지고 있더라도 그것이 양도 당시 실지거래가액이 9억 원을 초과하는 고가 주택까지 비과세 하지는 않는다. 즉 실지거래 가액이 9억 원을 초과하면 양도소득에 관하여 과세가 되어 세금을 내야 한다.

주택의 거래가는 항상 유동적이어서 9억 원을 초과했다가도 그 다음 거래될 때는 9억 원 이하이기도 하고 또한 일시적으로 부동산이 9억 원을 초과하여 거래하였다가 다시 부동산가액이 하강하여 9억 원 이하일 수도 있다. 하지만 기준은 과거의 시세라든지 미래의 값어치와 관계없이 항상 양도 당시이다.

| 관련 판례 |

양도 당시에 고급주택이 아니면 족하고, 더 나아가 당해 주택이 취득일 이후 계속하여 고급주택이 아니었을 것까지 필요로 하는 것은 아니라고 할 것이며, 따라서 이 규정을 받아 1세대 1주택의 요건을 정한 구 소득세법시행령 제15조 제1항에서의 '주택'에는 고급주택도 포함된다 할 것이므로, 양도 당시에 고급주택이 아닌 이상, 1세대 1주택의 비과세요건인 거주기간이나 보유기간의 산정에 있어서 고급주택으로 있었던 기간을 제외할 것은 아니다.

―대법원 1998. 7. 10. 선고 97누20816 판결 요약

이 판결의 논지는 양도소득의 비과세를 받기 위해 충족해야 하는 2년 이상의 기간 중 9억 원 초과의 가치를 가지는 기간이 포함되어 있어도 그 기간을 비과세를 충족하기 위한 보유기간에서 감하지 않고, 거래 당시의 양도 금액만을 기준으로 한다는 것이다.

(2) 다가구주택

다가구주택을 가구별로 분양하지 않고 하나의 매매단위로 양도하는 경우는 전체를 하나의 단독주택으로 본다. 하지만 한 가구가 독립하여 거주할 수 있도록 구획된 부분을 양도하게 되면 각각 1주택으로 간주한다.

(3) 겸용주택

하나의 건물이 주택과 주택 이외의 용도로 겸용된 경우와 주택에 부수된 토지에 주택 이외의 건물이 있는 경우의 주택 여부는 다음과 같다.

〈겸용주택의 구별〉

구분	주택의 여부
주택 면적 > 주택 이외 면적	전부 주택으로 본다. (1주택일 때 주택 및 이외의 부분까지 양도소득의 비과세에 해당)
주택 면적 ≤ 주택 이외 면적	주택만 주택으로 본다. (1주택일 때 주택의 부분만 양도소득의 비과세에 해당)

1세대 1주택 비과세 대상이 아닌 겸용주택은 주택의 면적에 관계없이 주택만 주택으로 보며 주택 이외의 부분은 당해 용도로 한다.

(4) 공동소유주택

1주택을 여러 명이 공동으로 소유하게 되면 모두가 각각 1주택을 소유한 것으로 본다. 다만, 1주택을 여러 사람이 공동으로 상속받아 소유 중 공동상속주택 외의 다른 주택을 양도하는 때는 해당 공동상속 주택은 상속지분이 가장 큰 상속인의 주택으로 보며, 이 경우 상속지분이 가장 큰 상속인이 2인 이상일 때는 2인 이상인 자 중에서 '해당 주택에 거주하는 자, 최연장자' 순서에 따라 해당 공동주택을 소유한 것으로 본다. 이 경우 다른 지분권자는 자기 소유 주택으로 보지 않는다. 그러므로 만약 다른 지분권자가 당해 상속주택의 지분만을 보유하다가 양도해도 1세대 1주택의 비과세에 해당하지 않고 양도소득세가 부과된다.

| Q&A 1 |

1주택의 범위

Q   A는 서울에 시가 약 5억 원의 아파트 한 채를 2년 이상 소유하고 있다가 처분하려고 한다. 그런데 5년 전 A를 포함한 5명이 공동으로 투자한 단독주택에 지분 1/5을 가지고 있다. 단지 단독주택의 지분 1/5이 있다고 해서 2주택이 되는 것일까?

2주택이다. 1주택+1/5주택은 2주택이 된다. 공동으로 소유할 때는 공동소유자 모두가 각각 1주택을 소유한 것으로 본다.

| Q&A 2 |

도시 1주택 외에 시골에 공가가 있는 경우

Q   K는 시골에서 농사를 짓고 살다가 마포로 이사를 오게 되었다. 시골집은 사려는 사람이 없어서 빈집으로 놔두었고, 마포에 아파트 1채를 5억 원에 매입하여 입주했다. 마포에 거주한 지 2년이 지나고, 살고

있던 마포 아파트를 처분하고 강남으로 이사를 가게 됐다. 이때 K는 1세대 1주택의 양도세 감면을 받을 수 있을까?

 양도소득 비과세 대상이 아니다. 여기서 시골의 빈집이 문제가 된다. 비록 사람이 거주하고 있지 않더라도 주택으로 포함된다. 그래서 위의 K는 시골의 공가와 마포 아파트의 2주택을 소유한 것으로 보며 마포 아파트에 대한 양도소득세가 부과된다.

4 보유기간의 요건

1. 보유기간 2년 이상이 원칙

국내에 거주하는 1세대 1주택에 대한 비과세규정은 원칙적으로 취득일로부터 양도일까지의 보유기간이 2년 이상이어야 한다. 이 경우 보유기간의 확인은 해당 주택의 등기정보 또는 건축물대장 등에 의한다. 하지만 부득이한 경우 다음과 같이 2년 이상 보유기간의 제한을 받지 않는다.

2. 2년 보유의 예외

(1) 임대주택

임대주택법에 의한 건설임대주택을 취득하여 양도하는 경우로서 해당 건설임대주택의 임차일로부터 해당 주택의 양도일까지의 거주기간이 5년 이상인 경우다.

(2) 공익사업용으로 협의매수, 수용

주택 및 주택에 딸린 토지의 전부 또는 일부가 공익사업을 위한 토지 등의 취득 및 보상에 관한 법률 등에 의해 협의매수되거나 수용되는 경우 수용일 등으로부터 그 잔존주택 및 부수토지를 2년 이내에 양도하는 경우다.

(3) 해외이주

해외이주법에 따른 해외이주로 세대전원이 출국하는 경우 및 1년 이상 계속하여 국외거주를 필요로 하는 취학 또는 근무상의 형편으로 세대전원이 출국하는 경우다. 다만, 출국일 현재 1주택을 보유하고 있는 경우로서 출국일부터 2년 이내에 양도하는 경우에 한한다.

(4) 일정한 요건의 주거 이전

다음에 해당하는 부득이한 사유로 1년 이상 거주한 주택을 양도하고 세대 전원이 다른 시 · 군으로 주거를 이전하는 경우도 2년 보유의 예외에 해당한다.

① 초 · 중등교육법 및 고등교육법에 의한 학교(유치원, 초등학교, 중학교를 제외하되, 특수학교는 그러하지 아니하다)에 취학

② 직장의 변경이나 전근 등 근무상의 형편

③ 1년 이상을 필요로 하는 치료나 요양

5 1세대 1주택의 특례

1세대가 양도일 현재 국내에 2주택을 보유하였더라도, 다음의 법정요건에 해당하면 1세대 1주택 양도로 보아 양도소득세가 비과세되며, 이 경우 양도한 주택은 2년 이상 보유해야 한다.

1. 새로운 주택 취득에 따른 일시적 2주택

국내에 1주택을 소유한 1세대가 종전의 주택을 취득한 날부터 1년 이상이 지난 후 다른 주택을 취득하거나 자기가 건설하여 취득함으로써 일시적으로 2주택이 된 경우, 다른 주택을 취득한 날부터 3년 이내에 종전의 주택(2년 이상 보유한 주택에 한함)을 양도하면 1세대 1주택으로 본다.

다만, 종전의 주택을 3년 이내에 양도하지 못한 경우도 다음에 해당하는 때는 3년이 경과한 후에 양도해도 1세대 1주택의 양도로 보아 비과세를 적용한다.

① 한국자산관리공사에 매각을 의뢰한 경우(캠코에 공매 의뢰)

② 법원에 경매를 신청한 경우

③ 국세징수법에 의한 공매가 진행 중인 경우

④ 도시 및 주거환경정비법에 따른 주택재개발사업 또는 주택재건축사업의 시행으로 현금으로 청산을 받아야 하는 토지 등 소유자가 사업시행자를 상대로 제기한 현금청산금 지급을 구하는 소송절차가 진행 중인 경우

2주택 양도세 비과세

Q J는 2011년 3월 1일 목동 아파트를 5억 원에 매입하여 살고 있다가 더 넓은 집으로 이사하려고 2015년 2월 1일에 화곡동 아파트를 매입했다. 목동 아파트는 화곡동 아파트의 매입 날과 같은 날인 2015년 2월 1일 6억 원에 등기를 넘기기로 했다. 그런데 2015년 1월 목동 아파트의 매수자가 돌연 계약을 파기한 후 팔리지 않고 있다. 늦게 팔게 되면 양도세를 내야 한다는데 언제까지 팔아야 할까?

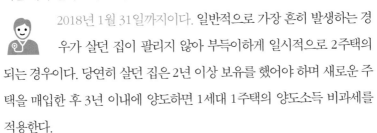 2018년 1월 31일까지이다. 일반적으로 가장 흔히 발생하는 경우가 살던 집이 팔리지 않아 부득이하게 일시적으로 2주택이 되는 경우이다. 당연히 살던 집은 2년 이상 보유를 했어야 하며 새로운 주택을 매입한 후 3년 이내에 양도하면 1세대 1주택의 양도소득 비과세를 적용한다.

절세의 기술

Q C는 3주택의 소유자이다. C가 2015년 5월 현재 모두 처분하려고 하는데 어떻게 해야 절세를 할 수 있을까?

– 경과

1. 2000년 4월 1일 양재동 빌라 매입

2. 2002년 5월 1일 화곡동 단독주택 상속취득

3. 2013년 6월 1일 영등포 아파트 매입

영등포 아파트의 취득일로부터 3년 이내(2016년 5월 31일까지)에 양재동 빌라를 양도하면 양도소득 비과세 된다. 하지만 화곡동 단독주택은 영등포 아파트를 보유하고 있으므로 비과세 적용이 안되며, 화곡동 단독주택을 처분하고 난 후 영등포 아파트를 2년 이상 보유하고 양도하면 1세대 1주택의 양도소득 비과세가 적용된다.

2. 상속으로 인한 1세대 2주택

세대가 다른 자가 1주택을 상속받아 2주택이 된 경우 다음과 같이 비과세 특례를 적용한다. 이 경우 상속개시 시점에서 보유하고 있던 주택 1채에 대해서는 1세대 1주택으로 보되 이후 취득하는 주택 양도 시에는 상속주택을 포함하여 주택 수를 판정한다. 주택 한 채를 상속받아 둔 사람이 상속 이후에 본인의 주택을 수차례 사고파는 과정에서 매번 비과세 혜택을 받는 것이 불합리하다고 본 것이다.

(1) 1채의 주택을 상속받은 경우

일반주택 소유자가 상속을 받아 국내에 2주택을 소유하고 있는 1세대가 일반주택을 먼저 양도한 경우는 국내에 1개의 주택을 소유하고 있는 것으로 본다. 그러나 상속을 받은 주택을 먼저 양도하게 되면 양도소득 비과세가 적용되지 않는다. 상속으로 인한 주택의 소유는 투기나 시세차익을 목적으로 한 매매가 아니므로 먼저 소유한 주택을 매매 시에는 처분의 시기와 관계없이 양도소득 비과세가 되는 것이다. 여기서 주의할 점은 상속받을 당시 보유하고 있던 주택을 양도할 때는 비과세가 적용되지만, 상속 받고 난 후 매입하고 매도하면 비과세가 적용되지 않는다.

(2) 2주택 이상을 상속받은 경우

피상속인이 상속개시 당시 2주택 이상을 소유한 경우는 다음 순서에 따라 결정한 1주택에 한하여 특례를 적용한다.

만약 1주택을 소유하고 있던 1세대가 2주택을 상속받아 1세대 3주택이 된 경우 먼저 양도하는 2주택은 양도시기 또는 취득 원인에 관계없이 양도소득세가 과세되며, 나머지 1주택도 양도일 현재 2년 이상 보유한 사실이 있는 경우에 한하여 양도소득세를 비과세 받을 수 있다.

3. 노부모 봉양을 위한 1세대 2주택

1주택을 보유한 자가 1주택을 보유한 직계존속(배우자의 직계존속을 포함하여 60세 이상)의 동거봉양을 위하여 세대를 합침으로써 1세대 2주택이 된 경우는 세대를 합친 날부터 5년 이내에 먼저 양도하는 주택으로서 양도일 현재 당해 주택의 보유기간이 2년 이상인 것에 한하여 이를 1세대 1주택으로 본다.

4. 혼인으로 인해 세대를 합친 경우

1주택을 보유한 자가 또 다른 1주택을 보유한 자와 혼인함으로써 1세대 2주택을 보유하게 되는 경우, 또는 1주택을 보유한 자가 1주택을 소유한 직계존속(60세 이상)과 거주 중인 무주택자와 혼인하여 1세대 2주택이 되는 경우는 혼인한 날부터 5년 이내에 먼저 양도하는 주택으로서 양도일 현재 주택의 보유기간이 2년 이상인 것에 한하여 1세대 1주택으로 본다.

5. 지정문화재 또는 등록 문화재인 주택을 포함한 1세대 2주택

문화재보호법에 의한 지정문화재 및 등록문화재에 해당하는 주택과 그 밖의 일반주택을 국내에 각각 1개씩 소유함으로써 1세대 2주택이 된 경우는 일반주택을 2년 이상 보유한 후 양도하면 1세대 1주택의 양도로 본다.

6. 농어촌주택에 대한 특례

'농어촌주택'이란 서울특별시, 인천광역시, 경기도 외의 지역 중 읍지역(도시지역을 제외) 또는 면지역에 소재하는 주택을 말하며, 1세대가 하나의 일반주택과 다음에 해당하는 농어촌주택을 보유함으로서 1세대 2주택이 된 경우는 일반주택을 2년 이상 보유한 후 양도하면 1세대 1주택의 양도로 본다.

(1) 상속받은 주택

피상속인이 취득 후 5년 이상 거주한 사실이 있는 주택이다.

(2) 이농주택

이농인 또는 이어인이 소유하고 있던 주택으로 농업 또는 어업에 종사하던 때 취득한 후 5년 이상 거주한 사실이 있는 주택으로 영농 또는 영어에 종사하던 자가 전업으로 인하여 주거를 다른 지역으로 이전함으로써 그 가족의 전부 또는 일부가 거주하지 못하게 된 주택이다.

(3) 귀농주택

영농 또는 영어에 종사하고자 하는 자가 취득하여 귀농 후 3년 이상 농업 또는 어업에 종사하면서 거주 하는 주택으로서 세대 전원이 다음 요건을 갖춘 귀농주택에 이사하는 경우에 귀농 후 최초로 양도하는 1개의 일반주택에 한하여 적용한다.

① 본적지 또는 연고지에 소재할 것

② 고가주택에 해당하지 아니할 것

③ 대지면적이 660㎡ 이내일 것

④ 영농의 목적으로 1,000㎡ 이상의 농지를 소유하는 자가 당해 농지의 소재지에 있는 주택을 취득하는 것과 또는 영어의 목적으로 어업인이 취득하는 것일 것

7. 실수요 목적으로 취득한 수도권 밖의 주택 과세특례

법령이 정하는 취학(고등학교, 대학교, 대학원), 근무상의 형편, 질병의 치료목적(1년 이상 치료나 요양을 필요), 그 밖에 부득이한 사유로 취득한 지방 소재 1주택을 보유함으로써 1세대 2주택이 된 경우는 일반주택을 2년 이상 보유한 후 양도하면 1세대 1주택의 양도로 본다.

8. 장기임대주택 이외 거주용 1주택에 대한 특례

양도일 현재 장기임대주택을 「임대주택법」 규정에 따라 임대주택으로 등록하여 임대하고 있는 '장기임대주택'과 그 밖의 1주택을 소유하고 있는 1세대가 '거주기간이 2년 이상인 거주용 일반 1주택'을 양도하는 경우는 국내에 1개의 주택을 소유하고 있는 것으로 보아 1세대 1주택 규정을 적용한다.

이 경우 1세대가 장기임대주택의 임대기간요건(일반적으로 5년 이상)을 충족하기 전에 거주주택을 양도하는 경우도 해당 임대주택을 장기임대

주택으로 보아 비과세규정을 적용하되, 장기임대주택은 일반주택 비과세 이후라도 임대기간 요건을 갖추어야 한다. 다만, 「공익사업을 위한 토지 등의 취득 및 보상에 관한 법률」에 따른 수용이나 사망으로 상속되는 경우 등 법령으로 정하는 부득이한 사유로 해당 임대기간 요건을 충족하지 못하게 된 때는 해당 임대주택을 계속 임대하는 것으로 본다.